U1076665

全国教育科学规划课题

“提升学校变革内在需求与持续发展力之研究”

（BHA100053）成果

变革力的生成

——学校转型性变革的内生路径研究

卜玉华◎著

教育科学出版社
·北京·

目 录

导 论

一百多年前，我们为探寻一条在新的世界中体面生存下去的道路，于危难之中被迫终止绵延了近两千年的中国私塾式教育制度，以西方为师建立了近代型学校。但近代型学校成立以来的百年岁月里，中国社会内部腐败和外国帝国主义的羞辱性掠夺，如同一对孪生恶魔，给我国学校发展带来了诸多困扰。我国学校为克服这对孪生恶魔，提高人才培养质量，历经艰难探索，发展到今日奠定了我国近代型学校较为成熟的体系，为我国培养了大批优秀人才，为新中国重现青春活力做出了巨大贡献，中国教育事业的发展是有目共睹的。

然而，星移斗转，在21世纪到来的前后10年，一个新的大时代的到来，使我国近代型学校的弊端彰显出来，变革与更新的时代发展主题又一次推到国人面前。区别在于，如果说我国近代型学校的建立是从无到有的建设过程，则这一次建设需要从“旧有”走向“新有”，是变革与更新双重任务下的自我更新与转型；如果说我国近代型学校的建立走的主要是模仿之路，那么，这一次的重建过程则需要走一条自身成长之路。为此，作为发展了近一个世纪的近代型学校，它既需要先厘清自身的传统与问题，也需要明确新的发展方向，探索一条中国化的学校变革之路。我们对新型学校发展的探索也就从这里开始。

一、 缘起： 基于一批创业者建设新型学校的创业故事

众所周知，改革开放以后，我国便进入了一个新时代。这个时代的主要标志不仅仅是市场经济体制的确立，中国农村生产责任制的推行，也不仅仅是传统“单位人制度”的逐渐打破，更是中国人自主精神的被唤醒或即将被唤醒！

面对大时代，我国教育领域的反应还是比较敏锐的，20世纪八九十年代的成功教育、理解教育、愉快教育、情境教育、班主任魏书生的故事、“新教育”等都名噪一时，华东师范大学的叶澜于1994开展的“新基础教育”研究便是其中之一。叶澜说：“‘新基础教育’生在世纪之交的当代中国社会的转型时期，

成于21世纪第一个10年，又以学校转型性变革为核心问题开展研究，故而这项研究中所经历的变化，在一定意义上反映了中国社会转型时期的教育状态与人的心态，也让我切身感受了转型的重要、复杂与艰难。"[①] 然而，与一些教育改革的大事件和小事件均不同的是，"新基础教育"研究持续近20年，至今却仍然活跃在我国教育的大地上，且呈现出越来越强大的生命力和越来越壮观的同行者队伍。实践是检验真理的最终标准，因此，这样的研究状态值得我们进一步探究其内在的成功理路。

"新基础教育"研究，其前身是1990年叶澜主持的一项小课题："基础教育与学生自我教育能力发展研究"；1994年开始正式进入以学校变革为对象的研究；之后，此项研究一路前行，经过了探索性研究（1994—1999）、发展性研究（1999—2004）、成型性研究（2004—2009）、扎根性研究（2009—2012）和生态式推进研究（2012—2015），前后5个阶段共20年，目前仍然在进行中。这期间，除了一所学校因更换新校长而退出，另一所原是农民工子弟学校，后与当地公办学校合并而消失外，其余学校都一直同行在队伍中，期间还不断有学校加入，构成了不同类型的、处于"新基础教育"研究不同变革阶段的学校变革队伍：有从事了15年以上"新基础教育"研究的第一批学校，有从事了10年以上研究的第二批学校，有从事了5年以上研究的第三批学校，还有刚刚从事1年研究的第四批学校。原有学校没有退出，新的学校又一批批地加入，如此滚动式发展的共同变革格局，构成了处于不同变革阶段、不同发展水平的学校队伍。随着时间的推进，研究者们关于学校变革的思想越来越成熟，认识越来越清晰，实践路径越来越深入，队伍越来越壮大，创造越来越丰富，影响力越来越大。虽然生活于这个纷繁复杂、物质主义至上、自我主义大行其道的时代，然而，参与此项变革研究的校长和教师们的心态却越来越沉静，越来越热爱自己的事业，不计名利、不畏挑战、不怕辛苦，充满激情，精神饱满地站在中国当代基础教育改革与实践的第一线。那么，这是一种什么样的力量在吸引着他们如此持续而坚定不移地参与研究？这不是一项行政推动的、政策驱动下的变革，来自行政的压力显然不存在，那么，是学者自身的魅力吗？对于具有独立精神和批判精神的学校教育工作者而言，这样的理解没有说服力。

近几年，随着与国际合作的频率越来越高，"新基础教育"研究学校办学质量的提高，社会影响力的不断扩大，越来越多的教育学者和学校一线人员不断前来学习与考察。因看到的更多是学校转变后的成果而不是清晰转变的过程，他们惊讶的同时也在不断地追问我们："你们的这项学校变革到底是怎样走过来

① 叶澜．个人思想笔记式的15年研究回望［G］//叶澜，李政涛，等．"新基础教育"研究史．北京：教育科学出版社，2010：144.

的?”对于这个问题的确无法用一两句话来回答，但它包含着两层含义：一是学校变革的内动力来自何方？二是达成这项变革需要什么样的能力？前者是学校变革持续进行的前提，后者是学校变革得以持续进行的保障。基于这样的追问和思考，我于是将这两个问题转换成了一个课题的名称：“提升学校变革的内在需求与持续发展力之研究”，2010 年被立项为全国教育科学规划一般课题。因课题研究的对象已经具备且非常丰富，又是处于不同变革阶段的学校，所以，这项课题研究的基本方法，一方面是梳理回顾五个阶段学校变革的历程，另一方面是基于现有研究阶段，作进一步的梳理研究。本课题的研究成果便是“新基础教育”研究的内容之一。

因此，这本著作是以一批创业者用了近 20 年的时间建设中国新型学校的丰富经验为经验原型而成的，一方面讲述了他们艰苦而充满成长欢乐的共同创业故事，因为我是“新基础教育”研究的主要成员之一，对这项研究有着深度而丰富的体验，这为本书呈现生动而丰富的故事提供了必要的个人保障。另一方面，本书也并不希望只是简单地停留于讲一个又一个故事，而是力争从创业者们的经验中概括归纳出建设新型学校的基本内生路径与策略，从而为更多愿意建设新型学校的创业者提供具有普遍意义的启示。这样做，既是理论研究人员区别于实践一线人员的基本任务，也是一项经验能够走向推广的必要基础，因为只有普遍化的、一般化的东西，才具有可迁移性与推广价值。当然，从个别化经验走向普遍化认识是理论工作者的任务，而普遍化后的实践个性化转换则是教育实践者的任务，最具个性化的实践即是最具创造性的实践，所以，研究走向普遍化与实践走向个体化与创造化并不相悖。

二、 解读：创业者们的初始状态

了解这群创业者的创业故事，首先要对创业者们有些初步认识。参与“新基础教育”研究，以新型学校建设为己任的创业者队伍共由三方力量构成：一是学校的校长和教师们，二是叶澜领衔下的大学研究人员，三是当地教育局的相关负责人。这三方面形成了合作协商的工作关系。在研究过程中，大学人员主要是专业支持者，学校实践人员主要是实践探索者，当地教育局主要是资源和政策支持者。由于前两支队伍在学校变革中是携手共进的关系，对学校变革发挥了直接的作用。所以，我们重点介绍他们。

学校变革不同于企业变革能直接产生经济效益，也不同于行政机关的改革能直接提升工作效率或个人职位，学校变革的最初成果首先是学生的发展与成长。也就是说，对变革者而言，学校变革的成果不能用名利来衡量，或许根本就无法产生名利，它首先需要的是变革者的自我投入、自我付出，甚至是自我牺牲。

事实上，在当代中国，学校变革者生存在一个价值多元的新时代，他们有不同的价值追求：有的人为追求名利而进行学校变革，有的人是为实现个人价值而从事学校变革，还有的人是盲目地为变革而变革。所以，学校变革领导人首先需要面对的便是变革者的价值取向与变革动力的问题。

（一）一群有变革意愿的校长

从一开始，“新基础教育”研究的创始人叶澜对当代学校变革的困难作了充分的预期，她意识到校长变革的意愿是否自觉、是否真诚是他们能否真正开展变革的大前提。在挑选合作研究的学校时，她既不看重校长的学历、性格、性别，更不看重学校的基础，只看重校长是否真心实意想改革，她认为这是一所学校变革能否最终取得成效的前提。所以，1991 年在做前期研究时，叶澜选择做研究的上海市普陀区洵阳路小学便是一所十分普通的学校，在区里属于中等状态。她这样回忆说：“洵阳路小学所处的地段也决定了它只有狭小的空间。不高级的设施、拮据的经费，以及家长的经济地位和社会地位大多属平民阶段的学生。然而，他们有一位热爱教育且不满足现状，还相信通过教育研究可提升学校水平的、十分有个性的校长；有一个能相互合作的领导班子；有愿意进行改革实验以改变自己的教育、教学行为，使学生得到更好发展为宗旨，而不是单纯以个人升职、扬名为直接目的一批教师。”① 后来，我们在选择合作学校时，一直坚持的都是这一原则。

（二）一群处于复杂生境，心思不齐的教师队伍

当然，选择有变革理想和意愿的校长作为合作校长，并不等于学校中的教师都像校长一样能够在初期都有变革意愿。比如，20 世纪 90 年代末期，正是我国社会转型较快的一个时期，各种思想非常活跃，人们的职业选择自由和空间开始扩大，“下海”、“跳槽”成为描述当时人们进行职业转换的一些十分生动的词语。冲击最大的行业之一便是教师，主要是由于教师工资待遇偏低，面对社会上的各种诱惑，一些有能力、有发展愿望的年轻教师会选择放弃做教师，换做其他行业。叶澜老师回忆在洵阳路小学的研究经历时，就讲过这样一个故事。

---

① 叶澜．个人思想笔记式的 15 年研究回望［G］//叶澜，李政涛，等．“新基础教育”研究史．北京：教育科学出版社，2010：150.

那是1993年初冬的一天，也是一个星期四，我们课题组成员照例在完成第一节课后到校长办公室会合，突然，校长推门而入，拿起门背后的毛巾，坐到椅子上掩面伤心地大哭起来。这让我们惊呆了，不知发生了什么事。在劝慰中，校长抽泣着说出了事情的原委。原来二年级实验班的一位数学教师今天托人捎来一张纸条后就不来上课了，原因是有更高报酬的单位要他（后来才知道是到宾馆工作）。校长刚才是强忍内心的痛苦去安排第二节临时顶课的教师，回到办公室后，她再也克制不住了。自然，我们原定第二节的听课只能取消。大家纷纷就这一现象发表起议论来，主调是气愤与不解，但主要还不是就这个教师的行为，而是针对由社会上突如其来的市场经济所造成的教育中的众多怪现象。

这里所举的是时代发展对学校变革的挑战。其实在后来的十几年变革中，我们又不断地接触和感受到阻抗学校变革的各种因素。

就学校外部而言，除了时代挑战、社会价值多元取向等宏观影响外，教育系统内部对学校变革的影响更为直接。在20世纪90年代至今的20多年里，我国基础教育系统也在不断地发生着各类变革，其中对学校日常生活影响最大的两个变革：一是素质教育，二是新课程改革。这两项改革都由教育行政部门推动，地方教育局、教研员、各类教育督导人员和课程改革专家都是指导学校进行变革的主力大军。“新基础教育”便是在这样的背景下与学校合作开展研究的。不难想象，无论校长还是教师，都要同时面对着“几个公婆”的改革要求，不同的“公婆”可能有不同的主张，即使是同一主张也会因为所用的术语不同，让校长和教师产生理解上的混淆与困惑。“新基础教育”学校变革初期，一个星期中的某个半天或一天是我们课题组人员到学校开展研究的日子，老师们常常这样说：“我今天上的是‘新基础教育’的课。”起初，我们没有体会其话语中的言外之意。后来，我们发现同一教师会在一段时间内不断重复同样的教学问题，原因是只有当我们到学校指导的当天，教师们才会按“新基础教育”的要求上课，我们走了，他们要么按“新课程”的要求上课，要么回到自己原来的教学轨道上去。也就是说，教师们面对着至少三种在他们看来互不相关甚至是冲突的变革要求的干扰：新课程的教学要求、“新基础教育”的教学要求以及他们自身的传统观念与行为。记得2006年3月，在上海市闵行区一所中学做教学改革研究时，一位英语教师气恼地说：“这个学期我们非常辛苦，也很困惑，新课程改革和‘新基础教育’到底有什么不同？是不是‘新基础教育’一定比新课程改革要好？我们不知道应该听谁的意见，如果我们不按教研员的要求（教研员是新课程改革在地方上的主要指导者——笔者注）做，我们的职称、评奖就可能会受到影响。而‘新基础教育’除了给我们指出问题和一些建议外，却不会给我们带来这些实实在在的东西，我们为什么还要做‘新基础教育’？”这种想法不是个案，在改革过程中，我们不断地接触到有这类困惑的校长或教师。

学校内部的改革阻力更为多样，用叶澜的话说就是：“蹲下去看到的都是蚂蚁。”一类变革阻力是来自于认为自己是不能发展，也不需要发展的“老教师”（在中国学校中，一般35岁以后就被称或自称为“老教师”）。这些教师通常认为自己不能发展的理由：一是年纪大了，没有发展的希望与空间；二是职称该评的已经评了，不再需要为评称职而费力气了；三是自己在学校中一般都是队伍中的骨干教师甚至是年轻教师的师傅，如果成为改革对象，出了问题，很没有面子；四是认为改革太多，也未必产生什么成效，只是瞎折腾，只要学生的考试成绩上去了，管它白猫还是黑猫。所谓教师队伍中普遍出现的职业倦怠现象便属于这种职业发展心态。另一类变革阻力来自教师在校际间或行业内的流动量大，一些实验学校好不容易培养的骨干教师，很快被其他学校发现并以高职位或高待遇的方式吸引走了，阻碍了实验学校改革成果的累进性开展。20世纪90年代末期，国内教育学术界和学校流行着“以德育人，以情留人”的说法无不与此背景相关。当然，最大的一类阻力就是教师们多爱用经济待遇标准衡量自身工作的价值，老教师为了混口饭吃，青年教师觉得没有前途，感受不到教师职业自身带来的欢乐。

当然，我们还应该看到，在学校中更多的是那些不图名利、踏踏实实工作在教育一线的教师。这些教师常常能够直面现实，心态淡泊，不奢望获得多么骄人的教学成绩，也不太会奢望人生会有转行或换校的机遇，他们认为只要把自己学生的成绩提高了，也就心满意足了。在改革面前，他们心态很平和，既不强烈拒绝也不会非常投入，学校要他做什么，他就做什么，规规矩矩做事，老老实实做人。我们当时认识到，这类教师意味着他们有潜能，但缺乏内动力，要变革首先就要激发他的内在需求，让他感到一种挑战感、一种不满足感，或是一种不安全感，然后把这些感觉再进一步转化为期待感、发展喜悦感乃至一种责任感与人生意义感。

总之，在当代从事学校变革，这对变革研究者和领导人都意味着，他们首先不是思考如何帮助改革实践者去掉旧观念与旧行为、形成新观念与新行为的问题，而是要思考激发他们敢于直面自身、愿意挑战自我、形成主动发展的愿望。而这一点又该是多么不容易！因为这不是大学人员作一场充满激情、道理深刻的报告便能够轻松达成的，也不是开一两次教学研究活动就能够让教师们体悟到改革的必要性。那么，我们是如何与这样的一群教育实践者一起冲出改革初期的困局，找到一条自我更新的发展之路呢？这便是本书所要着重回答的问题。

（三） 一群各具特点的草根学校

我们的研究对象是丰富多样的。从学校办学历史看，有不同历史时期成立的学校，如民国初建立的百年老校、新中国成立后建立的中年学校（50 年以上）、改革开放后建立的青年学校（20 年以上），还有城市化浪潮中建立的新学校（20 年以内）。从发展类型看，有连续性发展的学校，有从厂办学校转型而来的公办学校，有几所村校合并而成的学校，也有学校集团中的某个分校。从学校规模看，有 2000—8000 人以上的大型学校，也有 1000—2000 人的中型学校，还有 1000 人以内的小型学校。从生源类型看，有纯粹的本地生源学校，也有生源混合型的学校，更有流动儿童学校。从学校所处地域看，有农村学校、城郊学校，也有城中心学校。从办学质量看，有普通的薄弱学校，有质量中等的学校，也有当地的名校或重点学校。从参与“新基础教育”的时段而言，有从事“新基础教育”研究实验近 20 年的学校，有 10 多年的学校，有 5 年以上的学校，有 3 年变革的学校，也有刚刚进入参加了 1 年的学校。如此多样的学校，正是中国当代中小学校的基本类型特征。我们之所以选择这样的学校作为研究对象，既不是一种刻意，却也是一种刻意。不是一种刻意，是由于在选择合作研究的学校时，我们只选择校长，不选择学校；是一种刻意，是由于我们希望对中国学校变革的研究更具有普遍意义，因为真正构成中国义务教育主体的学校是千千万万各种类型的草根学校。

当然，受到研究空间距离、研究精力、研究可能性的影响，这些合作学校多位于上海、常州和淮安等长三角地区，人们可能会怀疑这项研究在全国是否有普遍意义，尤其是农村学校。上文在分析实验学校类型多样性时，已对这项研究的普遍意义作了思考，这里还想进一步说明的是，这项在长三角的研究更能够体现一定的时代性和前瞻性。因为这个地区应当是中国经济发展基础较好，近 30 多年来改革最活跃、发展最迅速的区域之一，学校的办学条件相对较好，师资力量相对较强，校长和教师心态相对较开放，思想相对较活跃，接触各类教育资源的机会相对较多，尤其重要的是，当地教育局能够给予学校变革提供一定的自主空间和资源支持。凡此等等，这些条件既为“新基础教育”研究提供了必要的基础性条件，也使“新基础教育”研究更具有时代性和前瞻性。

（四） 一群对实践充满未知、 充满探究精神的大学研究人员

可能在人们的想象中，当大学研究人员进入学校时，他们常常是自恃理论的工作者而傲倨于实践者面前。事实上，对理论研究者而言，当他只是“走近”实践时，他可能会以理论衡量实践，把理论作为参照系对实践提出要求，这样

的理论工作者便是高傲的，因为他不必为实践者按照他的理论作了改变之后的实践问题而担心，也不必思考当他提出一个建议时，如何应对实践境域中纷繁复杂的要求。但我们不只是“走近实践”，更是“进入实践”，我们称为“实地介入式研究”。即我们华东师大课题组成员到学校开展研究，不只是以一个外界观察者的身份，而且以合作者的身份，直接进入课堂和班级，介入到教师教学、教育的研究过程之中，与教师们一起讨论教育教学的价值、教材内容的育人价值、学生的学习情况、教学目标的定位、教学内容结构的重组和教学过程的展开逻辑，以及教师应当如何听课、评课，甚至如何制订学期计划，如何进行工作小结，如何撰写教学案例，等等。

但“进入实践”又何尝容易！一方面是我们对课堂教学实践的复杂性并不了解，另一方面，当我们与教师交谈时，我们还要学会用教师能听明白的、易受触动和印象深刻的语言方式来表达和对话。叶澜曾回忆了她最初在上海浦东外高桥保税区实验小学做实验时，试图“走进实践”的一个经历。“说实话，做第一次报告时，教师们给我的感觉并不很好，尽管校长是热情的、想做事的，但教师们呈现出的是一种相对茫然和无关、冷冰冰的礼貌状态。静静地听着，眼光中看不出感觉。”她后来分析说，除了学校和教师们的原因外，“还有我自身的问题。我是作为一个外来者闯入的，对学校的情况并不了解，更谈不上对教师需求的了解，所作报告的内容缺乏针对性，自然不会引起积极的反应。自此以后，我对接受到一所陌生学校去作报告这样的邀请总持谨慎态度，因为这样的报告往往效果十分有限，特别在教师缺乏需求和目标的状态下。所以，我宁可先听课或开座谈会，人数虽不多，但可以对话。我体会到，面对一个教室的人作报告要比面对一个礼堂的人作报告难得多。”①

当然，最大的挑战还不只是如何诊断问题，分析问题并寻找可行性建议，而是我们应该如何认识教师，改变他们的职业理想、教育观念和在课堂中的角色定位，改变教师在课堂教学中的关注重心和行为方式。在与教师接触的过程中，我们经常看到有的教师通常具有较强的控制意识和能力，有的教师只关注如何在课堂中展示自己的才华，有的教师则忽视教学基本功，课堂用语、板书和过程展开都很随意，有的教师教学内容扎实却缺乏灵活性。所以，面对动态不居、复杂多样的课堂教学，我们课题组成员几乎都曾失眠过、焦虑过。比如，课题组一位成员说：“在每次听课、评课活动结束以后的夜晚，我都会躺在床上作自我反思，时常会为自己的点评不足而羞愧，为哪一个问题没说或说了但没说清楚而遗憾，为思考还可以怎样把这些问题说得更明白，还没有其他的分析

① 叶澜．个人思想笔记式的 15 年研究回望［G］//叶澜，李政涛，等．“新基础教育”研究史．北京：教育科学出版社，2010：159—160.

角度而心烦甚至头痛。”①

但是，我们这群人逐渐在实践中慢慢地醒悟了、清醒了，我们不仅会诊断问题、分析原因，还可提出可行性建议；不仅能够激发教师的研究欲望、提升研究能力，还对一系列教育理论问题有了新的认识。理论与实践双向滋养、相互生成的感受在我们心中逐渐清晰起来。我在回顾自己是如何学会沟通理论与实践的关系时，这样感叹：

> 在从事“新基础教育”研究之前，我的教育研究方式主要是通过阅读与思索进行，教育实践对于我基本处于想象与缄默状态，而由理论向实践的想象与思考很大程度上是逻辑推演的结果，教育实践处于“被言说”、“被逻辑”状态，理论自然也处于单方面想象与自我确认的灰色地带，从未真正通过两类主体间的遭遇展开过对话。从事“新基础教育”研究之后，随着自己对实践的逐步熟悉，理论逐渐从灰暗走向光明，一缕沟通理论与实践的光也逐渐照入自己的头脑之中，敞亮起来②。

从迷茫走向清晰、从批判走向创生，是一个非常艰难甚至是痛苦的过程。我们与实验教师一样，几乎是在同步转变、在成长，是一个共变的过程，教师们的成长对我们是挑战也是促进。只是作为理论研究者，我们原有的知识结构、思维方式、角色意识会时时提醒我们，并使我们能够比教师这些实践人员站得更高些、远些、宏观些、深刻些。我们就是这样在相互解读中、彼此督促中合作了近20年，共同为建设新型学校而创业了近20年！

当然，这本书的重点不是梳理我们共同创业的过程，它已经基本上由《“新基础教育”研究史》③ 这本书完成了。目前，一批新型学校已经呈现出了实践新形态，这批学校积累了大量丰富的变革经验；而且第二批、第三批，乃至第四批学校加入之后，借鉴了第一批学校的变革经验，基本上都实现了快速、超越式发展④，这既进一步说明了我们用20年的时间所累积的学校变革经验的普遍性价值，也进一步增强了我们把实践变革经验转化提升为更具有普遍性理论的信心。

---

① 吴亚萍. 难以忘怀的15年研究经历［G］//叶澜，李政涛，等.“新基础教育”研究史. 北京：教育科学出版社，2010：159，208.

② 卜玉华. 出入局内外，学读两种书［G］//叶澜，李政涛，等.“新基础教育”研究史. 北京：教育科学出版社，2010：159，391.

③ 叶澜，李政涛，等.“新基础教育”研究史［M］. 北京：教育科学出版社，2010.

④ 叶澜. 中国哲学传统中的教育精神与智慧［R］. 未发表. 波特兰：美国第69届教育哲学年会，2013.

三、 目的： 意在深视当代中国学校的内生性转型之路

不妨先从一个故事说起。据说一位哲学家曾经带领他的弟子周游世界许多地方，在周游中学习。最后一课是哲学家和他的弟子们坐在一块草地上。哲学家问他的弟子："你们学习了那么多知识，现在请你们想一想，如何把这块地上的草除去?"有的弟子说用火烧，有的弟子说用除草剂，有的弟子说用铁铲斩草除根。但哲学家都摇头，要求弟子们用一年的时间思考这个问题，一年后大家再在此处相约。一年后，弟子们惊讶地发现原来的草地变成了庄稼地。显然，这个故事蕴含着面对改革的两种思路：弟子们的思路是把旧的东西、不受欢迎的东西废除掉，而老师的思路是用新的东西替代旧的东西，让旧的东西没有了生长的空间。显然，哲学家的思路更高一筹，不仅不需要为废除旧东西而花费物资与精力，也不用担心旧的东西有可能复发，而且收获了新成果，一举多得。

对于学校变革，人们的一般理解都类似弟子们的思想，注重"变革"中的"革"而忽视"变"，关注如何去掉旧的，建立新的。这种思想方法容易出现简化倾向忽视转换性的、过程式的变革。有生命力的变革不是简单地废除旧的东西，而是赋予旧的东西以新的生长可能性。当然，变革并不像上述故事中所讲的那般简单，因为什么时候种庄稼，需要多少水、什么样的肥料，播下多少种子，种子发芽后如何护理？凡此等等都在其中。用中国古人的思想智慧，这是时势运转的思想方法，这是中国哲学传统中认识过程变化很重要的思维方式，即"关注转化过程中条件变化和关节点的存在。所谓时，是指客观条件，时机是否成熟，它要求人在采取行动前顾及并权衡周围环境。势，指发展的可能与势态，那是着眼于未来的行动策划。运转，则指转化点是否已有显露，行动者必须能敏锐察觉和及时把握住它，使事物朝着期望的方向发展。对待时势运转，行动者还不能只是消极等待，而要用智慧去创造、促进其变化，以达到自己的目标"①。

因此，"新基础教育"研究的一个基本思想方法便是时势运转、生生不已。在这样的思想方法下，研究者们认为学校变革即是根据学校生活的条件，在恰当的时候，以恰当的方式，朝着恰当的方向，赋予自身以恰当的新要求，促进生活自身的不断成长。只有这样，学校生活才会因变革而生长，因生长而充满活力。

---

① 叶澜．中国哲学传统中的教育精神与智慧［R］．未发表．波特兰：美国第69届教育哲学年会，2013.

四、 本书结构与必要说明

（一） 本书结构

本书致力于探索的核心问题是：如何在当代复杂的生存境域中，为我国学校实现转型性变革寻求一条内生路径。围绕此核心，本研究进行了如下阐述。

导论部分主要交代本研究的缘起、研究对象的基本情况、研究宗旨以及全书的整体结构，意在让读者从开始便对此研究的论说背景、对象和主旨有一个基本认识。

第一章主要阐述当代我国中小学校变革的主旨、性质、任务和基本思想方法，目的是使读者从一开始便形成对当代我国学校变革的基本认识。

第二章至第六章主要探讨我国当代学校整体转型性变革的基本过程：从准备、孕育、突破、发展到基本成型。这五章也是本研究的核心内容。在此部分，我们运用说理和事例说明的方式分析了学校变革过程中各阶段的基本任务、核心矛盾、原因、相应的解决策略，意在梳理我国学校实现整体转型性变革的基本路径。虽然全书对学校变革内在路径的把握有线性之嫌，但实际上，任何一个变革阶段都是多种要素相互转化的结果，是教育变革者实践智慧的表达。

第七章是从部分走向整体、从具体走向抽象的过程，主要交代两个问题：一是对学校整体转型性变革路径的总结，二是对这种变革路径内在生成逻辑的再分析。前者意在让读者对学校变革路径有一个总体再认识；后者意在向读者表明学校系统转型性变革内生路径的一般规律。

（二） 必要说明

有必要提醒读者的是在阅读过程中请您作两种区分：第一，虽然本书研究的实践原型是“新基础教育”学校变革研究，但本书阐述的变革过程并不是“新基础教育”的研究过程，这项研究已经由《“新基础教育”研究史》一书完成；第二，本书力求基于“新基础教育”学校变革的经验，又超越于这项经验，意在更一般的意义上探索如果学校要实现像“新基础教育”那样的变革，所必须经历的内生变革历程。所以，本书是对“新基础教育”学校变革经验的理论提升，书中所举的“新基础教育”学校变革的经验主要是为说明学校变革一般理论。因此，读者在阅读过程中，要注意区分这两者。

此外，在进行这一主题的研究时，我们参照了一群“新基础教育”实验学校在不同变革阶段的经验，足见，一方面，本书所阐述的学校变革经验具有一定的普适性和理想性，在现实生活中很少有学校能够在实现转型的过程中完全符合本书的所描述的图景；另一方面，每所学校在实现整体转型性变革的过程中，都深深地带有自身的发展个性和独特经验，这和每个人的人生经历都会彼此不同是同一道理。所以，如果希望从这本书中寻求到学校变革的万能钥匙是不可能的，我们的经验只能启发您，您自己学校变革的钥匙只能由您自己去寻找。

第一章
我国当代学校变革的基本主题

任何一项变革性研究首先都需要弄明白研究主旨、研究方向和研究目标，这就如同人行走需要明确目的地一样。而清晰当代学校变革性研究的主旨需要多种依据为支撑，比如当代从事学校变革研究时，就不仅需要依据历史传统、依据时代需求，还要依据教育实践发展的状况；历史传统和时代需求会让我们从整体上清晰我们从哪里来，需要走向哪里去，但因它们无法告诉我们从过去和当下走向未来所需要面对的具体问题是什么、目标是什么以及相应的策略是什么，为此，我们还需要研究实践，了解实际状况，并以之为出发点，寻找策略，构建新未来。所以，需要立足于历史、立足于时代和我国学校的实践，寻找当代学校变革的主题或变革方向。

第一节　核心理念：培育主动、健康发展之人

一、我国学校教育的传统

在我国，近代意义上的学校初建于20世纪初，形成于20年代，在40年代时基本成型。这一时期，以日本学校建设为蓝本，我国学校研究的主题多是学校空间布局，如操场，厕所的位置，教室的大小、光线、内部结构，教师的选拔与基本要求，如何处理学校与社会的关系，校长应具备何种素质，学校课程的结构与设置，以及学校卫生状况等，这些与学校建设要素相关的内容都成为这一时期思考的主题。新中国成立后的最初8年，国家主要在学校的政治性质和教育内容上作了修改，通过学习苏联，尤其受凯洛夫教育学的影响，使近代学校教育的理念和形态，在社会主义的旗号下得到了延续和巩固。发生于20世纪六七十年代的“文革”虽然破坏了已有的近代型学校的秩序，但基本未重建新型学校。所以，到20世纪末时，中国学校的办学形态基本上未走出近代学校的模式，表现在：“我国学校还带有明显工业时代社会教育的特征：按工业化、批量性生产的模式‘塑造’学校，教师被誉为‘人类灵魂的工程师’；有统一的目标、基本划一的课程与教科书；整齐排列的通用教室；严格规定的课时、教学周期与教学进度；按规定执行的教育教学过程。”① 这些传统具体体现在我国学校内部各实践领域，但发展到20世纪末期时，在新的时代挑战下，其弊端逐步凸显出来，留下了诸多有待改进的问题。

就学校内部管理而言，自上而下垂直型管理模式非常普遍，学校领导是决策层，教导处、科研处、德育处、后勤部门的负责人，都只是学校决策的执行者与传达者，更不用说普通教师。这样的管理模式，某种程度上是工业化管理思想的体现，虽然有助于学校领导与决策执行效率的提高，但却因剥夺了中层负责人和普通教师自主工作的空间，压抑了这部分人员的工作积极性，从而使学校发展缺乏生机，教师职业倦怠现象严重。

就课堂教学而言，其作为学校的基本教学方式在中国也已有近百年的历史。20世纪上半叶主要受日本式赫尔巴特教学论思想的影响；50年代后至“文革”前主要以苏联教育家凯洛夫教学论为思想范式，其实质也属赫尔巴特教学论思

① 叶澜．“新基础教育”论——关于当代中国学校变革的探究与认识［M］．北京：教育科学出版社，2006：231．

想一脉；至80年代时，赫尔巴特教学立论思想已经“扎根于千百万教师的日常教学观念和行为之中”①。但这一教学传统在中国化之后，教学主要关注的是如何传递知识，而忽略了知识所蕴含的其他育人价值，就知识教知识的现象极为普遍；课堂教学重心高，教师讲授，学生被动接受，缺乏生气与乐趣，缺乏对智慧的激发与挑战。

就班级生活而言，一方面，班级组织本身也常常自上而下地由班委会、小队长或小组长以及学生群体构成，这些岗位角色常常是多年不变的，学生群体内部形成了等级地位，影响了班级同学之间民主平等相处的氛围，压抑了大部分学生积极主动参与班级生活建设的积极性，更影响了学生的社会性自我认知与群体归属感的健康发展。另一方面，班级生活常常是成人生活的反映，缺乏基于学生成长需求的生活内容，缺乏对班级群体生活独特育人价值的开发。

总体上，我国近代型学校是在传统农业为主的社会中初建、发展并成熟起来的，之所以能够保持近百年的时间而未经受大的变动，可能的原因之一是它与社会发展的土壤是相适应的。美国学者大卫·里斯曼（David Riesman）曾研究了社会性格、教育及其与社会形态之间的关系，他发现：在传统型社会里，由于社会发展缓慢，个体的发展从属于所属的某阶层或某一群体，只能在有限的空间内对自己生活目标进行选择，他不需要把自己看作是独立的个体，也可能“从未曾想过个人的生活目标可以塑造自己的命运，或子女的命运可以不必与家庭的命运混为一谈”。在传统社会里，父母对子女的教育注重性格训练，目的是让其适应现存的秩序与规范，“教师只注重灌输知识，不关心孩子的情绪体验，连说话的语气也像修女那样缺少人情味儿，孩子们不允许发展自己的个性”②。虽然这一观点某种意义上过度强调了社会形态对于教育的影响力，但某种程度上也确实解释了某类教育之所以能够持续长时段不变的原因。以此观我国近代型学校与社会发展形态之间的关系，近代型学校对于我国传统社会及其对于人的期待类型而言，是有一定的合理性的，只是在新的时代面前，原来的合理性依据变化了，合理的也就变成了不合理的，成了需要改造的对象。

二、社会转型期的学校教育理念

20世纪80年代始，中国进入了一个急剧变革的新时代，三股大潮从内外两

① 叶澜．“新基础教育”论——关于当代中国学校变革的探究与认识［M］．北京：教育科学出版社，2006：246.

② 大卫·里斯曼．孤独的人群［M］．王崑，朱虹，译．南京：南京大学出版社，2002：57.

个方向冲击并打开了我国传统封闭稳定型的社会形态。其一，经济改革是开启新时代的触发点。市场经济体制的确立，使时代在各方面都呈现出变化速度加快和价值多元化的倾向，人所生存的环境变得变动不居。其二，与市场经济相伴而生的是快速发展的城市化浪潮，打破了我国几千年农业社会的稳定结构，使更多的人处于流动状态。其三，全球化浪潮，涌入了新的价值观和文化观。这三股力量从内外两个方向，不仅冲击了我国的文化、教育各领域，还震撼了人们的价值观、世界观和人生观。80 年代的教育领域，有几种现象和观念最为流行：教师“下海”经商者众多；造原子弹不如卖茶叶蛋的观念流行；学生辍学率高升，读书无用论被许多人认同；《学会生存——教育世界的今天和明天》的高发行量及其所提出的教育先行观念对中国人的触动①。凡此等等，都在向学校教育发出质问：其现有学校的存在价值与意义是什么？足以胜任新时代的挑战与要求吗？

面对新时代，“新基础教育”创始人叶澜敏锐地认识到，“一个急剧变革的社会，必然要求教育的及时变革，这不以人的意志为转移，我们只有自觉认识时代的要求并积极行动，才能与时代共同前进。”而“呼唤人的主体精神便是当今中国时代精神最核心的内容”②，因为“这个时代需要能在多样、变幻的社会风浪中把握自己命运、保持自己追求的人，需要靠这样的新人来创造未来”③。具体而言，叶澜认为新人的新特点应包括三个方面，这些理解后来转化为“新基础教育”在探索性研究阶段的新人培养的基本目标：

● 认知能力方面：具有捕捉、判断和处理信息的学习与创造能力，自我认识和自我调控的能力，立体、动态、多元统一的综合思维能力以及体悟人生与生命的内省思维能力。

● 道德面貌：在积极向上的人生价值观指导下，形成热爱祖国和中华民族的崇高感情，具有社会公德和作为公民的责任感与义务感，成为既有理想和抱负，又能处理好个人与群体关系，愿为中国社会主义现代化事业作出贡献的未来新人。

● 精神力量：自信、自强；有迎接挑战的冲动与勇气；有承受挫折、战胜危机的顽强意志；热爱生命，能在改变和完善外部世界的过程中，同时不断完善和超越自己，实现终身学习和终身发展④。

显然，上述理解是“新基础教育”依据时代要求所作出的逻辑推论。然而，

---

① 联合国教科文组织国际教育发展委员会. 学会生存——教育世界的今天和明天［M］. 华东师范大学比较教育研究所，译. 北京：教育科学出版社，1996.

② 叶澜. 面向 21 世纪的新基础教育［J］. 新华文摘，1999（10）.

③ 叶澜. 时代精神与新教育理想的构建［J］. 教育研究，1994（10）.

④ 叶澜. “新基础教育”探索性研究报告集［M］. 上海：上海三联书店. 1999：9.

我国学校的真实状况是什么？是否正在培养这样的人？如果没有，原因是什么？能否培养出这样的人呢？出于对这些问题答案的追寻，并基于对马克思主义强调理论的实践力量，以及理论需要由实践来检验与丰富这一基本立场的认同，叶澜等人决定深入一所小学进行深入研究，决定通过实践验证和丰富完善理论。1990 年秋，在几位同事的合作支持下，他们以“基础教育与学生自我教育能力发展”为课题，以上海市普陀区洵阳路小学为实验学校开始了为期 3 年的研究。

对于诸上问题，这次研究，叶澜等人发现了学校现实所给出的答案是以下两个方面。

第一，学校教育教学的发展现实无法完成时代对新人培养的要求。这最直接地表现在学校教育最主要的阵地——课堂教学的发展状态上。

- 完成认识性任务，成为课堂教学的中心或唯一任务。教学目标设定中最具体的是认识性目标，浅者要求达到讲清知识，深者要求达到发展能力，其他的任务，或抽象，或附带，并无真正的地位。
- 钻研教材和设计教材过程，是教师备课的中心任务。尽管也提出研究学生的任务，但大多数情况下，学生在教师备课过程中只是作为一个处于一定年级段的抽象群体来认识，研究的重点也放在学生能否掌握教材、难点在何处等，依然是以教材为中心地思考学生。
- 上课是执行教案的过程，教师的教和学生的学在课堂上最理想的进程是完成教案，而不是“节外生枝”①。

叶澜认为，这种发展状态之所以不能完成时代对于新人培养的要求，原因是：它“把丰富复杂、变动不居的课堂教学过程，简约化归为特殊的认识活动，把它从整体的生命活动中抽象、隔离出来，是传统课堂教学观的最根本缺陷。它既忽视了作为每个独立个体，处于不同状态的教师与学生在课堂教学过程中的各种需要与潜在能力，又忽视了作为共同活动的师生群体，在课堂教学活动中双边多向、多种形式的交互作用和创造力”②。事实也表明，这种课堂教学的理解及其处理方式所产生的危害是：“课堂教学变得机械、沉闷和程式化，缺乏生气与乐趣，缺乏对智慧的挑战和好奇心的刺激，使师生的生命力在课堂中得不到充分发挥，进而使教学本身也成为导致学生厌学、教师厌教的因素，使传统课堂教学视为最重要之认识性任务也不可能得到完全和有效地实现。”③

第二，学校教育教学中存在着培养新人的可能性。因为儿童的发展存在巨大的潜力，只要教师能够在教育教学活动中给学生提供主动发展的空间，学生

---

① 叶澜. 让课堂焕发生命活力［J］. 教育研究，1997（9）.

② 同①.

③ 同①.

就会绽放出生命的光彩。这一点早在1986年时，叶澜所发表的《论影响人发展的诸因素及其与发展主体的动态关系》一文中就有所论述。在20世纪80年代，教育学术界关于影响人发展的因素的讨论十分热烈，人们围绕遗传、环境和教育等因素展开了多种论述，争执不一。叶澜指出，已有的论述主要是在生物学层面展开，弄清这一问题，首先需要从生物学层面上升到人学层面，因为“人在一定程度上能控制、影响自身的发展，这是每个具有自我意识的人都能切身体会到的事实。人的发展的这种自主性是人与动物在发展方面的本质区别之一”，“人的发展是不断从潜在可能向现实发展的转化过程”，而其中的转化因素即是个体人的活动。当然，活动对于人发展作用的大小需要一定的条件，比如活动重复程度，活动对发展主体提出的要求与主体现有发展水平之间的差异度，活动本身的组织水平，活动中主体的自觉程度以及活动的成效等①。所以，学校教育需要在学生个体学习活动的质量上下功夫，而不只是教的活动，教的活动应以学的活动为中心而非相反。

这不仅是理论认识性的表述，事实也向“新基础教育”的研究人员证明了这一点。这里举叶澜曾回忆过的一个例子。

> 1991学年开初的第一个星期，课题组一方面要求教师对一年级试验班新生的状况作细致了解，做好入学教育的常规培养；另一方面，我们及早进课堂连续听了两天三年级试验班的语文课和数学课。两位老师都是有经验的中年教师。老师讲课十分努力，但课堂中的气氛一直较沉闷：学生很少举手回答，有的学生不专心听讲，大多数学生的表情“平静”。这证实了校长向我们的介绍：这是一个“普通”的班级，学生不太活跃，各种表现在一年级、二年级时都属平平。新接班的班主任也认同这一评价。面对这种情况，课题组想测试一下，当学生不在教师控制下由他们独立组织和开展活动时，将会有怎样的表现，且把测试结果作为初始状态的资料保存了下来。
>
> 我们设计了一个活动测试的方法，要求三年级的所有班级都参与，但班主任老师保证不参加活动的讨论设计，活动进行时也不去干预。那一天是开学后第二周的星期四，9月7日，离教师节只有两天。早读课时，我把三个班的中队委员都找到校长办公室来，开了一个短短的小会。会上我向他们提出要求：今天下午第一节课，每一个班都可以举办一次中队活动，中队活动的主题、内容、形式，都不作统一规定，

① 叶澜．论影响人发展的诸因素及其与发展主体的动态关系［J］．中国社会科学，1986（3）．

由中队委员讨论决定。但要做到两点：第一，这次活动必须让每一个同学都要参与，不能有任何人只是坐着看；第二，活动怎么搞，不能请班主任或其他老师帮助出主意、辅导。孩子们先是被一位不认识的老师召开会议弄得有点拘束，接着又被这样一个从未遇到过的活动方式和活动要求搞得兴奋，因新鲜、挑战而生出紧张。他们先是窃窃私语，很快有的孩子眼睛发亮起来，欣然回答我“行”。我就让他们立即去分头讨论，形成方案后，可利用午间的休息时间作准备。我们也立即设计记录活动状态的统计表，分好工，每人准备参加一个班的活动并随程记录。一个上午，我们谁都没有离开过学校。

下午，我怀着期待和不知会有怎样结果的小小焦虑，参加了实验班的学生们首次完全独立运作的主题队会。课前 5 分钟一进教室，我们就看到黑板上写着“庆祝教师节”几个大字，还有几个学生在画着最后几笔花边和气球。教室里弥漫着一种兴奋的空气。前面约有 30 分钟的时间，都是表演节目，有舞蹈、唱歌、器乐独奏等各种形式。可以看出，这都是有一些表演基础，虽水平不同但愿意表演节目的学生，人数不到全班的一半，可时间已经过半。我正在为他们是否能做到上午的第一个约定：每个人都要参与活动担心时，作为主持人的中队长拿出“绝招”来了。她说：明天是教师节，现在让我们每个人都站起来和周老师说一句祝贺的话。孩子们按座位顺序挨个站起来，说着自己想好和想说的话，一个也没漏。此时此刻，我被深深地打动了，不只是因为这些话语和他们表达的对老师的敬意，而是被孩子们的机智，被他们想尽办法、在几乎没有准备时间的情况下所想出来的办法，被他们对自己班上可以开发的表演资源的全力开发。一下子，我重新认识了这个班，重新认识了这些孩子，我对他们的发展可能充满了信心。那天，我们也兴奋地谈论了很久①。

在后来的教育改革实践中，许许多多实践进一步确证了“新基础教育”的认识：学校需要把培育学生的主动精神作为核心理念，不仅必要而且可能。

事实上，面对新时代的要求，我国中小学校的反应速度总体是迟缓的，普遍的情况是办学主体缺乏变革的主动性，基本上还是执行领导的要求；近代学校的管理模式、教育、教学组织和活动方式依然是学校主要的生存状态。虽然自 20 世纪 80 年代起，中国基础教育便处于不断改革的状态，各类改革主体从政

① 叶澜，李政涛，等．“新基础教育”研究史［M］．北京：教育科学出版社，2009：148 – 149.

府、学校、教育理论研究人员到教师个人都在尝试着进行了改革，对我国学校教育的某些领域产生了或大或小，或长或短的影响，推动了学校某些方面的发展与进步。然而，这些改革“关注的中心是教育内容更新和教育方法的改革，前者旨在使教育内容反映时代科学技术发展的新基础与新成果，后者是为了保证学生更好地掌握知识”①，这样的改革思路虽然产生了一定的变化，但它却无法完成时代精神对新人培养的要求，也没有把学生当作一个完整的生命体，更没有把学校生活看作是学生生命历程的重要构成。学校改革需要转换思路，把构造新人形象作为核心任务②。这便是“新基础教育”对我国学校教育变革主题的第一个判断：培养具有主动发展精神的新人。

第二节　变革性质：实现整体转型

一、 要素式改革的不足

“新基础教育”一开始对学校变革性质的理解并不清晰，只是随着研究的深入，问题的不断彰显，整体变革观才逐步浮现出来。不能否认，在今天，大多数人对这一变革性质的认识仍然是模糊的。

1994 年，“新基础教育”正式命名为“面向 21 世纪新基础教育”探索性研究，开始了第一阶段为期 5 年的探索性研究。在此阶段，“新基础教育”学校改革研究主要是采取要素综合式的研究方法，从我国学校实践最为核心的领域开始：语文、数学、外语的课堂教学和班级工作。之所以如此，既因为这几个领域是学生在校生活最为基本的构成，它的改革质量将直接影响到学生在校生活的日常质量，也因为核心领域突破了，学校改革才算真正触动了根本，改革才具有根本意义。这与当时在素质教育政策下，一些学校纷纷从特色课程或特色活动开展的外围性、边缘式改革研究有很大不同。我们认识到，只有从核心领域开展的研究才能在根本上真正触动教师和学生的学校生活方式，而从边缘开展的外围研究则只是增添了日常生活的多样性，最为内核性的生活方式未必会有所改变。

然而，总体上看，这一时期“新基础教育”的学校改革研究和其他从课程、活动改革入手的改革共同之处都是要素式的改革思路，只是关注的要素不同而

① 叶澜. 时代精神与新教育理想的构建［J］. 教育研究，1994（10）.

② 同①.

已。比如，政府把课程作为学校改革的核心要素所以推行了新课程改革，学校会把特色活动理解为素质教育的核心要素所以创办了一些特色活动，“新基础教育”把课堂教学和班级工作作为核心要素，所以从这两个实践领域入手。这其实提出了一些非常值得思考的问题：如何看待学校？如何理解学校内部各要素之间的关系？它们是拼装组合式的，可以进行互不相关的局部式改革，还是密切关联而需要作有机思考？如何理解学校改革的基本单位？又如何理解学校作为整体与其局部之间的关系？如何理解改革理念与改革方式之间的关系？

在“新基础教育”的探索性阶段，这些问题其实并未进入我们的思考中心。但随着课堂教学和班级工作改革的推进，一些相互纠缠、彼此牵绊的关系逐步浮出水面，迫使我们审视这些问题。其一，在探索性阶段，学校管理改革尚未真正纳入研究范围，我们只是从几个实验班、几位教师的课堂教学与班级工作两个领域入手进行改革，这样做的问题在于：虽然校长、副校长等学校领导很重视改革工作，但因为学校原有的制度、组织结构等没有变化，实验教师常常受制于传统管理模式，一周只用半天时间开展“新基础教育”研究，其余的日子又回到传统课堂教学，改革的新成效无法有效地扎根在日常教学中去，参与实验的教师自主性受到影响。其二，“新基础教育”采取的是滚动式推进的策略，在孕育阶段先要求学校选择部分学科、班级和教师作为改革突破点，目的是先培养第一批改革先行者，以便为学校整体改革的推进打好基础，随后再逐步推开，波及全体；但我们发现即便在孕育阶段仍然需要相关部门配合改革，需要更多教师的参与和支持，既贡献智慧，也有利于改革气氛的营造。但事实上，学校常常会把改革看作只是几位实验教师的事情，与其他教师无关，每次改革性的指导与研究活动，都只是一两位实验教师在孤独地开展研究，得不到学校其他教师的参与和支持，改革推进成效极慢。其三，随着改革的推进，改革积累了丰富的经验，既需要向更多教师辐射，也需要转化为新的制度，或旧有的制度与组织方式需要调整以适应变革的需要，而这些都是关涉学校发展整体性的问题。正是基于这些状况，“新基础教育”越来越认识到，学校变革需要转换思路，从要素式改革思路转向整体式改革思路，把学校作为一个基本单位或分析对象，整体把握学校作为整体改革单位的基本性质与基本任务。

其实，“新基础教育”从一开始便把握了学校变革的核心领域：课堂教学与班级生活，这本身便是一件牵一发而动全身的学校整体改革方式，但因整体改革的思想方法没清晰，所以，改革之路的推进较为曲折缓慢。即使最初在意识中，我们希望学校整体进行改革，但对什么是学校整体的理解可能也是存在偏差的，最多是构成论意义上的学校整体。我国学者金吾伦等人将构成论整体观的内涵概括为四点：

(1) 系统整体是由部分组成的（不一定等于部分之和）；

（2）系统整体只能通过分解成部分才能了解（承认这种了解是不充分的）；

（3）我们通常涉及的系统常常是开放系统，它与环境交换物质、能量和信息；

（4）系统是演变的，通常都是从简单向复杂系统进化[①]。

也就是说，这种构成论整体观把整体看作是要素的集合，关注的重心是把集合分解成局部，侧重局部的研究。这样的研究方法论不足在于："可能忽视整体性的两个方面：（1）整体功能不等于部分之和，可以大于或小于部分之和；（2）仅通过分解成部分以了解整体是不充分的，因为部分与部分之间有关联和相互作用。"[②] 本质上，构成论实际上就是把实体看作如原子一样作为一个孤立的存在来看，这些原子是一个个可以分离出来的单个元素。这些实体的变化原因在事物的外部，即外力的作用下，而不在事物的内部发生。它与环境的作用是通过施加外作用力来体现的。在实体与环境之间有着明确的界限，它们的相互作用关系是单向的，不是相互的。万物实体的变化都只是原子的分离和结合[③]。

以此观之，"新基础教育"在探索性研究报告中虽然把语文、数学、外语、思想品德四个学科的教学改革，以班级为单位的班级建设新模式的研究，学校管理模式研究都作为研究内容，似乎关照到学校改革的全部内容，其实这三大改革领域的关系被看作是构成性的机械关系，因为在探索性阶段，学校管理改革只是作为教学改革和班级工作改革的支持条件，尚未作为改革目标纳入其中。所以，这一阶段的学校改革是要求式的综合改革，而非整体改革。

二、 学校整体转型的必要性及其形态

其实，"新基础教育"从内部改革的感觉与我国学校变革的外部逻辑是一致的，这与改革开放以后，我国学校发展的宏观推进状况是密不可分的。进入新世纪后，我国学校发展呈现出以下这样几种趋势。

（一） 价值取向， 由关注社会价值转向社会价值与个人价值的高度结合

20 世纪改革开放初期至 90 年代中期以前，学校变革的价值取向基本上处在新中国成立以后将社会价值凌驾于个体价值之上的框架内，没有走出为社会生产发展、政治发展服务的工具性价值定位。改革开放后至 80 年代末期，这一教

① 金吾伦，蔡仑. 对整体论的新认识［J］. 中国人民大学学报，2007（3）.

② 同①.

③ 刘庆华. 机械构成论的局限及其方法论启示［J］. 经营管理者，2010（5）.

育价值定位基本没有改变，这段时期学校教育实践直接的价值取向是为当时的政治、经济服务，关注的是学校教育的社会价值，尤其是政治价值。在这一价值取向之下，个体的人的问题并没有受到重视，也没有成为一个重要的问题。90 年代，市场经济的快速、深度推进，将个体人的主动性与能动性问题彰显出来，成为学校教育价值取向转变的直接动因，出现了不同于以往的变化，离“为政治和经济服务”的工具形象越来越远，而与个体生命发展的问题逐渐接近，学生全面、主动发展的取向逐步成为共识。90 年代初，“主体性教育”呼吁教育要关注学生主体意识的培养，与以往的价值取向拉开了距离，为学校教育价值取向的转变定下了基调。此后，上海市实验学校的研究、北京市第八中学的研究、成功教育、愉快教育等，都是对这一取向在实践层面的回应。“新基础教育”又明确提出了“把个体精神生命发展的主动权还给学生”，把师生精神生命的主动发展作为学校变革的出发点。于是，2001 年，《基础教育课程改革纲要》以国家文件的形式，明确强调发挥学生学习的积极主动性，使他们在获得基础知识与基本技能的同时，学会学习和形成正确价值观。于是，“以学生发展为本”的教育价值理念逐步成为中国学校变革的价值坐标。

（二）变革重心，由关注基础条件转向关注内涵发展

粉碎“四人帮”后，经过一个短暂而有效的恢复期，被破坏得满目疮痍的学校很快重新焕发了生机。1985 年至 1990 年左右，中国学校教育改革主要围绕着学校发展的基础性条件展开，主要是扩大学校的办学自主权，并围绕办学经费的困难和逐步完成普及九年制义务教育的任务而开展。1985 年，中共中央发表了《关于教育体制改革的决定》，重点放在“改革管理体制，在加强宏观管理的同时，坚决实行简政放权，扩大学校办学自主权”。在此期间，有关教育的法制建设也开始孕育，1986 年我国通过了第一个有关教育的专门法——《中华人民共和国义务教育法》。

以 1993 年《中国教育改革和发展纲要》的颁布为标志，20 世纪 90 年代学校教育改革的重点转向“建立起比较成熟和完善的社会主义教育体系，实现教育的现代化”。学校办学规模、效益、质量以及学校结构等都成为这一时期学校变革的热点。1995 年，作为教育母法的《中华人民共和国教育法》正式公布。该文件提出了改革和完善教育投资体制、增加教育经费的任务，明确要求实行多渠道筹措教育经费的措施。由此可见，教育改革的重心还是在改善教育发展的外部保障性条件和宏观教育体制与机制的建设上。在这个过程之中，基础教育在提高国民素质中的重要地位被确立下来。

随着 21 世纪的临近，20 世纪末的最后 5 年是以面向未来的教育蓝图的勾画和深入开展素质教育为主线的。前者以 1998 年公布的《面向 21 世纪教育振兴

行动计划》为标志，提出了六大“工程”，在基础教育方面主要强调了新教师队伍建设和新课程体系建设①。后者集中表现在 1999 年 6 月中共中央、国务院公布的《关于深化教育改革全面推进素质教育》的文件中。其主要精神是认为我国当前的学校教育在体制、机制、目标、课程、内容、方法等一系列方面都不适应 21 世纪中国社会发展需要，教育要加强对人的创新精神与实践能力的培养。可以说，这昭示着学校变革转向关注学校内部建设将翻开新的一页。

2002 年的十六大，进一步突出了教育在国家发展中的战略地位，各级政府都十分重视将教育放在先导性、战略性地位，教育投入大幅增加，基础教育办学条件日益改善。经过几年的努力，教育发展的政策保障正在日益健全，教育发展的经济支持正在日益强大，这些都为学校关注自身发展提供了强有力的支撑。2007 年召开的十七大，更是将教育列入了改进民生的首要地位。

30 多年来，学校变革基本朝着现代教育的方向推进，就总体情况看，其成效集中或显著体现在：学校物质条件得到了改善，校内建筑与设施的现代化改革有了推进；信息技术手段在教学中的运用得到逐步推广和加强（以上两项通常被称为“教育现代化工程”）；为适应 21 世纪发展需要的学校课程改革启动，试点不断增加并走向系列化（简称为“中小学课程改革”）；办学体制的多元化和办学经费来源的多渠道已初具形态，即使我国教育发展最薄弱的西北、西南地区也“利用国际合作项目促进学校办学条件的改善、校长及教师培训以及教育、教学、管理理念更新和行为改善”②，改善了办学的基本条件。与此同时，学校内部的不同领域，诸如学科教学、少先队与共青团工作、社团活动、学校的课外与校外活动等方面的改革，都有了不同程度的推进。变革进展到此时，学校自身存在的诸多问题也更加彰显出来，学校内部变革问题被推上了日程。

（三）变革内涵，由局部变革向整体变革转型

随着学校变革基础条件的逐步完善，素质教育的深入实施和新课程改革的不断推进，加上学校内部改革的主动权越来越大，相关人事制度改革的推进，学校与教育行政部门的垂直关系已经松动，校长对于学校内的人事改革乃至于学校的整体变革，拥有越来越多的权力，也承担着越来越大的责任；课程改革与教学改革的推进，又在学校的专业自主权方面凸显出学校与教育行政部门之间存在相当大的差异，无论是教育行政部门的管理者，还是教育教学实践第一线的校长和

① 教育部．面向 21 世纪教育振兴行动计划［M］．北京：北京师范大学出版社，1999.

② 素质教育调研组．共同的关注——素质教育系统调研（续）［M］．北京：教育科学出版社，2006：36.

教师，都逐渐认识到：素质教育只有转变为学校的日常行为才能真正体现其魅力，新课程改革只有转变为课堂行为和师生交往行为才能真正体现其成效。在这种情况下，聚焦学校日常生活的改善，关注课堂行为的改进，成为当今学校变革面临的重大课题，学校内涵发展成为学校教育改革的共有趋势：学校内部的教师发展、校本培训、校本研究、制度改革、组织改革、课堂教学改革等都成为被关注的中心问题。粗略浏览一下近两年教育期刊中的相关论题，我们就会发现，有关“学校自主发展”、“学校内涵发展”、“学校组织变革”、“学校制度变革”、“学校文化形成”、“校本研训”、“听课评课”、“教研组建设”等内容，占据了相当大的空间，这揭示出学校内涵式发展走向不断深入的趋势。

对于如上发展趋势，早在2002年时，叶澜就敏锐地意识到这其实预示着学校变革性质的根本转变，即学校整体转型性的变革问题。因为中国社会从相对缓慢、稳步的发展时期转向变化速度加快、发展取向急剧多变的发展时期，也是信息化、全球化背景下社会主义现代化建设的加速时期。它本身会要求作为重要构成的教育也能够在整体上发生变革，以适应快速发展变化着的世界和中国社会的需要。事实上，虽然30多年来学校变革价值取向的重新定位和各项基础条件的打造，为学校的进一步发展和实现变革任务创造了条件，但全国大部分地区的学校变革不仅远没有完成，而且尚未在深层次和实质上开展。“实践中学校的变革努力常常缺乏深度与广度，大多停留在第一层次，以效率的提高作为改革的目标，强调教师技能性知识的增长，关注的是组织结构及工作方式上局部性的调整。至于变革方案背后的理念和价值观则少有涉及，更不用说对变革方案的批判与超越。在此过程中，学校教师多是被动参与的，完全以政策规定或上级的工作指示为依归，以至于一些参加变革者将忠实地执行变革方案等同于有效的组织变革，误以为方案执行完毕也就是学校变革工作的终结。”① “学校缺乏明确的转型目标和深入持久的探索性的整体变革实践，是前一段学校存在的相当普遍的问题，也是造成当前学校改革方面尚未出现实质性突破和转型性变化的重要原因。”②

面对这种整体转型性发展的趋势，叶澜对整体转型的任务作了进一步阐释，即新世纪中国学校教育应在整体形态、内在基质和日常的教育实践方面，完成由“近代型”向“现代型”的转换。所谓近代型学校是指成立于清末民初，其“基本特征是按工业化、批量性生产的模式来‘塑造’学生的；统一的目标，基本划一的课程与教科书，整齐排列的通用教室，严格规定的课时与教学周期，按规定执行的教育、教学过程；学校的基本任务是知识的传递和培养社会不同

---

① 操太圣. 在实践场域中发现学校变革能力［J］. 教育发展研究，2007（3）.

② 叶澜. “新基础教育”论——关于当代学校变革的探究与认识［M］. 北京：教育科学出版社，2006：200.

领域需要的规范化人才。”“自建国初至今，教育部曾多次指出要克服盲目追求升学率、全面贯彻党的教育方针，学校却始终难以做到；课堂教学，大多数学校基本上保留着教师讲、学生听的模式；培养人才规格一刀切，学校缺乏鲜明个性，教育管理基本上依然是集权为主等现象的长期存在，都是当今学校尚未走出‘近代型’的明证。”① 她认为，现实学校教育中存在的弊端，与社会对教育新质的需求之间矛盾尖锐化，促使“学校转型”作为一个现实性的问题被提出，而能否实现学校转型，也是中国基础教育的学校改革能否走出高原期、进入一个新层次的一个关键因素。所谓转型性变革，“是指涉及到价值取向、构成系统要素之基质、相互关系、结构整体框架、管理体制和运作机制等关涉系统整体性变化的方面都发生变化，并导致形态性转换的变革”。“整体转型性变革是一种系统更新式的变革。它不满足于对系统的修补，也不是只需消除和改变原来系统中不合适的，或要改变的方面，而是必须包含着重建的任务。”② 其具体形态表现在以下几点。

• 价值提升。即“使教育的主旨从以传递知识为主要直接目标，转换到以通过包括知识教育在内的各种手段，培养具有主动发展的意识和能力，能在各种不同和变化着的具体情景中努力开发自己潜力的人为主要直接目标”。

• 重心下移。它的宗旨是赋权学校主体，发挥主体的积极性与主动性，具体包括：对象上，教育应致力于每一个学生的主动、健康发展，为学生的终身学习与发展奠定坚实的基础；内容上，应“将近代型学校中仅以为进入学术象牙塔作为准备的学科知识为主的教学内容，改变为学科领域知识与生活领域、职业实践领域、科学技术领域、人生领域等方面沟通的课程体系”；管理上，应在学校内部建立起能够使“广大师生参与学校管理和发展的民主决策、民主监督的机制”。

• 结构开放。它主要指学校应是一个开放的系统，向外，学校应对网络、媒体、社区、社会、其他学校开放；向内，管理向师生开放，教育教学向学生发展的可能性开放。

• 过程互动。即学校生活应在多元、多层、多向、多群意义上互动，以提升教育的质量和产生综合渗透的效应，激发师生的主动性与创造力。

• 动力内化。即学校应成为一个自组织的系统，最终应“形成自己内在的发展需求、动机和动力机制”，实现内生性发展③。

---

① 叶澜．实现转型：新世纪初中国学校变革的走向［J］．探索与争鸣，2002（7）．

② 叶澜．“新基础教育”论——关于当代中国学校变革的探究与认识［M］．北京：教育科学出版社，2006：123－124．

③ 同①．

所以，在2004年“新基础教育”进入第三阶段时，便将研究目标调整为在全局、整体、系统的意义上呈现新型学校的内涵与形态。至2009年时，第一批转型学校基本建成，一条学校转型性变革的路径也基本探索了出来。当然，“学校实现整体转型性变革，是一项艰巨、长期、多主体参与的任务，它不仅涉及传统教育观如课堂教学、班级生活、学校管理中的组织与制度的更新，而且涉及新型教师队伍的创建和学校新文化的形成，最终指向诸多变革项之间相互指导、相互推进、相互创生的复杂变革格局的形成。”[①] 所以，要真正铸成现代新型学校，尚需作更多的努力。

第三节　核心任务：提升内生力

一、“基础性力量”与“发展性力量”

对于一所学校而言，影响其发展的因素是多样化的，大到一个时代、政策环境、文化传统和社区支持条件，小到学校自身的办学条件、生源质量、师资队伍、文化基础等。但诚如上文分析所指出的，当时代、政策、文化、社区外部条件、办学条件等已经基本具备后，影响一所学校办学质量的因素又是什么呢？经济学者西奥多·W. 舒尔茨（Thodore W. Schults）的“人力资本理论”曾告诉我们，资本不仅包括物资设备、建筑物和物资库存等物质资本，还包括人力资本，即人的劳动力素质；在当代社会，人力资本已替代物质资本成为经济增长的关键[②]。同理，对于一所学校而言，物质条件更加不是决定性的影响因素，人的力量才是关键性的影响因素。原因在于人具有自我意识，不仅有能力能动地改造和建构外部世界；人，唯有人，才有能力能动地改造建构自己内部的精神世界并控制选择自己的发展方向。当然，与环境相处时，人的力量的作用方式会有所不同，所产生的效果也会有消极与积极之分。原因在于人是主动与被动的统一性存在，他的力量发挥方式与影响性质，不仅受主观意志的选择，还受到他与周边环境的关系性质影响。同一位教师，当在A校与同事相处融洽，教师之间善于分享教学经验与创造智慧时，他的力量常常就是积极的；相反，当他在B校时，如果教师之间互不信任甚至诋毁，那么，他的力量可能也是消

① 卜玉华. 学校变革三十年：进步与转型［J］. 教育科学研究，2008（7）.

② 舒尔茨. 教育的经济价值［M］. 曹延亭，译. 长春：吉林人民出版社，1996：117－309.

极的。

这也就是说，对于一所学校而言，物力与人力资源都只是一种“基础性力量”，这种基础性资源能否转变为学校的“发展性力量”，尚需一些激发条件。而这正是学校发展应着力培养的新力量，这样的发展性力量因是由学校培育出来的内部力量，这里简称为学校发展的“内生力”。

二、 学校内生力的品质

我们的研究发现，学校内生力具备这样三个基本品质。一是发展的自觉性，即发展的内在需求，它回答的是“我是否愿意发展”的问题，是主体实现自身发展的基本前提与动力基础。二是发展的能力，它回答的是“我想发展，但我是否有能力实现发展的愿望”问题，它是推动学校发展中所展现的现实力量。三是具有实践生成性，即转化生成力，它回答的是学校中各类主体的发展自觉与能力是如何形成、发展与维持的。

（一） 发展自觉性

在今天，学校是否具有内生力，最重要的内涵之一便是教育者是否有职业发展的自觉。就教师而言，自觉是教师能够坚持持续不断发展的内在的、稳定的动力系统。“这不仅仅因为再好的生境也不会自动转化为教师发展，更因为有再多问题的生境，在追求发展的教师那里总能找到可能发展的空间；在自觉努力的教师那里，总会拓展出更大的可能空间；在切实行动的教师那里，总会出现相对于昨日之我的真实发展。在不同时期、不同条件下作出贡献和实现自身发展的优秀教师证明了这一点。正是在他们身上，教师发展自觉的力量，得到集中、充分、有血有肉、有声有色的表达，成为中国教师生命凝练、积聚而成的精神力量的最核心构成。”① 进而言之，人和其他生命体重要的区别是他形成了自我意识，而一个真正有职业自我意识的教师是不能只依靠他人来影响他，也不是靠天赋给予他先天的某种当教师的能力，他最终还需要由自己在日常生活中探索与形成对自我发展与职业关系的认识，寻找有成就、出色地做教师职业的路，在实践中不断超越自我、不断地成长。而超越的内在机制就是教师的自我意识与自我追求需求的不断提升。只有人自己能够决定自己的命运，其他因素都只是条件或基础。所以，在当今，学校具有内生力量的最重要任务之一便是激活教师的这种超越自我、发展自我的意识。我们时常看到，在现实生活中，许多教师在评上自己所期望的某种职称后便失去了发展的动力，久而久之

① 叶澜. 改善发展“生境”，提升教师自觉［N］. 中国教育报，2007－09－15：(3).

便有了职业倦怠感，这是因为他的工作动力一直是外在取向的，总是以外部的某个奖励或称号来衡量自己的职业发展状态，一旦这种外在奖励或称号获得满足，他也便失去了发展的理由或动力。事实上，对教师的最大奖励就是洛尔蒂（Lortie）所说的"精神奖励"："当我与一个学生或学生群体建立联系而他们的学业有所长进时。"[①] 他还发现，对这样或那样的"学生个体的教育取得了惊人成功"，是教师产生自豪感的显著来源，这不同于提高全体学生成绩的考试分数而产生的成功感，前者的日常满足感是教师喜爱自身职业更为持久的动力[②]。

教师职业的魅力在于其不同于其他职业的最大特点之一便是它充满着挑战与不确定性。因为教师日日所面对的是一群正在成长的孩子，孩子每一天都会变化，都可能产生让教师意想不到的成长，正是这种变化在挑战着教师，有可能促使他不断地思考如何在学生的发展状态、成长需求、兴趣和学科内容之间建立联系，使他必须不断地思考如何将学科的教学需要与学生的需求交织着考虑，以便让教学适应学生，同时将学生的兴趣引向学习。而且，教师通常面对的都是一群有发展差异的孩子，不同的孩子会对他的教育教学提出不同的需求，他如何公正而富有智慧地引导孩子在其自身的基础上积极成长也是极大的挑战。因此，教师是一个充满挑战的职业，挑战带来的研究冲动、挑战带来的对自己价值的体验都是迷人的。但是，当代教师因受教师职业评价的外在取向的影响，忽视了教师职业的内在欢乐，当他面对挑战时，他常常是烦恼或是抱怨，一些教师多年如一日地使用同一份教案，采取同一种教学方法，不能根据具体学生的具体发展状态调整自身的教育教学目标与策略，学生自己也不会受益太多，即使学生有精彩的表现，也常常引不起他的关注，更不会体验到职业给自己带来的成就感。所以，一个能够超越自我、发展自我的教师一定是位敢于迎接挑战，并从挑战中体验人生价值的教师。当代学校就是要使教师产生、激活那种旨在焕发学生，也焕发自己精神生命的生命自觉、发展自觉和创造自觉。

（二）发展能力

所谓能力，是指人在知、行过程中所展示出的现实力量，体现在做事成己的各方面，表现为理解、把握与变革世界和自身的不同功能与作用，并呈现在具体的知行过程中。就此而言，教师发展的能力即指教师在教育教学的认识与行动的过程中，其理解、把握与变革教育实践和改变自身的能力。显然，教师发展的能力是教师认识教育与改变教育，认识自己和改变自己的内在条件。许

---

① Lortie，D. School teacher：A sociological study［M］. Chicago：University of Chicago Press，1975：104.

② 同①，102.

多学者对其内涵从不同层次和维度对此展开了研究，并得出了许多富有创见的结论，我自然不需要再一一赘述了，但从是否有内生力量的角度思考，有三点却需要进一步强调。

第一，研究实践的能力。教育教学工作是因学生发展性和群体差异性而变得复杂而充满动态感，如何针对日常生活中学生发展的现有起点与可能发展点，如何面对一群有发展差异的学生，将教育教学知识与技能有效地转化为每个学生都可以接受的知识，并形成相应的能力，这都需要加强日常研究，在研究中找到教育教学的起点、提升点和转化策略。在以往以知识传授为取向的教学观下，教师眼中的学生常常是抽象而确定的，教师常常研究的只是教学内容的结构、重点与难点这些确定性的知识，一旦这些问题解决了，教师基本上就可以若干年不必再研究了，所以，常常会有一本教案多年使用的现象。但现在不同了，研究动态发展中的学生使教学目标定位和教学策略选择也随之动态调整，这需要教师具备研究实践的能力。比如，为了准确定位教学目标，教师需要掌握两类能力：一是动态解读学生的能力，包括能总体了解所教班级学生的发展状态和学生差异状态；结合教学目标，能够准确分析学生的已有经验、学习困难和发展可能性；能够将学生的发展放在学期、年段或学段的意义整体认识学生的发展特点。二是教材重组的能力，包括能够纵横把握教学内容的知识结构网，确定教学的重难点，并能够把教材与社会生活、学生的经验相结合，准确充分地挖掘教材的育人价值，重组教材，使教材学习与学生发展有机地结合起来。在这类能力基础上，教师对教学目标的定位既要能够多维、多层、准确地定位，也要能够根据学生的实际发展状态进行调整。

第二，创生实践的能力。只有这种能力形成了，教师职业发展的自觉才能够因享受创造的快乐而保持良久。但是，在现实中，真正体验和认同教师工作性质具有创造性的人并不多，大多数人认为教师工作性质是传递知识，“他们只是从教师是否对他所教的学科知识有创造的角度来看教师职业的性质，并没有明白教育这一事业的根本任务是在‘育人’。这一‘育人’的过程需要知识，但光有学科知识，没有教师的创造性劳动，不足以育人。也有些人看到了教师劳动创造性的一面，但往往局限在教学、教育的方式等具体技能、技巧的创造性方面，还经常以科学和艺术的创造进行类比，‘习惯于以科学、艺术等已被公认的创造性劳动的范式来评价劳动的创造性和价值。’而没有意识到或至少没有充分、明确认识到创造性不仅仅可以通过‘最终劳动成果的新异’方式来表达，而且还可以通过‘劳动过程本身’来表达。教师的根本任务在于‘育人’，在于促进儿童与青少年的精神生命成长与精神世界的丰富，‘它需要教师对多种知识进行多层、多次创造性的开发、转换与复合才能完成'"①。所以，教师劳动本身就是一种创造，正是这种创造给予教师自身以价值感、成功感，才能够将教师对职业的兴趣由外而转向内，享受职业创造后所产生的意义感。

第三，认识自我与更新自我的能力。杨国荣说，人存在于世界，成物成事的过程，其实也是成己的过程，因为"在成己与成物的过程中，世界意义的追问与人自身存在的意义关切总是相互关联。当人思考为何而在时，他所关切的也就是其自身的存在意义"。因为在成物成事的过程中，人会有所体验，"体验并非仅仅是对象性的辨析，它与主体自身的情意认同、价值关怀、人生追求等等无法分离"；"体验的返身性、切己性，既将体验与人的整个生命融合在一起，也使之无法与人的生活、实践过程相分离。"② 与此同理，教师在变革教育与成就教育的同时，其实也融入对自我的认识与改进，当他有意识地重新认识什么是教育、什么是教学、什么是学生时，他就是在有意识地改变自己的教育观、教学观与学生观；当他在实践中尝试按新的观念指导自己的实践，践行新观念时，新的教育教学状态又会反过来强化或更改他原有的认识与对自我成长的新体验；如此循环往复，在主我与客我之间，他不断地体验与尝试更新，于是一个新的自我便在改变教育中形成了。

当然，改变世界与改变自我未必是同步生成的过程。一种情况是有的教师在不改变认识下或未真正清晰新实践背后的理念的情况下，经过多次机械模仿式学习，常常也可以在方法层面或操作层面模式化地将新的教育实践呈现出来。只是这种实践性变革往往是短暂的、僵化的，无法因时因人因地制宜，不久便失去了生命力，走向一个没有教育灵魂的死的实践，因为它缺乏思想的眼睛和头脑帮助他创造性地工作。另一种情况是，有的教师短时内对新理念有了初步认识，并能初步以新理念指导自己的行为，但问题是他常常会抽象化、简单化地理解新理念的丰富内涵，在面对实践时，他会以理念演绎实践，戴着"新眼镜"断章取义地搜寻实践中符合新理念的某些要素，这时的实践在他的眼中或者是碎片化的，缺乏原初整体，或者是静止的，缺乏生命力。这样的教师因思想不能随着实践的不断创生而不可能是真正具有自我发展力的教师。也就是说，能够在变革教育中变革自我、更新自我的教育，不但需要对外研究实践与创生实践，还要有意识地反身求诸己，诊断自我与反思自我，践行新的自我。只有这样，教师的成人与成己才能真正地达成统一。在日常生活中，我们常常看到，一群共同参与教学研究的教师，有的人从中收获很大，体验很深，而有的人则

---

① 叶澜. 改善发展"生境"，提升教师自觉［N］. 中国教育报，2007－09－15：(3).

② 杨国荣. 成己与成物——意义世界的生成［M］. 北京：北京大学出版社，2011：109.

收获寥寥，体验平平，除了学习能力之外，自觉意识也应是重要因素。因此，我们可以说，教师发展职业与更新自我的能力，某种意义上也是自我诊断、自我批判与自我提升的能力。

（三）转化生成力

以上两个问题回答的是人的自觉性和能力是实现学校发展的个体品质保证。这个问题则回答的是人的发展自觉与发展能力生成于何处，又是如何不断发展的呢？对这个问题的思考涉及对人与外部世界的关系思考。马克思指出："为了在对自身生活有用的形式上占有自然物质，人就使他身上的自然力——臂和腿、头和手运动起来。当他通过这种运动作用于他身外的自然，并改变自然时，也就同时改变他自身的自然，他使自身的自然中沉睡着的潜力发挥出来，并且使这种力的活动受他自己控制。"① 这段话启示我们：在实践活动中，人不仅使自身的智慧和力量外化，以及对象化实现对外部世界的改造、对物质财富和精神财富的创造，而且人自身的才干、意志、智慧也在实践中得以激发、发展和提升出来，实现人生命自身的丰富、发展与完善。用我国当代学者杨国荣的话，这一内涵可表述为："作为人存在的基本方式……无论是世界的敞开和自我的体认，抑或世界的变革和自我的成就，都展开于认识世界与认识自己、变革世界与变革自己的历史过程。"②站在学校发展的语境中，我们不妨可进一步表述为：作为学校主体存在的基本方式，无论是学校的变革与发展，还是教师、校长和学生的自我实现，两者是同一实践中的相互生成关系，是成事成人与成己的统一过程。教师在成就教育之事，发展自己的教学，也就等于在发展其自身对教学的理解、兴趣、期待、需求、思维与能力，这些方面的发展又可进一步促进其教学实践新空间、新状态的展开，新的教学实践自然又促进教师新认识、新思维、新能力、新情感等的提升，如此以往，学校发展就与教师自觉性与能力交互生成，相互滋养了。一句话，学校内生力的形成与发展需要在学校自身的实践变革与发展中实现，"所有的转化与生成都在变革实践与研究变革实践的过程中完成。进入变革实践是转化生成发生的最基本条件。"③

---

① 马克思. 资本论［M］. 第1卷. 中共中央马恩列斯著作编译局，译. 北京：人民出版社，1975：202.

② 杨国荣. 成己与成物——意义世界的生成［M］. 北京：北京大学出版社，2012：3.

③ 叶澜，李政涛，等. "新基础教育"研究史［M］. 北京：教育科学出版社，2010：120.

（四） 自我超越

“自我超越意味着培养个人的能力，它并不意味着对人或对事物的占据控制。自我超越可被看做是没有终点的旅行……个人愿景是内心渴望的召唤，不是一个需要去追求的目标。它要你将注意力集中于想做的事情上，而非不想做的事情上。这样，人们就会严肃地对待自己的工作，而不是将工作看成麻烦事，看成是达到某种目的的手段，因为此时工作本身已经具备价值。圣吉认为，在自我超越方面达到高层次的人，往往更具主动性，对自己的工作更具责任心，而且至关重要的是，学习起来更快。

“自我超越不是你可以强迫别人去做的事情。它是一种潜在的组织战略，其重要性需要解释给别人听。人们可以参与讨论或深度会谈，想想自己的个人愿景有哪些可能的表现。在讨论和深度会谈时应讲清楚，自我超越不是为了将人培养为实现组织目标的手段……人与组织之间的盟约。”①

以上主要是以教师为例分析内生性发展力的基本品质，其实对于校长、中层干部、学生或者学校中的其他教职员工，与此同理。

三、 发展性力量的构成

学校的内生力还表现在校内各类角色的能力，包括校长、中层干部和教师三类角色的发展力。

（一） 校长的核心领导力

有人说：“一位好校长决定了一所好学校。”这样说虽然有些夸张，但足以说明校长对于学校发展的重要性。但什么样的校长能够胜任对一所学校的引导呢？“新基础教育”研究认为至少要具备三个方面的素养。

1. 价值引领力。校长的价值引领力非常重要。因为在当今时代，学校和教师会遭遇各种各样的价值冲击，面对各种价值，有的校长会选择为功名而做，会使学校一时间获得上级领导的支持与赞赏，却丧失了学校办学的内在宗旨，以牺牲学生发展为代价；有的校长缺乏价值辨别力，上面强调什么，他就强调什么，别人说什么好，他就以为什么好，盲目跟风，会使学校发展失去持续性与坚持性，陷入忙乱无自我的状态。所以，正确的价值引领力是做好校长的必

① 罗伯特·路易斯·弗勒德. 反思第五项修炼［M］. 赵恒，译. 北京：中信出版社，2004：23－24.

备素养。它要求校长不仅本人要能领悟学校发展的核心价值所在，还要能使本校领导班子及全校教师都理解和认同学校发展的核心价值，并将之转化为学校的发展目标与任务。

那么，什么是学校应当追求的核心呢？叶澜说："如何处理管理中的人与事的关系，并不是一个新问题。管理通常被理解为对一系列相关事务的处理，做事需要有人，需要有经济的投入和物质条件，所以元素管理的金三角是人事、财务与物资，而这些都服务于做成事，做成管理范围内必须做的事，也是管理之所以必需的理由……在这样的管理价值观指导下，人与财、物同样都只是成事的手段，而不是目的。"① "'新基础教育'在学校变革的管理价值观中强调'成人'与'成事'的一致性，是学校管理价值观有关目的与手段关系实现双向转换与统一的表达，体现了两者之间相互依存和转化的关系——'在成事中成人，用成人促成事'。"这一理解对于实现学校转型性变革尤其重要，因为"我们不可能等培养出了新型教师才来开展学校转型变革，而是只能在转型变革中改变教师，提升教师的变革意识与能力，完成教师自身的转型。学校转型性变革的管理不能满足于做成了事，更要关注成事过程中人是否发生了更新性变化"。② 因为"唯有人变了，新型学校的创建与发展才能得以持续进行。在转型变革中，人是最重要的、持续发展的决定性力量。如果只关注成事，学校也会发生变化，但可能是短暂的，随事之成而消停"③。有必要说明的是，这里的"人"，既包括教师，也包括学校领导者，乃至全体教职员工；这里的"事"，既包括教育教学之事，也包括学校领导与管理之事。所以，作为学校领导者，不能只注意到他人管理活动中的成事与成人的统一问题，而且要注意在管理中实现成事、成人与成己的内在统一，以引导他人的成事、成人与成己的内在统一。

2. 决策力。校长的决策力包括三方面的内涵：一是指校长要能够诊断学校发展状态，根据学校发展的现实基础和潜在可能性，针对学校发展中的问题、优势与可能空间，综合筹划学校内外各种发展的条件与力量，策划学校发展的方向 、核心目标、关键内容和基本策略等；二是指在校长要有清醒的时机意识，能分析、判断并积极把握住发展机遇；三是指校长要能关心、研究国际国内基础教育改革的大势，作出相应判断，并用于学校发展决策。

在当代以管理重心下移为取向的学校管理策略中，校长的决策能力主要是指校长在学校整体意义上的决策力，学校其他各部门领域的工作，应由分管校

① 叶澜."新基础教育"论——关于当代中国学校变革的探究与认识［M］. 北京：教育科学出版社，2006：336.

② 同①，337.

③ 同①，337.

长负责决策。因为“每个人都应成为自己承担工作的第一责任人，而不是对他人负责、执行他人的旨意”。“一个好的第一责任人，恰恰是不仅明确自己的责任，而且能使每个人成为自己工作领域第一责任人的领导者，是一个不以自己责任代替他人责任的领导者，是一个善取善予的领导者，是一个让每个人都有主体和主人感的领导者”。[①] 这一点很重要，它会使学校中的每一项工作的承担者都具有主人翁的责任感和自主感，这样的自主感会激发他们积极投入到活动当中去，在活动中为完成任务调动自己的潜在能力。逐步地，他在完成任务过程中也会体认到活动对于自己成长的价值与意义，这种意义就会演变为主体自己发展的内在需求，引导他为实现自己提出确立目标与任务，“主动寻求解决问题的方法，设计自己的行动步骤，研究方法与手段的合目的性，关注行为的结果，并根据结果调整进一步的行动。在活动过程中，主体处于积极的追求中，体验着成功的欣喜与失败的焦灼，感受到自己的智慧与力量。”[②]

3. 日常实践中的学习力与问题解决力。有位学者说：“我们确信，改变学校传统的根本问题，很大程度上是领导者对社会系统生成的洞察力，而不是法则、政策、服从形式或基金的问题。当领导者用‘生命有机体’的隐喻取代有关学校的‘机器’隐喻，并改变他们的管理与领导行为，以鼓励成长代替顺从时，成功的变革就会以自然而然的方式发生，虽然变革并非一帆风顺。”领导力不是静止的，也不是教育培训出来的，而是在日常生活中遇到特定的挑战时，为解决挑战而发展出来的新能力。正如历史学家阿诺德·汤因比所阐述的“挑战与回应”理论：文明是通过其创造性的发展来保持生存的，这种发展是对新的、大型的挑战作出的反应。在今天，对校长领导力最大的挑战便是学校持续、深度发展的挑战，而回应这种挑战所形成的能力，应当是校长最重要的领导能力！就今天我国学校变革所面临的整体转型性、力量内生性的任务而言，校长所面临的挑战一定是最复杂、阻力最大的挑战，因为这样的挑战为了保持受到变革活动威胁的平衡，常常会产生系统性的挑战，但“当各级领导经常不断地对付这些挑战（以及其他挑战）时，这些挑战可能渐渐就不再成为其挑战了。它们将变成生活的一部分，可以促进和增强那些真正献身于变革的人，给他们带来新的能力和新的理解”[③]。在“新基础教育”的很多实验学校，我们已经看到许多校长在复杂变革环境中引领和开拓学校内生发展路径的成功案例。

---

① 叶澜．“新基础教育”论——关于当代中国学校变革的探究与认识［M］．北京：教育科学出版社，2006：336.

② 叶澜．教育概论［M］．北京：人民教育出版社，1991：233.

③ 彼得·圣吉，等．变革之舞——学习型组织持续发展面临的挑战［M］．王秋海，等，译．北京：东方出版社，2001：30.

（二）分管校长和中层干部的决策力与协作力

在我国，分管校长又称副校长，通常是负责学校某一领域的工作，有的副校长负责教学科研，有的负责后勤工会，有的负责学生工作。每个领域又相应地设有各个部门或处，如教学科研处、学生发展处、后勤处等，这些部门或处的负责人，通常被称为中层干部。在我国学校中，分管校长和中层干部通常都被看作学校的领导层。

这里之所以把分管校长和中层干部单独进行分析，是因为与校长负责学校发展的全局相较，分管校长与中层干部负责的是学校某个领域，只是这个“局部”是处于学校多层次系统中的“一级局部”，具有一定的特殊性。

从纵向看，它既是上一级学校整体中的局部，也是下一级局部（主要是指学校基层领域）的整体。向上看，这个“一级局部”与学校整体的关系不是简单的相加组合关系，它要能够在体现学校共同目标与理念的前提下，结合本领域职责的特殊性自主自觉地开展工作。这要求“一级局部”负责人与校长的关系不是简单的操作者和执行者，而是明确自己责任范围和明晰价值与目标的人，是善于把学校整体的策划和方向转化为自己的创造性思考和行动的人，是能在决策过程中积极贡献信息、智慧、问题和经验的人。同时，在制定本部门或本领域的规划中，他们要能够结合本校发展的优势、问题和潜力，对本领域发展的优势、问题与潜力有准确的判断和分析，并能深刻分析优势、问题和潜力产生的原因，能将自我诊断与把握外界条件和机遇结合起来思考，为学校发展决策提供重要依据。向下看，这个“一级局部”又是下一级局部的整体，比如教学科研处是各学科教研组的整体，这时，分管校长和中层干部的角色类似校长与他们的关系。他们需要在自己所负责领域的发展方向、目标、路径、组织、制度等一系列关涉本领域整体发展方面承担责任，能够根据本领域的发展状况进行决策、引导、组织、监控与反馈；需要将权力重心下移并合理分布，使自己领导下的每个人都能够成为自己承担工作的第一责任人，而不是简单的执行者与操作者。

从横向看，“一级局部”负责人要知道本部门与相关部门的关系，能主动协调，相互支持。因为学校各部门之间是相互配合的关系，开展一项较大规模的活动时，需要各部门合力完成。比如，当学校开展校际某学科教研活动时，这不仅涉及学科内教师分工合作的安排问题，还涉及取得其他部门的协作问题，比如请后勤部门配合安排较大的教学研究场所和校外教师的用餐问题，请其他学科教师协助调课，请校门口安保人员请校外教师入校，甚至请学生工作负责人帮助安排学生接待员等。同样，面对教学研究的这项大型活动，后勤部门、其他学科教研组的人员、学生处等部门都要全力协助，不得推诿。

（三）教师发展的内生力

如前文分析，今天中国课堂教学改革的核心任务主要包括两个方面：一是如何激活课堂教学，让学生在课堂教学中积极参与其中，实现多方面的发展，这是课堂教学积极化任务；二是如何让课堂教学变成每个学生的课堂，而不是少部分优秀生的课堂，这是课堂教学公平化任务。这两个任务进而内在地规定了当代教师在课堂教学的价值观、过程观和评价观上必须实现观念系统转变与重建，在课堂教学设计、课堂教学的过程推进以及课堂教学的反思与重建环节必须实现行为系统的转变与重建，在思维方式、创新能力、交互合作与学习反思等方面实现多方面的发展。所以，今天教师必须实现多层次、系统性的转变与发展，才能真正变革课堂教学，使课堂教学充满生命成长的活力。

在这个问题上，“新基础教育”作了先行性的、系统的、富有普遍意义的探索，勾勒了“新型教师”应达到的以下基本要求。

第一，教师素养的基本构成和具体发展目标，如表 1－1 所示[①]，不一一细述。

表 1－1　教师素养的基本构成和具体发展目标

<table>
<tr><th colspan="2">教师素养构成</th><th>基本内容</th><th>强调重点</th></tr>
<tr><td colspan="2">基础性素养</td><td>个人价值取向和发展的内动力，集中表现在事业心、责任心、爱心和自我发展的内在追求等方面；宽厚、扎实的文化底蕴；实现创生的思维能力</td><td>突出强调的是自我发展的内在追求、宽厚扎实的文化底蕴、实践创生的思维能力</td></tr>
<tr><td rowspan="2">教育专业素养</td><td>学科专业素养</td><td>熟练掌握承担教学的科学的知识体系与结构，学科发展的历史与趋势；熟悉相关学科的知识范围、性质与相关程度了解学科知识与人类多种实践（社会、生产、研究、生活、人生发展）的多重关系，以及它在实践中的多种表现形态；掌握进一步学习和研究所教学科的基本途径与方法，适应知识更新，满足培养学生创造意向和能力的要求</td><td>突出强调的是学科发展的历史与趋势、对相关学科的熟悉程度、学科知识与人类各种实践的多重关系与表现形态，以及学科知识独特的价值属性和价值等</td></tr>
<tr><td>教育专业素养</td><td>有关教育对象的认识，教育哲理的形成，教学管理策略，教育教学活动设计、方法选择、现代教育技术手段的运用以及教育研究等方面的知识和能力</td><td>突出强调的是人与人交往的能力、管理能力和研究能力</td></tr>
</table>

① 吴黛舒．“新基础教育”教师发展指导纲要［M］．桂林：广西师范大学出版社，2009：26－27.

续表

教师素养构成	基本内容	强调重点
复合性专业素养	教育专业素养不需要像学科专业一样“教”给学生，而是转化为对学校教育、教学实践和学生的认识，并用这种内在认识去研究、策划和改进、创造自己的学科教学的实践和行为；教师的学科专业素养和教育专业素养在教育实践中构成复合而非并列的关系状态。前者组成教育的内容，后者关涉教育者教育行为的全部，从策划、践行到反思、重建	“复合性专业素养”不是独立的一种存在形态；它是教师劳动本身的“创造本真”得以活化、成真的表现；是“新基础教育”促进理论的“魂”和实践的“体”，从分离走向结合的一个重要条件

第二，课堂教学改革意义上的教师发展力，“新基础教育”也作了系统性的、富有创见的探索，如表1－2、表1－3、表1－4所示。

表1－2　课堂教学设计所要求的教师教学实践新素养

内容	维度	具体要求
教学目标设计	教学目标与课程目标的关系	能全面、清晰、具体地表达教学目标 能准确把握本学科各年级段的教学要求 能在本学科总体要求下设计目标
	学情解读	能对学生总体发展状态有了解，有不同层次的差异分析 能结合教学内容对学生已有经验和困难分析准确，所提目标有针对性
	教材解读	能把握教材的内容结构，确定重点和难点 能够将书本知识与社会生活、学生经验进行沟通 能多元清晰地把握教学内容的育人价值
	内容结构把握	能在单元之间或学段意义上定位所教内容 能够整体把握单元内容的整体结构，合理分配教学时间 能合理把握一节课的教学内容结构
教学内容的理解	育人价值的综合理解	能对本学科教学的特殊育人价值有整体认识 能有意义地沟通书本与现实生活、学生经验的联系 能渗透培养学生的学习意识、习惯和能力的内容 能拓展学生的知识视野，提高思维品质，激发创造性

续表

内容	维度	具体要求
教学过程设计	过程设计	教与学的展开能体现师生同步交互性 教学任务设计能体现开放性、全体性和差异性 教学环节之间有内在关联性和递进性
	策略选择	能有效激活全体学生的学习积极性 能增进学生参与教学互动的能力，如倾听、合作、表达、讨论等 能促进学生积极自我的形成

表1－3　课堂教学过程所要求的教师教学实践新素养

内容	维度	具体要求
教学常规	内容选择	选择重点内容与教学有关联 内容能使全体学生参与 内容具有相关积累性
	活动方式与效果	活动方式有趣，学生熟悉，节奏快，能够有效地调动学生积极性 组织形式合理，有灵活的点面结合 教师能根据活动状态及时调整，产生组织教学效应
教学核心过程推进	开放式导入	能让学生先行思考，教师和优秀生不替代全体学生思考 任务面向全体学生，不同层次的学生都能进入学习状态 任务能激活学生已有知识与经验，又能促进学生进行多角度、多层次的独立思考
	生生互动	能提供保证学生独立思考和合作学习的时间 能激发学生在独立思考基础上互动交流 能引导学生在合作互动中善于倾听、评析和表达不同意见
	师生互动	能捕捉、收集学生产生的新问题、方法等过程性资源 能针对学生状态和问题进行调控、回应和组织补充性活动 能对学生不同回答做出反应、梳理和引导
	转化推进	能根据课堂状态将教学不断向实现教学目标的方向推进（或调整教学目标），实现有效的教学 能及时将新资源转化为启发学生举一反三的教学核心问题域 能够及时下移教学重心，激发学生进行更为深入地与教学核心内容相关的学习

续表

内容	维度	具体要求
教学巩固与拓展	巩固提升	对教学过程中的重点、难点进行针对性的巩固 能有意识地提炼方法结构 能对学习过程作评价，突出学习中学生表现的主动性、创造性和好的思维品质
	拓展延伸	能进行类比式迁移 能进行结构式延伸 能提出新问题

表 1－4　教师对课堂教学的自我反思与评价新素养

项目	维度	基本要求
自我总体评价	具体性	能发现教学中生成之处，也能发现教学中存在的问题，对教学效果的评价恰当，能清晰地说明自己发展变化的过程 能有意识地对自己成长的阶段特征，包括成长过程中的困难、障碍和节点进行反思
	深刻性	能联系自己的实践作理论分析，真实反映自己的感受，能涉及现象背后的问题 对学科的育人价值有进一步的认识 能结合具体的事件或案例来说明自身在研究性实践中的成长和创造的快乐
问题诊断与归因	具体性	能具体、有条理地分析存在的问题，及其形成的原因 能从多种角度分析问题形成的原因 对自身教学行为背后的内在观念问题及行为惯性有具体认识
	深刻性	能将问题放到一个学科的单元里去分析 能将问题与学生的培养和发展联系起来去反思其原因 能将问题置于学科背景中进行分析和反思
教学重建	改进设想	能提出切中问题要害的改进设想 能提出解决问题的多种具体和可行的措施及办法 提出的办法具有有效地解决问题的可能性
	认识变化	能充分倾听他人的意见 能及时充分地吸收和转化他人的意见 认识有整体提高

由上述分析和课堂教学改革所要求于教师的新素养，足见当代中国教师发展所面临的任务非常艰巨，尤其是开放生成性的新课堂教学更是对教师发展的复杂而系统的挑战。也正是这一挑战，决定了当代中国学校改革任务的复杂性、长时性与系统性，决定了中国学校要真正实现内生式发展，必须在教师教学方面实现整体性的变革与发展。这也说明了当代中国学校真正实现内生式发展的道路如此艰难而漫长。

第四节　基本思想方法：生成论

既然当代学校改革的基本单位是学校，那么，学校作为整体所具有的性质是否是由课程、教学、教师或学生部分相加之和？这里涉及的问题是我们如何把握研究对象的问题，即思想方法问题。

一、学校是个追求功能耦合的系统

整体可以分为两类。一类是有组织的整体，另一类是没有组织的整体。没有组织的整体是部分之集合，整体与部分之间的关系是简单的，比如一把沙子，电影院里随机看电影的观众，由于各部分之间没有关系，或相互作用较弱可忽略不计，这时，整体性质接近于部分之和或部分之统计平均。即对部分性质的认识与把握，基本上等同于对整体性质的认识与把握。

与此不同，有组织的整体则是部分之间的功能耦合体。亚里士多德曾举过一个非常贴切的例子。他说，手长在人的身上，因其可以抓、拿等取物功能而称为人手；但当把手砍下来，手不再发挥抓、拿等取物的功能时，手就只是一物而已，称不上是人手了。这是因为“在这里，组织系统是用它的功能来定义的，而组成整体的子系统也是用功能来定义的”。部分也是通过整体说明自身的。同样，“整体的性质正是这些部分所具有的性质通过组织产生的，组织方式就是机制分析中功能耦合的方式”。[①] 显然，学校属于有组织的整体。

在方法论的意义上，这启示我们在把握学校整体与部分的性质关系时，我们必须对应着学校整体功能的分析部分，承担某一具体功能的部分即为子系统。把有组织的学校整体看作由一些相互关联的子系统组成，这是人们研究学校作为整体单位时通常采用的方法。但在很多时候，人们并看不到学校整体的性质和其各部分具有的性质之间的联系，这大多是因为我们没有找到一种正确地将整体分解成部分的方

① 金观涛. 系统的哲学［M］. 北京：新星出版社，2005：192.

法造成的，即人们对学校子系统的定义不对。显然，学校的构成成分极为复杂，既可以把它看作是由一位教师活动组成的系统总和，也可以把它看作由一个个学科活动构成的活动总和；既可以把它看作由一间间教室构成的空间总和，也可以把它看作是各类教育教学活动的系统构成。哪一种分法更合理？哪些部分是系统中真正起作用的子系统？人们通常忽视对这个问题的深入思考与回答，而这正是造成我们理解学校困难的真正关键！

人们习惯于从结构主义的方法分析学校教育活动所涉及的要素，比如课程、教学、教师和学生等要素，于是便有了课程改革、教学改革、教师培训或学生研究等领域的变革活动。这种分法是否正确？它们并没有被严格地论证过。在很多场合下，人们想当然的“子系统”，实际上并不是真正存在于整体中需要被研究的子系统，而是把整体肢解后我们所能发现的那些已经被破坏的子系统。这说明，我们需要以层次化、关系化和功能化的眼光看待整体与其部分的关系。比如，人体从微观到宏观，由细胞、细胞间质，组织，器官和系统构成。当把人体看成一个有机系统时，我们对人体子系统的分析就不能再停留于细胞、组织的微观层面进行分析，也不能只从器官层面进行分析，而应从运动系统、神经系统、内分泌系统、循环系统、呼吸系统、消化系统、泌尿系统、生殖系统等子系统进行把握。同样，我们在把握学校整体时，就不能只从教室、校长、老师、学生等要素层面把握，更需要从子系统层面进行把握。

那么，学校到底包括哪些子系统呢？不同的子系统之间在功能上应该是什么关系？

其一，在我国，中小学校一般是把学生按年级进行组织，将相近年龄或相近学业水平的学生分成若干年级和班级，从而形成了学生组织系统；与学生组织系统相对的是学科教师队伍和班主任队伍。

其二，师生在学校中活动需要相应的物质、设备作为支持，于是便有了专门供给活动物资、设备的物资供给系统。

其三，学校是以育人为基本宗旨的组织单位，对这一目标的理解、历史发展条件和工作传统等便构成了价值观念系统。

其四，由于学生和教师在学校中的生存与发展既需要与外界进行交流，需要科学的教育价值观念的引领，也需要保持内部关系的和谐，这就需要有一个发挥这些功能的学校的领导和管理系统。

尽管学校有如此多的系统，但其核心的系统因其教育目的而是师生交往系统，包括教学系统和班级活动系统，其他系统都是以此为中心而存在与交往的。如图1－1所示。

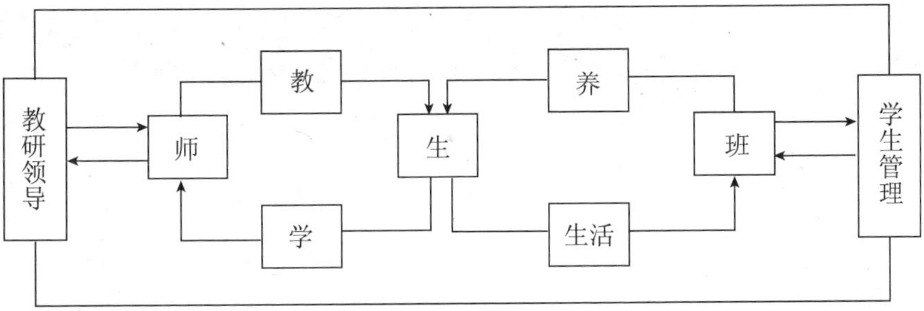

图 1－1　学校交往系统

当我们思考事物之间或要素之间的关系时，我们总习惯于从因果联系或条件与结果的角度进行把握。其实，关系在本质上是事物之间的互相依赖与互相定义，这一范围远大于因果关系。比如父母是针对儿女而言，而儿女也是相对着父母的，在某种关系中形成的概念，脱离了由这种关系联系着的整体，每个部分本身也就毫无意义。这也进一步表明，关系实际上是事物或概念之间的互为因果和互为条件性的自耦合系统。有学者对这种自耦合系统用数学化、形式化的方式进行了表达，如图 1－2所示：在此图所示的自耦合系统中，意思是 X、F 是一种结果与原因的重合，即两者互为因果、互为条件①。

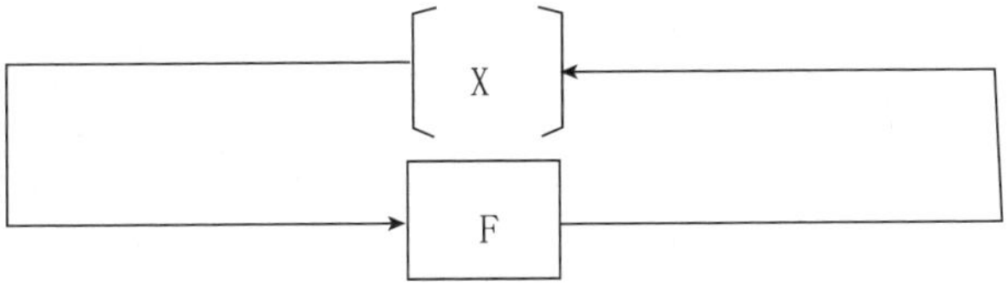

图 1－2　关系的耦合结构

以此观之，学校教学活动是一个自耦合系统：一方面，因为教师是针对学生而言，学生也是相对着教师的；教是相对着学的，学也是相对着教的。人们经常说"以学定教"，显然只看到了教学关系的一个方面，而忽视了两者互为因果和互为条件的关系，倒是古人所说的"教学相长"较准确地表达了教与学的功能耦合关系。

教学系统的功能耦合关系显然不是自然形成，天然固有的。作为有目的的人为系统，教与学双方在概念上虽然应当是功能耦合的，但因教师的教与学生的学各自都有独自的发展规律与特点，在事实上却充满着各种可能性，当双方不能真正在功能上达成耦合时，教与学的关系便需要不断地调整。比如，教师发现学生上课注意力不集中，便提醒学生，学生调整自己以适应教学的要求；反之，学生的学习速度和效果都远高于教师的目标定位，教师便需要调整自己的教学目标和方式，以适应学生的发展。但有时，仅靠教学的内部调整不是充分的，教师如果缺乏了解学生、

① 金观涛. 系统的哲学［M］. 北京：新星出版社，2005：208.

适应学生、引导学生的动力或能力，这时就需要外界力量的干预，比如学校领导的评价、督促或帮助。这样，教师与学校领导之间便构成又一对功能耦合系统：因教学高质量发展的需要学校领导管理的支持，学校领导与管理什么、怎样管理需要以教学发展为依据。

反向思之，如果学校的教与学之间、教学与领导系统之间构不成功能耦合的关系，学校这时只是各部门要素的组合体，在功能上也可能是失调的，那么，这样的学校整体只能称得上集合体，而非整体。总之，学校整体即是指在教育目标实现的意义上，学校各子系统之间构成了功能相互耦合的关系。

二、 学校是具有创生可能性的行动系统

（一） 学校是具有自生可能性的系统

世界上存在着非常多的多元复合活动系统，以有无生命性为依据可以分为两类：第一类是无生命的多元复合系统，如企业一般由管理系统、生产系统、能源供应系统、销售系统等构成多元复合的系统存在；第二类是有生命的生物系统，动物和植物便是此类，如人体是由神经、消化、血液、肌肉、骨骼、运动、内分泌以及生殖等多个系统构成的多元复合存在。那么，学校作为一个多元复合系统有何独特性，是否归属于这两类中的一类？我们可以通过比较加以明晰。

马图拉纳（Maturana）说：生物作为一个系统性存在，与其他系统一样具有组织性，但区别于其他系统的特殊之处在于，生物只生产自身，它既是生产者也是产品，比如树木吸收养料生产的是自身的枝与叶[①]。也就是说，生物系统是一种自生产性的组织。当然，这并不是说生物系统与物质无关，没有物质，生物系统不可能存在，但生物的自生产性作为一种功能现象并不取决于它的物质性质，而是取决于它的组织以及组织产生的方式。与此不同，无生命系统则生产的不是自身，即它生产的产品与自身的发展无关。比如，造纸机器生产纸，但它不生产自身，甚至是磨损自身。

以之作为思考参照点，作为一种社会性存在，以下是学校系统的特殊性。

第一，学校系统的发展蕴含着潜在的自生产性。虽然学校活动的第一产品是学生成长，但学生成长不像生产系统中的产品一样是一次性完成的，学生是在教与学较长时段的多次交往中不断成长的过程，多次交往会促使学生成长反过来促使教师、校长反省自我、研究教学或管理，带动教师、领导和学校的更新与发展。所以，从

---

① Maturana，H. R.，Varela，F. J. The tree of knowledge：The biological roots of human understanding［M］. Boston：New Science Library，1987：49.

此意义上可以认为学校具有生产自身能力、品性和精神气质的性质。

第二，学校自发展的力量受学生影响，但学生不是学校实现自我发展的必要条件。一方面，学生作为学校教育的最终目标与成果对学校发展具有反作用，甚至当学生毕业之后，其发展质量或社会影响力都会对学校发展状态产生直接或间接的影响。比如，哈佛大学的毕业生质量高培养了知名的科学家或政界要人，这些人既可以自己回报母校，促进母校的进一步发展，其他人受此影响，也会把优质生源送至该校，政府为了奖励学校，也会加大投入力度。这说明，学校具有内部优化、促进自我发展的可能性。但另一方面，学生与学校之间的发展也是相对独立的，毕业以后的学生是一个权责自负的主体，不再与母校相关。从此意义上而言，学校与其学生之间只是一种构散的互育关系，所以，学校自我发展的力量受学生影响，但学生并不是必要条件。

第三，学校是工具性与目的性的统一存在。生物的自生产是盲目的、自生自发的过程，而学校则是有目的的行动系统。学校目的包括结果式目的和工具性目的两个方面。这是因为学校的存在目的不是自足的，而是为了完成培养新人而存在的，培育新人便是它的结果性目的或根本目的；而为了高质量地实现培育新人这一结果性目的，学校就需要培育自身、提高自身的培育能力，这时，学校自身的成长便也是目的之一，且是工具性目的。但由于学校教职员工也是需要实现自我发展、自我价值的主体，而不仅仅是工具，从此意义上讲，他们本身就是目的。也就是说，从培育新人的意义上而言，学校是工具；但从学校也是主体需要实现自我价值和自我发展而言，又是目的，是工具与目的的统一。学校作为自目的性的意义非常重要，它意味着学校的各类主体能够从走出把教育工作只是当作生存手段的状态，认识到教育工作对于他人和对于自我发展意义的内在统一，只有这样定位学校发展目的内在与外在统一关系，学校发展才会找到内在力量、内在动力和内在支点。

在当代，每所学校都会有自己的目标定位、自身的发展基础和发展条件，在发展过程中，不可避免地会根据自身的目标、基础和条件思考自身，为自己的运行、结构、过程、边界和特性确立规范，即进行自我描述与自我规定，当它这样进行的时候，它就自己构成了自己的组成部分，导致学校变得越来越“自治”和自我生产。

下面，我们以图 1－3 和表 1－5、表 1－6 作对比的方式将非生命性的系统存在、生物性系统与学校系统存在的相同与区别之处进行表示，以突出学校作为自生系统的特殊性。

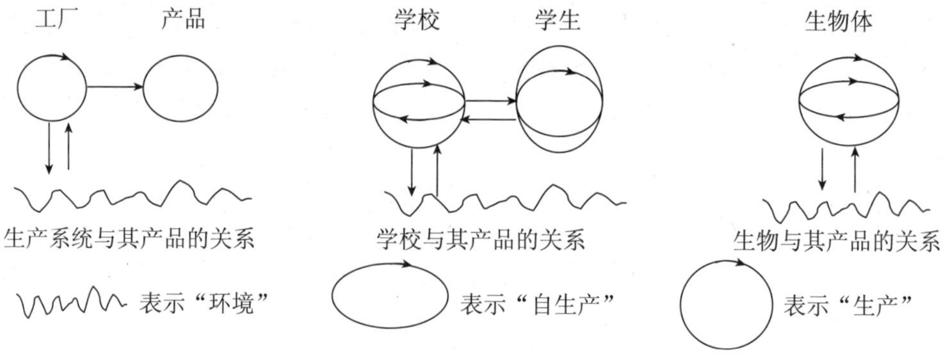

图1-3　工厂生产系统、生物系统与学校系统比较

表1-5　工厂生产系统与学校系统比较

	工厂生产系统	学校系统
相同之处	• 生产出不同于自身的产品 • 受环境影响 • 有目的性	• 生产出不同于自身的产品 • 受环境影响 • 有目的性
不同之处	• 不生产自身 • 产品有变化，但无自生产性、无反馈性 • 只有工具性	• 既生产不同于自身的产品，也生产自身 • 产品有变化，有自生产性和反馈性 • 既有工具性，也有目的性

表1-6　生物系统与学校系统比较

	生物系统	学校系统
相同之处	• 生产自身 • 受环境影响	• 生产自身 • 受环境影响
不同之处	• 只生产自身，不生产他者 • 既是目的也是工具 • 无目的的自发性生长	• 既生产自身，也生产他者 • 先是工具，其次是目的 • 有目的的自觉性生长

（二）学校是具有潜在内生力的发展系统

以往，我们总是把学校习惯地理解为一种社会机构或社会活动，从而忽略了学校作为一个行动系统具有内生发展的一面，这向我们开启了重要的教育实践意义。

第一，学校作为自创生系统，说明它的发展力量具有内生性，要求我们在理解学校发展的内外力上，认识到学校发展的真正主体是其自身，而不是学校行政部门，也不是家长或社会力量，外部力量必须转化为学校自身发展的内部力量，才能真正成为正力量，否则便可能是学校发展的干扰或噪音。

第二，学校作为具有潜在内生力的发展系统，要求我们认识到学校发展的首要目标是“我向目标”（或反身性目标），即学校中的学生和教师发展是首要目标，其次才是“他向目标”，即社会发展对人才的需求。没有这种优先性的考虑，学校就会沦为工厂，沦为单纯的工具，最终失去发展的内生力和内动力。

学校之所以具备这种反身性发展的潜在基础，这是因为人的力量在学校发展过程中发挥了重要的双重作用。一方面，人作为学校系统的内在构成而成为学校教育使命的承载者；另一方面，人又作为学校环境中独立的自我在发挥作用。也就是说，学校与其学校中的人的关系既非以人为中心，也非以学校为中心，学校与人处于交互观察、互相渗透与共同发展的关系之中。之所以如此，是因为人在发展过程中会形成自我意识，人不仅有能力能动地改造、建构外部世界，人，唯有人，还有能力能动地改造构建自己内部的精神世界，并控制、选择自己的发展方向。马克思曾指出：“动物和它的生命活动是直接同一的。它没有自己和自己的生命活动之间的区别。它就是这种生命活动，人则把自己的生命活动本身变成自己的意志和意识的对象。”① 康德也讴歌这种自我意识，他说：“人能够具有‘自我’的观念，这使人无限地提升到地球上一切其他有生命的存在物之上，因此，他是一个人。”② 叶澜说：“人的自我意识是人在实践中实现目标，包括实现本身发展目标的重要因素，这也是人的实践活动与动物生命活动的重要区别，人在实践不仅创造世界，也创造自己。因此，实践在人的发展中的后一方面的重要作用是不能忽视的。”③

第三，学校作为潜在的自生性发展系统，要求我们遵循学校自身发展的内在逻辑。这是因为学校作为自生系统，在其发展过程中一定积淀了自身独特的发展条件、传统、文化以及问题等，它为学校进一步发展既提供了来自学校自身的任务、物质文化基础、组织机制以及内部调节机制，也提供了可能障碍，从而使学校既成为一个开放的、具有自稳定性能的结构，也能够使它不断地从外部汲取自身发展所必需的各种“养料”，进行加工改造，吸收成长，从而为学校发展提供可能。正是从这样丰富的意义上，我们强调学校自身内部力量是其发展的基础，学校发展需要以之为依据、为起点，建设新的发展空间。

---

① 马克思. 1844 年经济学——哲学手稿［M］. 中共中央马恩列斯著作编译局，译. 北京：人民出版社，1981：50.

② 康德. 实用人类学［M］. 邓晓芒，译. 重庆：重庆出版社，1987：1.

③ 叶澜. 教育概论［M］. 北京：人民教育出版社，1991：206.

三、 生成视角对学校变革的意义

如上分析给了我们一个重要启示：应从构成论走向生成论把握和认识学校变革过程，把学校变革过程理解为培育新力量不断生成的过程。这正如我们都了解一粒种子如何从发芽、开花到结果的奇妙景象，都曾目睹婴幼儿长大成人这一不可思议的过程，也看到一片云朵如何生成密云乃至飓风。正是这些生成现象为我们理解学校变革提供了以下新视角。

它让我们认识到，我们所寻找的学校变革秩序与动力最终应是从学校发展系统的内部生成的，不是外加的；因为系统具有自我更新与自组织的功能。

它让我们认识到，学校变革过程会充满混沌，但混沌不是混乱。费根鲍姆（Feigenbaum）说：混沌之下潜藏着规律，“事物开始与终结都不是混沌的，而是以某种方式从一种状态转变为后一种状态。其基本原理在于：生物与社会系统中的自然秩序基于联系与原动力以及系统内部自始至终的生成，这种生成是不规则的、不连续、不稳定和复杂的，然而同时又是稳定的，有结构的。”①

它让我们认识到，“能够用来解释社会机构的潜在法则包括自组织、可能性和生成等”；“内部生成的概念是理解复杂自然系统整体的核心。”②

那么，系统自组织的规律是什么呢？在混沌理论中，分形原理为我们理解组织变革的部分的、在破碎的方法之错误提供了线索，并能提供我们进行系统的学校变革的思考方向。1975 年，IBM 的数学家曼德尔布罗（Mandelbrot）发明了一种研究非线性几何学的新方法，并把这种新方法称为分形（fractals）。“分形的根本法则是，一个系统（例如一株花椰菜的一段）中任何一个片段的结构都蕴涵着打开整个结构（整株花椰菜）的钥匙，他把这称为分维（fractal dimension）。”③ 在科学家看来，分形聚集生长的过程即是系统生成的过程，而且它并不单纯是人为的现象，而是自然变化较为普遍的现象，比如一场风暴的生成、一片森林的形成、一个家族的延续或一个学习型社群体的产生都内蕴着这样的发展规则。虽然这些现象的生成发展过程中是非线性的，但在部分与整体之间却有着令人惊异的同构性，同一事物最细微部分具有和其整体相同的特征。所有这些都向我们提供了指导组织系统生长的思路：其一，“必须关注整个新系统，所有部分同时工作，因为创造整体动力并决定了整体生长潜力的，是所有

① 卡罗琳·J. 斯奈德，米歇尔·阿克－霍切瓦尔，克丽丝滕·M. 斯奈德. 生活在混沌边缘：引领学校步入全球化时代［M］. 2 版. 郑旭东，丁煜，李曙华，译. 北京：教育科学出版社，2011：68.

② 同①，68，73.

③ 同①，75.

部分的相互作用，而不是所有部分的累加”；其二，我们需要找到培育具有学校某子系统整体特征的新生长点，使之在集聚生成中生成新子系统；其三，“当内在动力在组织的情境中释放出来时，自然系统的生成现象便会充满新奇事物”。在“新基础教育”的学校变革中，我们已经发现，一旦教师和学生获得自主发展的空间，学校新系统的内在力量便逐渐会生成出来。

的确，在从事“新基础教育”的学校变革过程中，我们已经形成了与学校变革实践相匹配的三大变革策略：“整体策划与分段实施相结合”，“日常实践持续开展与关键节点集中交流相结合”以及“重点突破与梯度放大相结合”。策略一解决的一是学校系统变革如何让各部门、各条线如何整体策划、同步进行；二是分阶段分清变革的任务、性质与方式，培育学校发展新生长点。策略二解决的主要是如何将关键节点的认识与做法迁移到日常实践中去，使日常生活具有关键节点活动所具有的类似特征；这其实也是解决节点作为部分与日常作整体之间的转化生成关系。策略三培育的也是教育活动中人与事的“点”，这个点类似于“分形”，然后把这个“分形”迁移到整个学校生活领域，从而带动学校系统的整体转变。可以说，正是这些思想方法为我们找到了打开整个学校系统变革的大门钥匙。

余论：改革主体与价值抉择

一、 改变主体与客体的关系

通常，我们说课程改革、评价改革、教学改革等时，常常是指学校改革针对的是改革者主体以外的客体而不是改革者自身。其实，这正是教育改革最大的认识误区之一。

一是误置了改革的外部与内部力量。这样的改革认识只把改革当作外部力量的强加过程，而非学校教育工作者的自主与自为行动。不难想象，外部驱动的改革一旦停止了干预，那么，学校因缺乏内部动力就会自然终止改革进程，这样的改革结局自然不是我们所希望的，也不是外部改革者所希冀的。所以，如果要使一项改革能够持续而不断生成自身的发展力量，那么从一开始就需要明白，真正的学校改革主体是校长和教师，外驱力只是学校改革的支持条件，如政府部门提供的政策要求或物力、人力支持，大学、学院或研究机构所提供的专业援助都只是外部条件。

二是没有真正弄清改革主体与改革客体的关系。当校长和教师们成为改革主体时，他们的目光常常是向外思考的，最关注的问题是“如何办”的问题，如如何重组教材、如何改革教学活动方式、如何引导学生努力学习等，而没太深入追问“为什么”这一至关重要的问题。“为什么”问题追问的是行为背后他们如何理解学生、如何理解教学、如何理解教育、如何理解师生关系等有关价值、理由、目标与意义等问题，正是对这些问题的理解影响着我们对“如何办”等的策略选择。如果校长和教师对“为什么”问题的思考不转变或不清晰，则改革只是在“如何办”的层面进行，将是不深入也不可能真正成功的，因为关于“为什么”问题的理解常常是主体自身的理解与观念，人的观念不变，行为怎么可能变呢?

所以，从一开始，我们就需要认识到，学校改革是既把校长和教师作为改革主体又把他们作为客体。显然，这是一个非常困难的转变，不仅是认识上的，也是行动上的，这是因为当校长和教师把自己作为变革主体进行改革时，他们这时是根据自己的感受和行动而进行变革的，这样就存在着一个危险，即他们可能受制于自己的理解力或思考方式而陷入个人主观臆断或错觉境地，从而影响他们对改革方向与方法的正确判断与选择。所以，他需要自觉地跳出“主观自我”，有意识地反思自我、评价自我和调整自我，使自我处于“客体我”状态。只有这样，才有可能走出“主体我”的中心化局限。然而，要求校长或教师走出“主体我”的状态何其困难，正如一个人很难拎着自己的头发跳出地球一样，他既需要具备充分的理性自觉，又需要有个改革的尺子帮助衡量自己的发展状态，而这就需要教师在主体与客体之间不断转换，对教育改革者而言，这是极其困难的。

因此，如何扩大校长与教师的互动范围，与他人互动的过程中，借助他人之眼审视自己的发展状态，要远比完全依赖于自身的自我审查与重构省力得多。“他人”的范围是极其广泛的，同学科的教师、不同学科的教师、教研员或大学专业人员等都可有助于自己走出“主观我”的局限状态。这进而意味着，第一，作为教师，要明白真正的改革既是教育之事的改革，如教学、师生关系、课程等的改革问题，更是作为改革主体的自我改革。自我改革是教育改革的前提与条件，人不变，事不会变；事变了，也会促进人的变化。所以，“新基础教育”学校通用着的一个改革共识是：“成事中成己”与“成己以成事”的内在统一即是此意。第二，作为校长，要明白既要思考如何促进教师的自我反思，促使他们走出“主观我”，最终培育一个自觉变革自我，并变革世界的教育主体；又要思考如何架设条件，帮助教师审思和更新自我。“新基础教育”学校流行另一个改革共识……“成事中成人”与“成人以成事”的内在统一……即是此意。

二、 学校变革的价值抉择

上文中，我们从国家宏观教育发展的政策导向判断，当代学校变革的价值取向正在从由关注社会价值转向社会价值与个人价值的高度结合转换。但这一转换过程是极为艰难的，因为在学校发展层面，人们首先不太会关注自己追求的是社会价值还是人的价值，而更关注的是另外一对价值范畴：“成事取向”与“成人取向”。“成事取向”的学校变革是为了成就某件事而目中无人，如在学校开展一次地区性的展示性学生活动，而全然不顾及学生在此过程中的真正的成长收获；“成人取向”的学校变革为了成就人而去做事，如为了让一些教师得到更多的专业指导，开展一次教学研讨活动，真实呈现自己的发展状态，目的是请与会各方人员进行诊断、归因并提出修改性建议，从而提高执教教师的发展意识和发展水平。

显然，在价值的天平上，成事与成人取向的价值立场分量是不一样的，要求也自然不一样。

在关注点上，成事取向的学校变革关注的是可见的、外显的成就及其相应的利益、荣誉、晋升、物质奖励等，那些不可见的价值往往不在其思考的视野之内。比如，当下一段时间以来，一些学校为了彰显办学成就，就经常开展许多大型的、有排场的活动，邀请教育行政部门、大学研究人员、知名教育专家和地方学校参与活动，在活动中，参与的管理人员和专业人员，自然碍于情面，着重肯定学校发展优秀的方面，而弱化发展中的问题。这样，一次圆满开展的学校活动，便成为学校办学成就的代言形象。这样的学校就很少会思考，这样大型的、热闹的活动到底对学校、对教师，尤其是对学生意味着什么？他们收获了什么，又失去了什么，收获与失去之间是否取得了一定的平衡？或许失去的要远比收获的多吧！与此不同，成人取向的学校变革更关注的是校长、教师和学生的发展与成长，这些人的成长不一定是有排场的、热闹的、充满了赞誉之声的，也不一定是一帆风顺的，但这样的学校变革中的人却是在日日真实成长而发展的，师生的发展状态如何，有何进步、有何问题，可能空间在哪里，突破点在哪里，凡此等等都是成人取向的学校变革最为关注的问题，也是衡量学校变革成功与否的唯一尺度。

在发展动力上，成事取向的学校变革主要靠外部推动，变革的价值以外在的、与发展相关度不大的东西进行衡量，比如精神奖励、职位升迁或物质奖励；还可能为完成一件事而完成一件事，不追问事情的价值与意义是否与人的发展相关。显然，这样的学校变革常常是短暂的，事情终结后，一切又回到初始状态。与此不同，成人取向的学校变革认为发展的真正力量源于内部，即校长与教师的内在发展需求，这样的需求与外部刺激物的存在与否无关，他们更注重变革的内在价值与自我满足。

在发展方式上，成事取向的学校变革靠外部奖励或规章制度推动，不关注学校的可持续发展，常常是脱离自身的内在发展需求追求一时一事的成功，这样的学校变革常常注重学校的竞争力，以战胜其他学校为成功的标准。与此不同，成人取向的学校变革则因关注自身的基础、优势与劣势、可能的发展空间、可能的突破点等而寻找从内部突破，这样的变革往往需要的时间较长，过程较为艰难，成效呈现缓慢，需要校长和教师能够潜心、静心、虚心研究自身、寻找突破，但这样的发展方式的学校发展之根是扎根自己的历史与实践土壤中去的，所以，具有独特性、生命力和可持续发展力。

以上诸点对比，以表1－7汇总如下能够使认识更为清晰，一目了然。

表1－7　成事与成人两种比较变革以向

维度	成事取向	成人取向
关注点	可见的、外在的成就与收益	可见与不可见的、内在成就与收益
动力	因外部要求或所能获得的奖励而变革	因追求师生发展的内在价值而变革
发展方式	竞争性、一时一事的成功	内在发展性、可持续性

因此，作为学校领导和教师，从一开始就要清晰自己的价值立场与抉择方式。显然，在当代学校变革的主题下，成人取向的学校变革是真心实意想通过变革改变发展学校的校长和教师必然的选择之一。

第二章
准备期：必要任务

与任何一件事情的展开都会经历发生、发展和成熟的过程一样，学校转型性变革的过程也需要经过若干阶段，每个阶段都面临着独特的变革任务、变革矛盾和相应的变革策略。从本章开始，我们将阐述学校实现整体转型性变革，在培育内生发展力的过程中，每个变革发展阶段上所需要解决的核心任务、矛盾以及基本策略。

学校变革显然是一项复杂的目的性事件，它需要参与变革的人明白为什么要变革，变革什么，向哪里变，怎样变，由谁来变，什么时候变，变的结果是什么等一系列问题。在变革的开始阶段，变革参与人对这些问题答案的寻求是在变革中逐步清晰的过程，但对于有些问题则需要从一开始就需要有一定的清晰度。也就是说，在启动这项复杂的学校变革之前或之初，就需要学校领导和教师们做好四方面的准备：一是理论认识上的准备，即清晰变革的理念、价值或宗旨；二是变革心态上的必要准备；三是变革生长点的诊断与选择；四是变革总蓝图的绘制。这些都是学校能否真正迈入转型性变革的前提性基础。

第一节　理念适度先行

为什么要理念适度先行？什么样的理念是值得先行的？这是我们在变革前就需要明确的问题之一。

一、为什么要理念适度先行

（一）没有理念指导的实践容易陷入方法主义的泥潭

最近十多年，我们在国内许多地方进行了学校变革的调查研究，几乎每所学校都会告诉我们，他们也在开展一些变革性研究活动，比如，每周每学科都会有一个半天的研讨时间，或每月都有一次学科集中式或全校式的研讨活动。然而，教师们也会同时告诉我们，进行了这么多的研讨活动，学校课堂教学的变化并不大，教师们的专业发展没有明显进步，倒是越来越多的教师处于职业倦怠状态。校长们也十分困惑，发明了那么多的方法，为什么教育教学的质量没有显著变化呢？为什么教师们仍然没有工作积极性呢？

在参与学校教育教学研讨活动中，我们发现，教师们在研究时更多关注的是一件事的完成，比如，在课堂上，原先教师是自己讲得多，学生静听得多；现在一些教师改变了教学方法，讲完一个教学内容，接着让学生用“接龙”或小组学习的方式展开多元训练。从知识掌握的角度看，学生知识掌握的程度更牢固了，但在教学变革的实质上，学生并没有真正在课堂中进行对话、讨论、交流与碰撞，自然没有真正激活学生的头脑。这种现象说明，我们的教师并不真正理解课堂改革的真正宗旨指向哪里，为何改革，改革的依据是什么？这些问题都与教师的教育价值观、学生观、教育活动观和教育教学观密切相关，只有这些观念清晰了，或有了初步认识，改革才不会陷入盲目的方法主义。以课堂教学改革而论，无论是教师讲授也好，还是小组教学也好，都无非是些教学方式方法，如何运用、何时运用、运用的条件等都与教学目标或意图相关，与人们对教育的理解有关，如果没有理念上的清晰，这些方式方法也就无所谓好与不好，因为好与不好要以能否实现目标为依据。

（二）习惯化的教学实践是改革的最大牵绊

其实任何行为都由理念支持，只因理念的潜在性而不被我们察觉，尤其是习以为常的理念。这里，让我们看一个现在学校课堂教学中普遍流行的教学片段：

> 通常在教学某一教学任务（比如一个概念、一个公式、一篇文章或一个语法等）时，教师通常会采取四步完成。
>
> 步骤1：教师自己先讲解，或举例说明，或解释分析。
>
> 步骤2：过程中或讲完之后，把某一教学问题抛向学生，目的是检查学生是否理解，或是引起学生的注意；接着有少部分学生（即优秀生或积极生）举手表示愿意回应这一任务。
>
> 步骤3：教师大多数时候都是请这部分举手的学生回答问题；这些学生的答案往往都是正确的，老师给予表扬；如果略有偏差，教师补充或纠正。
>
> 步骤4：或进入下一个教学任务，或全班练习。

这就是我们习以为常的课堂教学，从学生时代我们的老师就是这样处理教学的，现在我们当了老师也会不自觉地模仿我们的老师这样教学生。先辈们留下的多年传统，很少有人会质疑它的合理性或存在的问题。

事实上，在这个教学行为的背后，有大量需要深究的内容。我们都知道，班级是由若干不同性格、能力、基础、学习习惯、家境等的学生构成，这样的差异通常在学业上会表现为优、中、差，在课堂行为上就表现为积极学生与消极学生，主动的学生与被动的学生。既然如此，我们不妨再仔细分析一下这个教学片段，思考以下几个问题。

第一，在这个教学片段中积极生（这个称呼更合适，很可能在一开始愿意举手的孩子只是因为性格开朗外向而举手，但未必是优秀生）收获了什么呢？我想至少有：

- 确证了自己的理解是否正确；
- 获得了老师的肯定，产生了成就感；
- 赢得了其他同学的赞赏；
- 树立了信心，学习动力更足，形成了积极自我！

第二，相较而言，那些不积极、不主动的学生收获了什么呢？自然，他们有可能从教师与积极生的对话中获得了启发，有可能获得了安全感，不用为回答不圆满而焦虑。但同时，他们还会怎样呢？在访谈中，学生们告诉了我他们不举手的想法：

- “我不思考没关系，反正有优秀生会思考，我只要认真听便可”；
- “即使我有自己的想法，老师也未必会相信我，如果错了，老师和同学还可能会嘲笑我，还是不举手了吧”；

- “优秀生就是聪明，而我只是天赋普通的学生，怎样努力也是白搭，老师不关心我，同学们也看不起我，混混算了”；

……

现在，我们再进一步探讨一下这个教学片段的教育意味。

首先，在这样的教学片段中，教师大部分时间在讲解，偶尔有几位积极生与他互动，也无非是为了完成预设的教学目标。这也就意味着教师剥夺了大部分学生主动思考的时间与空间！其危害是，大部分学生长久地被剥夺主动学习的机会后，会不自觉地把这种被剥夺合理化，习惯于被动地接受教师的传授，而不会质疑、批判或主动地思考。原先，他们或许只是因为性格，或许只是因为态度而做“非积极生”，现在，估计他们自己也没有意识到自己会由一个“非积极生”变成了“普通生”甚至“差生”！也就是说，这样的教学造成了课堂教学中的不公正，学生如果有一天成为差生，其原因不只在他自己，教师也要承担一定的责任。

其次，教师为什么会更加注重自己讲解呢？可能他自己也没有意识到这有什么不妥，只是觉得自己的知识经验要多于学生，有必要让学生更快、更多地了解知识，这有什么不妥吗？然而，问题正出在这样的理解上！因为这样的理解中蕴含着知识观、学生观、教学观和教师观。

就知识观而论，这样的教师通常把知识理解为一堆前人积累的信息，犹如一个静止的物体，学生如果要了解这样的知识，就需要教师讲解。其实，现代知识观告诉我们，所谓“知识”，既是一个名词，又是一个动词，人在理解和掌握知识时，是需要用自己的经验进行把握的，仅仅把知识像对待信息一样灌输给学生，这样的知识在学生那儿只能是死物，而不能成为学生精神生命成长的食粮。

就学生观而论，显然这样的教师首先不相信学生有自主学习的意识和能力，所以，他紧紧地把教学抓在自己手中，不愿意放手给学生，认为如果让学生思考讨论，结果既不完美，又浪费时间，不如自己讲解效率高。其次，他所看到的学生差异只是差距，而不是个性化需求，更不是可以相互丰富的资源，因此，他只让那些“积有生”替代大部分学生，“积极生”会了，大部分学生只需跟着模仿便可以了。这是多么大的误区！对学生又是多么大的伤害！

就教学观而论，首先，在价值上教师认为教学目的仅是传递知识，从而把知识由手段变成了目的，没有认识到教学是通过知识教育学生，把学生发展由目的变成了手段，这本身就是价值的倒置。其次，在教学过程观上，教师因把教与学的关系理解为由教向学的线性、确定性传递，而没有认识到教与学是不同主体之间通过知识的对话，教师与学生间、学生与学生间，在对话中理解、阐释、运用，甚至创造性地运用知识，这才是教学的真谛。所以，理想的课堂教学应是教与学双边共时的、动态生成的、各类目标综合渗透的，而非这样线性单一而确定无疑的。

再简单地说说教师观。无疑，这样的教师首先把自己理解为知识的传递者，即我国通俗所称的“教书匠”，他没有意识到自己还可以是知识的创造者。一位没有创造性的教师如何能够培养有创造性的学生，而没有创造性的学生将来怎样能够胜任新时代、新社会和新式人生的挑战？不能胜任挑战的学生，还有必要接受教师的教学吗？而且，这样的教师更没有意识到自己在课堂上应该是学生思考的点拨者、启发者、转化者、提升者与促进者，更是学生的心灵对话者，在对话中不仅传递知识，也传递价值观、思维方式、人生态度以及相互之间的信任与尊重。

所以，学校变革某种意义上就是人的变革，从校长到教师；最深层的变革不仅是行为，更是观念，即我们对什么是教育、教学、学生、学校以及我们自己的人生价值的理解。观念不正确，我们的变革只能保证我们在正确地做事，而不能保证我们在做正确的事！如果所做之事不正确，则变革又有何意义？所以，理念先行是我们从事变革的第一准备！

当然，我们这里还要提到“适度”两个字。这是因为理论虽然要先行，但教育理论不是静止的，而是与实践相互生成的，随着新的实践不断被构建，人们对理论的认识也会同时深化与丰富化，甚至是更新，所以，理论在实践中具有一定的同步生成性，甚至是滞后性。没有一个理论会穷尽所有的实践问题，它也需要在实践中丰富自我、发展自我。所以，我们说理论只是适度先行于实践。

二、 在什么意义上先行

其实，改革开放以来，我国教育改革不断地在诸多方面宣传符合这个时代发展的新教育理念，“素质教育”、“以学生发展为本”、“自主发展”、“生命课堂”、“活力课堂”……教师们几乎耳熟能详，加之现当代我国政府层面推出的各类教育培训，教师们对新观念的认识并不陌生。这也是当代教育价值重叠共识的现象之一。但是，了解这些概念，并不等于真正理解其实践内涵，因为教育中的概念往往都是行动性、实践性的，而理解一个概念的实践内涵意味着知道什么样的实践不是该概念所指，什么样的实践才是该概念所指，如果要实现该概念所指的实践，需要什么样的条件。

我们先从事例分析开始。现在几乎没有人会否认课堂中学生要主动学习这一概念，但什么情况下不是主动学习，什么情况下是主动学习，人们往往并不清晰。我曾听过一节英语课，教学目标是要学习 4 个动词：run，swim，walk 和 jump。课一开始，教师教 run，教学步骤是：（1）让学生跟他读三遍；（2）分男生、女生各读一遍；（3）一行行地各读一遍；（4）一排排读；（5）接龙读；（6）从前到后击鼓传花式地读。接下来的另三个单词几乎也采用同样的方式教。从表面上看，这样的教学中每个孩子似乎都多次参与到单词的学习中去，也很热闹，甚至充满了趣味，然而，六个步骤下来，孩子们的收获只是较牢固地掌握了这些单词而已，如何用这些单词组词造句，如何掌握这些单词的相关转换形式等，孩子们都没有机会去思考。也就是说，这样的教学把“活动 = 主动”，没有真正理解主动的实践内涵。

另外一位教师则不这样处理教学。他想：前面学生们已经学习了 4 个动词：write，read，sing 和 listen，而且也学过一个表达动作的句子 I can do。那么，能否用已经学过的知识，引导学生主动思考如何表达新的内容，从而激发他们主动学习的愿望呢？于是，他在教学一开始不是教新词，而是问学生：I can sing. What can you do？学生们这时就开始用已经学习过的单词表达自己会做的事，甚至有个学生用动作表示“我会跑”，但他不会说跑，老师问其他同学，有没有人可以告诉他怎样用英语表达？没有学生会，于是老师便告诉这位同学，“I can run”。

这样的教学处理，让知识学习变成了“学生自己想要”的，他们自己想知道哪个词可以表达跑。或许整个环节没有如上教学热闹，但这个教学却让学生真正在头脑中思考，这便是主动学习。如果我们再仔细往下分析，这时，我们可以发现课堂中学生主动学习的基本逻辑：（1）用开放式的任务，激活学生的旧知；（2）让学生多元回应，产生对新知的学习需求；（3）教师给予新知识，学生学习新知识 。

这说明，成人学习与儿童学习是有较大差异的。

第一，成人学习一个概念时，往往对这个概念的抽象内涵会有初步的理解，但对具体的实践内涵却常常模糊。所以，成人学习蕴含着从抽象到具体的转化过程。

第二，成人学习是实践指向的，即他要把观念转化为实践，依据概念创造性地构建新实践，只有这样，成人学习的意义才能充分彰显。

这进而也说明，教师了解一个新的教育观念，并不等于实践性地掌握了其内涵，还需要结合教育教学的实践改进进行理解和掌握。其学习就包括两方面，一方面系统学习相关理论书籍，充分掌握理念的实践针对性和前后关系，另一方面需要在实践中探索理念向行为转化的条件与基本要求。

正是基于这样的认识，在“新基础教育”在探索性研究阶段，创始人叶澜一方面就教育价值观、教育活动观、教学观、教师观、学生观等提出了自己的理解，这些观念成为学校实践改革的理论依据和实践指南，另一方面她带领课题组成员和教师们一起探索这些观念转化为实践的条件与方式方法。再后来，当实验学校分批加入研究过程时，他们首先便是组织学校领导和教师一起学习“新基础教育”理念，同时，开展各类教育教学研究活动，在实践中感悟、分析、解剖、构建对这些新理念的理解。比如，2012 年我国青岛崂山区实验小学开始加入“新基础教育”研究的行列。2012 年暑假，在正式进入“新基础教育”研究前，学校就要求语文、数学、英语三个学科的教师和部分骨干班主任开始学习《“新基础教育”论》和各科教学指导纲要，整体感知和把握“新基础教育”的核心价值观。在推进过程中，每个领域专题研讨前，教师都要对照指导纲要的各专题进行重点学习，如语文组和英语组的“阅读教学”、数学组的“数运算”等专题学习，实现理论和实践的双向滋养，提高研究实效。此外，实验学校各个教研组还固定了学习时间，每两周进行一次理论学习，每月进行一次沙龙交流，大家共同分享理论学习和实践的收获，为“新基础教育”深入实践奠定了坚实的基础。

第二节　变革心态的诊断与引导

心态指的是变革者是否真正愿意变革，有没有迎接变革挑战的勇气的问题。这是一项复杂性变革能否持续、深入进行下去的主体条件之一，具体包括两个层面的心态准备：一是整体层面，即学校领导能否直面学校发展的真实状况，作出客观诊断，并基于现状做好改变学校自我的心理准备；二是个体层面，即校长与教师作为个体能否直面自我，敢于突破自我，变革自我。

一、　学校发展状态的自我诊断与初步积极化

尽管在改革理念和价值追求上，学校变革的价值追求可能大同小异，但因每所学校自身的发展基础、历史传承、文化氛围、基本条件等不同，每所学校所面对的具体问题就会不同，通往变革理想的路径和方法自然也应有所区别，否则学校变革就会失去自身的现实依据，陷入盲目的模仿主义，这样的学校变革方式近几十年并不少见。变革没有万能药，最好的药方是找到自身的病灶所在，然后对症下药，为此就需要学校先清晰自我发展状态，然后寻求可行的变革出发点。

清晰自我，首先就要学会诊断自我，了解自己学校的基础、弱项、强项或

潜力项。很多时候，人们在诊断自我时，常常会出现两种情况。第一种是把自我诊断看成是自我批判，更多地看到自己存在的不足，看不到自己的优势，更看不到自己的潜势；这样的诊断常常会让诊断者沮丧，甚至失去变革的信心。第二种是把自我诊断看成优势分析，看不到自己的不足或可能的发展问题；这样的诊断常常会让诊断者满足于现状，看不到进一步发展的必要性。因此，全面客观地分析自我，是诊断自我的基本要求。

诊断自我的主要目的是在问题中看到自己新的发展方向，“找到问题即找到发展空间”；在优势或潜势中看到变革的新的生长点，并以此生长，带动全局更新。记得一所农村小学最初刚加入“新基础教育”时，校长对叶澜教授说，他们学校有近十年的时间都没有教师参加市级教学比赛了，也很少有教师参加市级教师培训类学习活动，这是一所非常封闭的学校，教师们也缺乏变革的意识与信心，唯一让学校感觉有些骄傲的是该校的体育教学较出色，每年都会在市级学生田径比赛中获奖。据此，叶澜教授敏锐地意识到，这所学校的主要问题并不仅仅是学校学科教师弱，而最重要的问题是教师缺乏自觉发展的需求，更缺乏变革的信心和勇气，如果要重新鼓起这所学校变革的决心和勇气，首先就需要把现有的优点放大，而不是强化不足。于是，她建议校长要发动全校教师向体育学科学习，讨论体育学科的精神，并把这种精神作为学校近期发展的精神，鼓励全校开展教育教学改革研究。在这一建议下，校长和全校教师果然开展了一系列的讨论与变革活动，一年后这所学校从外部环境，到教师的工作状态都有了明显变化，其中有位年轻的数学教师脱颖而出，参加市级教学公开课比赛，拿到了二等奖。这一消息更加鼓舞了教师们的变革信心和决心。于是，乘势而上，学校开展了新三年变革规划的大讨论，一场新的学校变革就这样拉开了序幕。

二、 个体变革心态的诊断、 引导与转化

对于大多数的学校领导者而言，他们更关心的是采取什么方式方法让人们对变革的观念有所认识，产生认识和行为上的新变化，而忽略了在变革中的一个重要影响因素，即人们的变革心态——情感因素。事实上，情感因素是变革过程中的重要内容之一，因为我们在行动、在思考的同时，我们也在感受，在体验，并形成我们对所做事的喜爱或憎恶态度。我们会为某次成功的教学而高兴、希冀和自豪，也会为某次不成功的教学而生气、灰心、羞愧、绝望和厌倦，这都是我们在行动过程中所生成的感情，这种感情影响了我们的心态。感情之于教育、之于改革的重要性即在于它影响着教师对改革的兴趣、投入度和成就感，在更为普遍的意义上，会影响教师对职业的信心、自我身心的健康乃至教

育生活的幸福感，甚至会影响着教师工作的创造性发挥。一位讨厌教育的教师不可能创造性地开展工作，原因即在于此。所以，在学校变革的准备期，变革推进者首先应关注的是教师们的变革心态。

在学校变革准备期，教师的变革心态是多样化的：有的教师持观望态度，有的教师则持排斥甚至是对抗的态度，而有的教师会对变革持欢迎态度。总体上，处于此阶段的教师都是从自我角度出发对待变革，怀疑、观望的心态较多。比如，这一时期，教师们和其他相关人员会说：

- “现在我还不是十分了解它，我们只是按照要求去采纳这项变革。”
- “虽然我听了这项变革的理念，但感觉有些理想化，不会又是一次运动，来得快去得也快吧！”
- “改革未必是坏事，如果能够真正提高教育教学质量，试试倒是可以。”
- “这项变革与我无关，我只要把书教好便可以了。”

霍尔和霍德的研究也发现：“不管变革的前景如何有希望，如何壮观，不管对变革进行支持的力量有多强，教师们有时候都会对他们是否能用新方法获得成功，是否想去实施变革持续有疑虑。”①

那么，面对这种变革心态，作为变革推进者应当怎样处理呢？在民主与平等的意识越来越深入人心的今天，采取行政压制的传统方式，或采用奖惩的简单化方式让教师接受变革，都已经不合时宜了，这样的措施不可能培养真正的自觉变革者。这要求变革推进者首先去听取教师们的意见和想法，找到问题的症结所在。多年的研究经验告诉我们，变革抵制心态是学校变革最基本的构成内容之一，其形成大多源于两种原因：第一种原因可能是教师们不清晰自己需要在变革中做什么，对自己在新的做法中能否获得成功表示怀疑；第二种原因可能是不情愿放弃自己多年来习惯了的教学经验，否定自我会是一个痛苦的过程。总体来看，人们对变革的疑虑与抵制多是因为对一项新变革不了解。

所以，这个阶段的变革推进者就需要在变革实施前与教师们进行思想交流。比如，有的学校在此阶段会召开变革动员大会，在大会上向全校教师介绍变革的理念、目标和相关方法，让教师们从整体上了解变革。这样的做法当然是非常必要的，但仅有这样的动员会和介绍会是不充分的，不能期望一次性的此类活动，所有人就能掌握变革的精神与要求，也不要期望教师们一下子把所有的变革细节都掌握住。对于大多数的教师来说，需要逐步让他们了解变革，而且要有一定的重复率和密度。比如，我们的一些实验学校在变革准备阶段，在变革动员大会召开之后，会发放一些变革的相关材料让教师们学习，使他们尽快

① 吉纳·E. 霍尔，雪莱·M. 霍德. 实施变革：模式、原则与困境［M］. 吴晓玲，译. 杭州：浙江教育出版社，2004：69.

地了解变革的相关要求，材料如：有关“新基础教育”前期变革的各类专题研究报告、教学及研讨活动录像、教学案例、教师个人笔记、学期计划、研究总结等供教师学习，目的便是让教师们尽可能多方面地了解变革。在此过程中，学校领导人要对教师的学习情况及时跟进，并给予应有的鼓励与肯定。

当然，任何时候我们都还要考虑到，总会有一些真正抵抗变革的教师，抵抗原因因人而异：

- 有些人是因为不理解新变革；
- 有些人是因为存在与革新相冲突的时间安排，如毕业班教师因升学压力大而无意变革；
- 有的人是因为自己职称已经拿到，而且可能正是学校或本地区的学科带头人，他们会担心遭遇身份与荣誉的危机；
- 有些人认为自己年纪大了，自己不能变革了，也不需变革；
- 有些人是因为自己的个人生活境遇遭遇了困难，如有重病的家人，或与丈夫正在闹离婚，或家中有无人照料的幼小的孩子，或自己有了身孕等……如果这些困难无人过问或得不到解决，便会对变革产生抵触情绪；
- 有些人是为了生存来混口饭吃，对教育事业根本没有兴趣，根本谈不上变革。

教师的变革心态不仅多样，而且表现形式也不一样，有的直接表达自己的看法，有的则较为隐蔽。如果你与这些教师进行交谈，从他们的言谈中基本可以判断其变革心态。比如，教师们面对变革时通常会这样说：

- “请问，用什么来证明这项变革一定会成功?”
- “我们其实一直在这样做，只不过我们不会用理论来表达而已。”
- “这可能又是新瓶装旧酒，徒劳。”
- “变来变去，最终还不是以分数论英雄，没必要辛苦!”
- “我这个人对自己没多少想法，根本不想折腾。”

我国一些学校领导面对这种态度的通常反应是找这些教师进行个别谈话，向其陈述变革的意图，分析其态度对学校其他教师的可能影响，并期待其会有所改变；有的学校领导在听取这类教师的辩解之后，常常还会采取一些必要的帮助措施，将此类教师从思想困惑或生活困难上解脱出来。这样的做法通常较为合理，有助于使变革抵触型教师首先在态度上愿意走近学校领导，让其感受到学校领导的关心和帮助。有了这样的基础，教师就有可能会敞开心门，愿意去倾听、观察和研究变革，并思考如果他们参与变革会得到怎样的支持等问题。当然，这一转变过程不一定很顺利，也不一定很快速，很可能比较波折，但作为学校领导，需要坚持与恒心。尤其是在变革的准备期，校长对变革的立场是否坚定，直接影响到教师对待变革的认真态度。这里举一所学校在变革准备期的例子。

案例 2－1：变革准备期学校的转化策略

2009 年 4 月，常州市的 D 学校与华东师大“新基础教育”研究中心正式签订合作开展学校变革研究的协议。这一时期，W 校长面临着一个巨大的挑战，即上个学期，D 学校正式合并了另一所农村小学，原来的教师队伍和学生规模几乎增加了近一半。两所学校的文化极不相同，教师们的学校生活方式有很大差异。合并之后，各种矛盾便出现了，两所学校的教师互相不服气，谁也不服输，不希望另一方领导自己，处于两所学校文化与心态的对立状态。在此情况下，W 校长认识到合并后，学校办学思路不能采用加法思维，而应采取重建和创生的路子，形成新的学校文化，而这就需要新的变革项目引领，所以，在此情况下，W 校长才有了开展“新基础教育”学校改革研究的决定。

但是，面对内部矛盾重重的学校，W 校长思考了许久后下了决心。5 月刚过，她召开了学校领导班子会议，就学校改革的必要性、“新基础教育”研究的成效与影响，以及自己的变革决心等与学校领导班子作了沟通，很快取得了领导班子的理解与支持。接下来一周，她又召开了学校中层会议，把如上的理解又作了沟通，其间听到了一些质疑的声音，但大部分人表示配合并支持。W 校长又给学校领导班子和中层干部提供了一些“新基础教育”研究的材料，供他们学习两周，再作交流讨论。其间，她还邀请前期从事此项改革研究学校的校长、中层干部来校介绍经验，开座谈交流会。6 月，又召开了第二次中层干部以上的负责人会议，交流讨论对“新基础教育”的理解，活动中，更多的人从积极肯定的方面解读了对“新基础教育”的理解，校长一一对这些人的发言作了积极、肯定的回应。逐渐地一种积极的、支持性的改革气氛在中层以上学校领导层中基本形成了。

6 月底，学校召开了全校改革动员大会，宣布学校进行“新基础教育”改革的必要性、意义以及决心，并向全校教师简要介绍了这项改革的目标、内容和预期的成效，以及具体的时间安排，整体思路等。这次动员大会是在肯定、乐观的基调中进行的，明确地向全校教师说出了学校的决心和期望：“这是一次志在必行的改革，也是学校发展的一次机遇和转折点。”显然，这次动员，主要是积极的正面强化和对变革作总体描述，不需要太具体。

动员会结束后，学校给每位教师发放了改革的材料，并说：“我希望相关教师先学习一下这些材料，进一步了解这项改革。开学前，我们再组织大家学习。同时，也请相关老师思考一下，你是否愿意成为第一批参与变革的教师。”

显然，这次变革心态的动员是较为成功的。它首先在领导层达成了共识，从而为学校改革奠基了必要的共识。接着，动员大会奠定了改革的积极基调，为教师们了解变革项目提供了必要的材料与要求，促使一部分希望了解变革的教师有办法了解和思考变革，并思考自己与即将开展的变革之间的关系，从而为进入正式变革打好了必要的心态基础。

第三节　诊断和选择变革“关键生长点”

在准备期，作为变革促进者需要思考的另一个重要问题是：要实施学校整体转型性发展这样复杂的任务，在变革的起始阶段是全校整体投入，一齐参与，还是分步实施，由点突破，逐步实现整体发展？或者说，哪一种变革思路更符合学校实现整体转型性发展的内在逻辑呢？一所新型学校整体内部发展力生成的起点是什么？

一、 整体转型性变革中“关键生长点”的意义

在事物内部发展力生成的问题上，无非有两种培育或发展思路。

（一） 两种内生力的培育思路

一种是“有生于有”，即由旧有生成新有。其道理在于：新质 A 生成前的学校已有各种非 A 的旧质存在，新质 A 生成后，部分非 A 仍然存在可为新质 A 的存在与发展提供资源、条件乃至根据，没有它们就不会产生 A。旧有生成新有的方式多种多样：“少有”生成“多有”，“小有”生成“大有”，“简单有”生成“复杂有”“此类有”生成“彼类有”。这种生成思路的优点是具有实践可行性，即立足当下的基础和条件，寻找生成的起点；不足是“基于有生于有的描述太现实、太直白，适用于比较平庸的生成过程，不足以反映从无 A 到有 A 的质的飞跃，用来说明一些意义重大的生成现象常给人以肤浅之感，无法体现这些现

象的微妙玄通”[①]。所以，我国道家创始人老子提出另一种思路，即“有生于无”。

另一种“有生于无”的思路说明的是那种无法归结于某个具体的“有”而生成于某种类似顿悟、灵感类的生成。这种思路让生成具备一定的玄妙无以言说之意，但不足是过于缥缈而显得不可操作、无法把握，更不利于揭示无生成有的机制与规律，再说，我们也不可能把一所百年老校的当代变革起点总是从一百年前叙起，这既无现实意义，也不可能。任何具体事物的生成总是有一些有限的起点，我们需要找到学校变革的有限起点。

众所周知，在事物由量到质的发展和转化过程中，关节点就是一种连接由量变过渡到质变的关键对象或契机。在人们的社会实践活动中，把握契机，或掌握好事物发展或转化的关键、枢纽、决定性环节，对顺利实现事物的质变、飞跃，推动事物的发展，具有重要意义。同理，从学校变革的起点便清晰地把握或设计好变革过程的关节点，对于推动学校更新式发展具有重要意义。

（二）“关键生长点”的基本要求

对学校而言，“关键生长点”不仅是自成的，也是人为（自为与他为的统一）的，即在学校变革初期，成为“关键生长点”的人或事，需具备如下性质。

第一，具有“生成”的可能性。因为变革初期是学校为实现新理想而迈出的第一步，此阶段的人与事都必须具有实现新理想的潜在性和生成可能性，从而为下一阶段的变革播下第一批种子。如果在变革初期，参与学校变革的教师本身没有变革愿望；或有变革愿望，但没有变革的能力，那么，这样的教师就不具有生成的可能性，不利于促进学校发展中新质的生成；若如此，非但会影响下一阶段变革的推进，还会形成不必要的阻力。

第二，它蕴含部分，又蕴含整体，部分和整体都以此为起点逐步生成。前文已指出，学校是一个复杂系统，学校变革若要实现系统转型，在变革的最初阶段，我们就不可能只从一个要素开始，因为系统不是其各要素相加，不能今天变革教师，明天变革教学，后天变革课程，如此相加并不等于系统整体，这是还原论的思想方法，已受到批判。正如哲学上一与多的辩证关系一样，“一”意味着包容性、丰富性和生成性，由“一”开始，才可能为变革的多样性生成打下牢固的基础。《老子·第四十二章》认为，一切事物的产生和变化，都是有和无的统一，“道生一，一生二，二生三，三生万物”。《易传·系辞》也有相关论述，不仅由“一”而生“多”的规律，揭示了事物生生不息的发生、变化、演进之路，而且将这些变化与演进过程与圣人的行为和人类的事业相互关联起

① 苗东升. 有生于微：系统生成论的基本原理［J］. 系统科学学报，2007（1）.

来。文中写道："易有太极，是生两仪。两仪生四象，四象生八卦，八卦定吉凶，吉凶生大业……天地变化，圣人效之。天垂象，见吉凶，圣人象之。河出图，洛出书，圣人则之。""形而上者谓之道，形而下者谓之器。化而裁之谓之变，推而行之谓之通。举而措之天下之民，谓之事业。"从事物发生的角度而言，这都说明了一个复杂系统生成的始点是从整体"一"出发，当然，这时的整体在形式上是简单的，在内涵上则是丰富的。现代的混沌理论也指出了相同的道理："分形的根本法则是，一个系统（例如一株花椰菜的一段）中任何一个片段的结构都蕴涵着打开整个结构（整株花椰菜）的钥匙。"①

在部分与整体生成的关系上，作为"关键生长点"，不仅要考虑某次变革活动或某个人本身的各要素或关系的整体参与，还要考虑某次个体活动或个人的变革与整个变革过程或教师队伍整体之间的关系。变革中存在着变化和选择的保持机制，能保持相互作用自身的短期"记忆"。当保持机制在作为一个整体的学校系统层面或者在功能子系统层面介入，学校新系统的发展就会发生。它们把在相互作用中所学到的"成果"传递给他人或自身，从而影响后期活动的展开。这里存在一个复杂的转换机制，以使在一次变革中获得的见识能被适应于其他类似活动或领域，并因此成为学校发展"记忆"的一部分。这个转换机制就是学校文化与个别变革的互动，即在学校中"类发展"与"个发展"的结合，它是两种沟通循环的一个连锁。学校变革性实践始终是教育假说能在其中接受检验的土壤。

（三）学校中的潜在"关键生长点"

根据以上两大标准以及多年来学校变革研究的经验，我们发现至少可以从以下四个方面把握学校变革的几个关键点，如表2－1所示。

表2－1　学校变革系统中的关键点

分类标准	关键点类型
关键角色	①学校领导 ②中层干部（学科负责人） ③学科教研组长和年级组长 ④骨干教师

① 卡罗琳·J. 斯奈德，米歇尔·阿克－霍切瓦尔，克丽丝滕·M. 斯奈德. 生活在混沌边缘：引领学校步入全球化时代［M］. 2版. 郑旭东，丁煜，李曙华，译. 北京：教育科学出版社，2011：75.

续表

分类标准	关键点类型
关键领域	①核心学科，如语、数、外 ②关键年级，如小学一、三年级；初中六、七年级 ③关键班级
关键时机	①变革初期，如第一学期 ②每个学期初或学期末 ③每次重要的变革研讨活动
关键事件	①变革与发展规划的制订 ②动员活动 ③变革理论的学习 ④专题性变革活动

事实表明，当代学校变革是成事与成人相统一的过程，在变革准备期，变革领导人就需要清晰，学校是一个各子系统相互生成的复杂系统，如果希望用最小的力量、最短的时间，产生最大的、具有持久的发展效应，那么选择好如上四个方面关键生长点，将会产生牵一发而动全身的效果。接下来，我们就这些关键生长点何以关键、在什么方面关键等问题进行分析。

二、 学校系统中“关键角色”的辨别与再定位

这里，我们把学校看成一个层层相扣的组织系统，在这个组织系统中，每个层次都有一个潜在的关键角色，这些关键角色都将在不同意义上对其所负责领域起到关键点的作用。

（一）牵一发而动全身的关键角色：以校长为核心的校领导

显然，变革是破旧立新的过程，充满着曲折与艰难。“破旧”本身是一个自我否定的过程，很容易伤害到某些人的既得利益。比如，在当代学校变革中，一些中老年教师曾经可能是传统教育框架的佼佼者或领头人，但在学校变革过程中，这些传统的“优秀”可能正是需要变革的对象。对这些教师而言，变革一开始时，他们一般都很难接受，备感痛苦，甚至抗拒变革。再有就是那些在学校中混日子的教职工，在变革中也需要他们变得积极起来，否则就与变革精神不适应，成为变革的阻力。所以，“破旧”本身是一个充满大量阻力的过程。另外，“立新”也并不容易。“立新”往往是一个在迷局中蹚水过河的过程，这

个过程可能是曲折的，甚至是痛苦的失败。所以，是否愿望变革或是否有勇气选择变革，在当代校长负责制的状况下，校长是一号关键人物。或者说校长及其领导班子，是学校变革的第一责任人，他们选择什么样的变革目标，为什么而变革，变革的思路与策略选择是否恰当，变革过程中的推进力度与重视程度是否到位，能否知难而上，努力寻求突破的办法，都直接影响着学校变革的真正实施与成效的达成。前者涉及变革的态度、价值取向，后者涉及变革领导力。

根据变革的价值取向和态度，在现实生活中，我们大致可以将校长分成四大类，如表2－2所示。

表2－2　校长的分类

校长		价值取向	
		非教育立场	教育立场
态度	主动	企业家型	教育家型
	被动	不作为型	封闭型

第一类是“企业家型”校长。在当代中国，当校长并不容易，受制于家长、社会、上级行政部门等上下左右各方面的监督与牵制。为了使社会各方面都“满意”，很多校长经常被动地奔波于各类关系人物或事务的处理之中，不可避免地担负起整合社会资源、协调社会关系的职责，否则将受到来自社会的集体性抱怨甚至是制度惩罚。但现实中的校长行为似乎过多地受制于来自社会各方面的约束，习惯于把学校发展的力量归因于外部，忽视了自我存在的独立价值，完全依从于社会的“指令”。这样的校长，在变革过程中大多关注可测度的考核指标，力争“做出成绩”，同时“不出乱子”。有位研究者较为生动地揭示出了这类校长的行为与心态。

现实中的校长就像在参加一场锦标赛，既想有好成绩，又不想被其他人落下；既想谋求更多利益，又想保护自身的既得利益。要谋求更多利益，就必然要“做出成绩”。调查中我们发现，有很多校长总是将“成绩”与上级领导和社会的“期望”联系在一起，拿一些可供比较的“数字”一起谈论。学校的升学率、学生的考试成绩、学校的硬件设施设备数量、教师队伍的学历达标率等，这些可以量化的指标都是校长们的“成绩”，因为这些成绩都可以直接转化为上级机关的“政绩”，反映在工作总结中，也可以直接反映到家长对自己子女的比较中。这些“成绩”、“政绩”和“口碑”成了校长们获得更多利益的前提和现实条件，比如得到更多的经费拨款、被授予“示范”的称号、吸引稳定的生源等等①。

① 曲正伟．论校长的制度生存逻辑［J］．教育发展研究，2008（9）．

这类校长在学校变革的理由上，要么认为是上级要求这么做，不这么做不好；要么认为其他学校都做了，如果自己不做就会落后；要么认为只有变革，才能超过他人。在变革的追求上，往往会追求短期效应或点状效应，把几位教师的进步或几次大型活动的举办，或是几位教师或学生的获奖，或是某位专家或领导的肯定性评价，作为整个学校发展的替代物或置换物。所以，被动变革型的校长并不是本研究所期待的理想的关键人物。因为他的领导取向、观念与行为，都恰好与变革的追求相反，不是促进变革，某种意义上是伤害变革精神。举一个我从事“新基础教育”研究时遭遇到的例子。

案例2－2：江苏淮安市四所学校发展比较

2009年，江苏省淮安市淮阴师范学院第一附属小学加入了“新基础教育”实验。一年后，学校发展迅速，教师队伍提升很快，引起当地教育局和淮阴师范学院的重视。2010年暑期，淮安市有4所小学在地方教育局的引导和淮阴师范学院教育科学学院相关研究人员的鼓励下，有了加入“新基础教育”实验的意向。同年9月，4所学校均顺利加入。在此之后的1年里，4所学校进入了变革初期，开展了一系列变革活动：制定学校发展的新三年规划、学期计划、理论学习、教学研讨、听课与评课、专家培训以及学期小结等。一年后，4所学校的变革便出现了一定的差异[①]，如下表所示。

学校	基础	1年后的进展	校长方面的原因
A	区重点学校，规模大，教师队伍基础好	语、数、班队以及学校中层等发展较快，变革气氛深厚，能持续推进日常变革	校长已领导学校从事“自主教育研究”近3年，与“新基础教育”的理念相符，在过程中，校长亲力亲为

① 所得结论是根据“新基础教育”课题组于2011年6月在当地学校开展的现场调研和学校学年总结会。

续表

学校	基础	1 年后的进展	校长方面的原因
B	区重点学校，规模小，教师队伍基础好	外语、班级进展较快。变革气氛一般，日常推进不能持续；部分教师有变革热情	校长热衷于接受区里或市里举办大型活动的需要，忙于应付，无暇顾及变革的日常、扎实推进
C	市重点学校分校，规模中等，教师队伍一般	变革热情高，学习气氛浓，日常化的推进能够保证	校长有变革的强烈愿望，能力强，策略得当
D	区重点学校，规模中等，教师队伍尚可	变革基本没有制度保证，极少数教师有变革热情，但难以保证日常化。整体没有变化	校长有变革的愿望，变革领导力弱，无法调动学校领导层和中层干部的积极性

1 年后谁也没有想到，四校之中，变革氛围最好的 C 校表示要退出“新基础教育”研究。原因是这是一所分校，分校校长要听命于学校的“大校长”。大校长认为，既然自身是市级重点小学，就应当做出自己的特色，如果像其他学校一样，就会失去自我，没有特色。他没有认识到，办学的理念也许可以相同，但因各校的发展基础、潜势、努力程度、文化传统等差异，学校发展并不是走向同一，而是走向个性化。另一所 D 校，一年之后几乎没有发生任何变化，无论从学校的教研制度还是参与变革的教师，都仍然处于不确定状态，但老师们似乎仍然忙得不亦乐乎，原因是只要区里或市里举办的各类教育活动，校长都选择接受，于是这所学校变得就像一所剧院，今天上级领导来视察，明天某个教育政府部门来这里搞一次活动，后天再接待一批客人来参观。众多的接待活动，表面上看是热闹的，但真正影响或促进教师发展的事情并不多。

第二类是“教育家型”校长。这类校长一方面知道在现实中需要应对来自校内外的各类要求与压力，但另一方面，他并不完全受制于外力。在他看来，学校发展的各类力量中都是有待转变的影响因素，但一定不是影响学校发展的决定性力量，决定性力量来自于学校自身。这样的校长应对校内外的各类影响因素时，学校发展的教育立场往往比较清晰而坚定，善于慎思后作出抉择：凡有利于学校发展与儿童成长、符合教育规律的，无论是来自行政、社会，还是家长的力量，都选择；凡不利于学校发展与儿童成长、不符合教育规律的，不论是来自上级还是家长，抑或社会的压力，都会采取一些方式回避或应付，但一定不会真正影响学校正常发展的路径和轨迹。在“新基础教育”的学校变革推进过程中，我们也曾经常遇见一批这类校长。

第三类是“不作为型”校长，或被动应付型的校长。对这类校长而言，在学校发展与他本人的关系上，学校只是他发展道路上的一段历程或一个平台，学校只是他个人发展的一种手段而绝非自我实现的价值地点。所以，与“企业家型”校长不同，“企业家型”校长有事业心，他只是因为价值取向出现了偏差，但学校对他而言是事业，也是他事业的意义所在，所以，这样的校长往往忙忙碌碌，一心扑在学校的事务上。“不作为型”校长只求平安度过自己的任职时间，只要不出差错便万事大吉。这样的校长是最没有责任心的校长，是学校发展中的一大害，对于有追求、想发展而且能发展的教师是一种耽误，也是一种伤害。即便这样的校长在大局势下选择了变革之路，但他只是做做表面工作，实质性的变化不会发生。

第四类是“封闭型”校长。这样的校长往往是安心于教育，视学校为家，默默无闻、兢兢业业是这类校长的品质。他们一般不随大流，不会轻易接受上级的无理要求而改变自身的立场，也不会轻易效仿他人。但问题的另一方面是这样的校长往往会自以为是，因不开放而故步自封。所以，面对学校变革，他会非常谨慎，常常会自以为是地理解他人。当然，一旦扭转过来，学校变革推进便会有持续力和发展力。

所以，校长的价值立场、态度和能力都直接影响着学校变革的基调和过程推进，他们是学校是否愿望变革、怎样变革、在什么程度上变革的第一关键人，当然不是唯一影响因素。

（二）学校中层系统中的关键角色：以学科负责人为核心构成的中层干部

在变革中，像学校领导不能回避变革领导的责任一样，还有一类责任人也不能回避变革的责任，那便是学校各部门的负责人或管理者，在我国通常称为中层干部。这是因为在我国学校建制传统下，学校的组织结构基本上都具有行政机构的科层制特点，整个学校的组织架构与权力分配，自上而下地遵从着以校长为首的学校领导层、由各部门组成的中层干部层、由学科负责人（我国学校一般称为学科教研组组长）或年级负责人（一般负责管理与指导着同一年级的若干位班主任）为首构成的基层组织，权力层层递减，人数层层递增，呈现出金字塔形的组织关系结构与权力分配关系。这其中，中层干部在联通上下层之间，是学校组织角色丛中的关键性人物，其角色职能发挥状态对学校整体组织的沟通具有重要意义。对上，中层干部要用多种方式传达上级领导的角色预期。对下，中层干部也承接着其下属的角色预期，需要把这种预期传递给上司。对左右，他们还需要与同事沟通。如图 2－1 所示，这位中层需要对 2 位领导、4 位下属、4 位同事都负有沟通与交流的角色，因此，他是这个角色丛中的关键人物①。

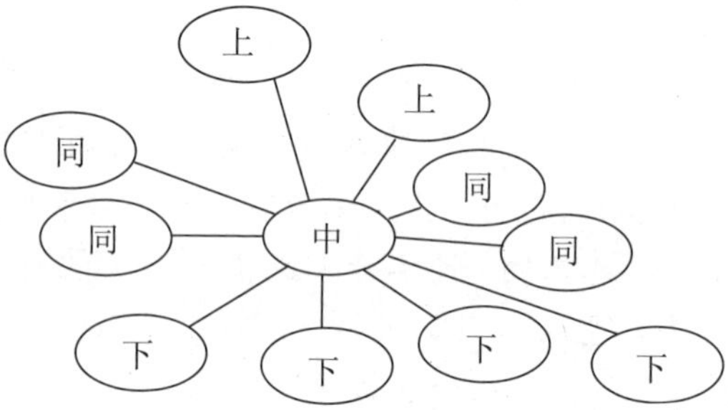

图 2－1　学校角色丛中的中层干部

传统上，人们把中层干部更多地看作是“管理者”，强调这些负责人的“执行力”。这其实是一个极大的认识误区，因为执行力关注的是中层干部是否忠诚地执行了上级的决策或要求，而这样的中层干部却常常不能够结合本部门发展的实际情况作自主决策与转化，可能导致以整体要求压制部门发展自主需求的状况。所以，人们现在更愿意称他们为“领导者”，以突出他们应承担的部门发展状态的诊断与决策、组织实施和团队共进的责任。厄尔利（Early）和弗莱彻·坎贝尔（Flecther-Campbell）的研究高度强调了中层干部在学校变革中的关键作用，认为“中层干部是推进和管理学校变革的核心人员”②。原因在于无论是学校的课程选择与制定，学科教学的推进，还是教师队伍的发展，几乎都要在中层落实。英国前教育部长贝内特（Bennett）甚至把学校中层干部的角色意识作为衡量英国 1988 年的教育改革法案成功与否的重要指标之一，并于 1994 年、1995 年对英国学校中层干部的角色意识作了全国范围的调研③。其他许多学者的研究也说明，只有当学校中层干部的角色从执行者和中介人的角色，转向

---

① 罗伯特·G. 欧文斯. 教育组织行为学［M］. 窦卫霖，温建平，王越，译. 上海：华东师范大学出版社，2001：1.

② Early, P. , Flecther-Campbell, F. . The Time to Manage? Department and Faculty Heads at work［M］. Windsor：NFER—NELSON, 1989.

③ Bennett N. Managing Professional Teachers［M］. London：Paul Chapman, 1995.

部门决策者、领导者、组织者、研究者等与学校深层变革相关的角色时，学校变革的深度、效度和持续度才成为可能①。

在我国，20世纪80—90年代，学术性中层干部的传统角色是某学科的领导者。他们常常是部门内最有经验的教师，主要承担一些部门内日常性的行政事务。许多中层干部并不认为自己对部门内其他人员的发展负有责任，也不认为自己是他们的领导者；他们常常把行政事务与人员管理相混淆，他们宁愿更多地承担行政性事务，也不愿意过多地承担对同事监督和评价工作。很多中层干部因为自己是成功的教师才有此岗位而不是因为他们具有某种突出的管理才能，因此他们也更多地将自己看作是学科专业人员。

但在学校变革中，中层干部则必须重新认识和定位自身的角色。首先，他们需要从传统的执行者、命令传达者、监督者、促进者、协调者，转向变革的先行者与引领者，在学校变革过程中发挥策划、研究、诊断、评价、调整和推进的多种职能。

其次，中层干部所负责的领域与学校全局是局部与整体的关系，两者彼此独立又相互内蕴。从学校全局看，中层干部是学校决策的执行者，需要与学校决策保持一致，并主动加强与其他部门的协调与统筹；从学校局部看，中层干部虽不能替代部门内每位成员的具体工作，但中层干部一定是部门工作的第一负责人，需要在变革中起到领导、决策、组织与指导的作用。

再次，学校中层干部的特殊性在于其既是部门领导人，也是部门内的成员。作为领导人，既需要执行学校决策，也需要基于本部门工作的实际状况进行策划、组织和实施，带领本部门共同发展；作为部门内的成员，他还是位教师，需要承担教育教学工作，这时他是一位专业人员，而且需要成为专业引领人。他也是教师们的同事，需要与同事们分享经验和感情，共同合作，相互支持：这时，中层干部的角色便成了专业人员、合作者和支持者。

最后，有必要说明的是，学校变革不等于对学校原有发展状态的全盘否定，不能全盘否定中层干部的传统管理角色；部分传统管理角色是学校变革角色的基础，只是在学校变革中，这些传统角色与职能需要进一步更新与提升。

具体而言，学校中层干部的角色是：任务角色、建设与维持角色，如表2-3所示。当然，这些角色未必都由中层干部一个人承担，他可以通过赋权，让团队中的其他成员分担这些任务；他的部分责任就是为创造团体环境做准备，保证角色可以得到发展和落实。

---

① Flicity Fletcher - Campell. Promotion to Middle management: some practitioners' perceptions [J]. Educational Research, 2003, 45 (1).

表 2－3　学校变革中中层干部的理想角色

角色	具体角色行为
任务角色	①设计行动和出谋划策 ②收集信息 ③征求团体意见 ④提供信息 ⑤发表个人观点 ⑥协调团队成员的工作 ⑦帮助团体成员开展工作 ⑧评价者与批评者 ⑨团体行动的激励者 ⑩负责团体日常“总务”任务的程序技术师 ⑪记录员
建设和维持角色	①鼓励成员坚守任务 ②协调不同观点之间和个人之间的分歧 ③促进交流（如通过帮助缄默的个人公开发表意见，鼓励平等使用“发言时间”） ④确立组织工作业绩的高标标准 ⑤为团体提供对其过程和行动的反馈信息

在学校变革中，中层干部的角色融合了部门管理者和业务引导者的双重角色素养，这决定了他能否真正在与团队互动过程中起到发表个人见解、行动示范、诊断团队发展状态以及制定新的发展策略的作用。的确，在现实生活中，同时具备管理者素养和业务引领者素养的中层干部对于一个团队发展状态非常重要，前者说明了他是否有责任心、有能力管理好团队，后者说明了他是否有能力带领团队水平整体上升。我们在“新基础教育”的学校变革中，就不止一次遭遇到学校中层干部影响整体团队的发展水平。记得有一次一所小学因英语学科教师普遍年轻，实践经验不足，没有合适的人选做他们的学科教导，学校便安排了一位语文教师担当了英语学科负责人。这位语文教师很有责任心，她像语文、数学等其他学科那样，也要求英语学科组的教师定期、定内容地开展教研活动，每次都积极地为教师们的研讨活动安排场所、提供饮料，以及其他必要的服务工作，但唯一让人遗憾的是，她从来不在英语组发表自己的看法，理由是她不懂英语，她只需要做好管理者的工作。三年之后，其他学科在学校变革中都有了长足进展，但英语学科却基本没有明显进步，其中一个关键原因就是缺乏核心业务引领人。

当然，在学校变革初期，中层干部的关键作用并非仅仅体现在其管理能力、责任心等方面，而是他们对变革是否认同，认同是否到位，是否愿意同行。他的态度与行动本身就直接影响着团队的变革力度、频度、深度和持续度。

（三）基层组织中的关键角色：学科教研组组长和年级组长

在我国学校组织中，基层组织层面的关键人物是学科教研组组长（简称“教研组长”）和年级组长。他们是学校日常教育教学活动中最为活跃、与教师接触最为频繁的负责人之一。他们与教师们的互动质量直接影响着教育教学活动的质量，因此也是关键人物之一，如图2－2所示。

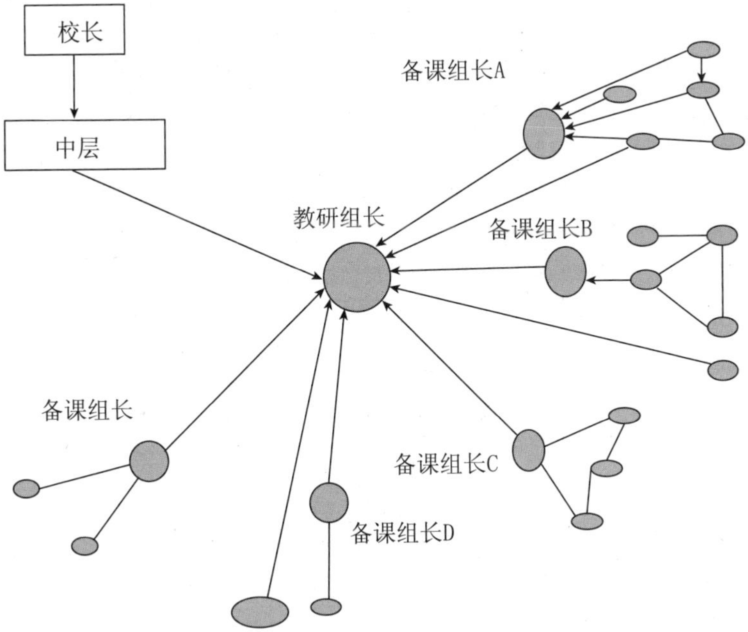

图2－2　学校角色丛中的基层组织

这幅图向我们表明了在学校的基层组织中，教研组长和备课组长也是真实的关键角色。当然，从整个学校的组织结构而言，教研组长和备课组长也是最底层的领导人，他们的权力空间和自主空间相对都较小，但并不等于说他们就没有自主性。一方面，作为管理者，他们需要执行和落实上级要求；另一方面，他们也可以是领导者，根据具体情况作决策，不必完全听命于上级要求。否则，他们就不可能真正成为学校变革中引领团队发展的领导人（leader）而只是位管理者（manager）。所谓领导者，需要具有影响他人实现团队目标的能力。我们这里将管理者与领导人作一区别，如表2－4所示。

表2－4　管理者与领导人的区别

管理者	领导人
• 一种功能	• 一种关系
• 计划	• 利用他人优点
• 监控	• 激发他人动机
• 评价	• 指导他人
• 促进	• 建立信任感

一个团队的领导人能够：(1) 在具体情境下决定采取何种行动；(2) 知道影响组织运行的真正潜力；(3) 能够开创某种行动使事情向良性方向发展。

在现实生活中，学校教研组长或年级组长的领导意识与行为方式表现出比这更为复杂的类型来：跟随型、行政型、管理型、抵制型以及领导型[①]，如表2－5所示。所以，在学校变革的起始阶段，如何引导不同类型的基层领导支持变革，任务既十分艰巨，也非常必要。

表2－5　学校基层负责人的变革观

对变革所持的观点类型	这些人面对同一件事时可能言说的内容
跟随型	"你需要我做什么？" "你能给我更多的权威支持吗？" "我需要你为我扫除障碍"
行政型	"那不是我的工作" "我只是将事情原样传达便可" "我们的制度不允许那样做" "我们从来也没有那样做" "现在还不允许这样做" "没有领导的应允，我不能做"
管理型	"他们上一次做的是什么？" "我们从来没有那样做" "让我看看，文件是怎样规定的"

① Clawson, J. C. Level 3 leadership: Getting below the surface [M]. 2nd. Upper Saddle River, NJ: Prentice Hall, 2003.

续表

对变革所持的观点类型	这些人面对同一件事时可能言说的内容
抵制型	“这样做永远没有用” “我们以前也试过，但不可能成功” “这简直是一个可怕的想法” “你不应该为之浪费精力” “你永远不可能按时完成”
领导型	“你没发现需要采取一些行动吗?” “你意识到那些真正起作用的力量了吗?” “你不想采取行动改变些什么吗?”

（四）学科发展的关键角色：骨干教师

上面所陈述的三类关键人物主要是从学校组织行政机构意义上的关键角色。当然，一些副校长与中层干部本身也可能担负着教学任务。除此三类人物外，学校中还有一些不担任任何团体责任人角色，而业务能力较强的骨干教师。骨干教师虽没有行政岗位，但因业务较好，也深受教师喜爱，他们常常在教育教学工作中发挥着引领作用，因此，他们的认识水平与行为能力本身在团队内也有着示范作用。所以，充分调动这部分教师的变革热情也很关键。

三、学校变革实践“关键生长点”的选择

学校变革初期具有尝试与突破的性质，除了要慎选关键人物，以起到牵一发而动全身的效果，还需要慎重选择率先加入变革的领域。为此，需要有四个方面的思考。

（一）组建“变革先行小组”

虽然学校要实现的最终理想是实现整体转型改革，但诚如世界上的任何一项改革一样都不会在一开始全员齐上阵，学校改革也需要从点到面地逐步进行。如果全校教师一下子全部都参与改革，改革面太大，旧有生活秩序与平衡状态瞬间被打破，而新的秩序与平衡建设如果不能及时跟进，则学校就可能陷入混乱的状态，并产生很多消极声音，进而影响改革的顺利推进。在一项改革的准备期，有人对改革持积极的期待，有人则持反对态度，还有人持旁观态度，短

时间内不可能达成完全的共识，所以就需要让那些对改革持积极态度，并有发展潜力的教师作为改革的先行者，这样既不至于使学校生活在一时间陷入无序和混乱状态，也可以较快地出现改革成效，从而为进一步改革的推进做好人员、心态上的准备。

哪些人率先成为改革先行小组的成员，这是校长所要思考的第一个问题。为此，他需要站在这样几个角度思考。

• 分领域第一责任人。因改革先行人员将成为学校进行整体改革的第一粒火种，将要在未来的改革推进中发挥示范者、指导者的作用，所以选择要十分慎重。那么，什么样的人最适合呢？显然，各领域的负责人或骨干教师，如学科教导、教研组长、备课组长、年级组长较为合适。在我国中小学校，受时代的影响，这些岗位角色的教师大多数是中师毕业，工作一般在5—8年以上，传统的教学经验相对牢固，通常因被评为区级、校级的学科骨干而才成就了现在的角色，但事实上，他们的专业素养相对薄弱，他们曾拥有的经验正是现代改革所要批判的内容，因此，这些人常常并不是改革的积极拥护者，他们担心被否定，担心被取代，担心自己素养跟不上改革的高要求，也担心权威受挑战。但是，这些人因教龄、业务成熟度、管理经验等因素，在教师队伍中的威信较高，在组织、协调方面可发挥重要作用，而且，他们自身对改革的理解，将影响着他们对团队的引领。因此，这些人不一定是改革者的行为先锋，但他要参与领导改革，组织变革，成为所在领域改革的第一责任人和推进者。如以游泳队员和游泳教练的关系做比喻，岗位负责人不一定要成为游泳选手，但他必须成为游泳教练，能够理解游泳的内在道理，引导组员向新的目标前进，提供必要的支持条件。当然，如果两种角色能够合而为一最好。

• 改革先行者。改革是个否定自我，形成新我的过程，需要接受各方面的挑战，既要有主动改革的精神，又要有重建新我的能力，还要有开放的心态和真心地投入，因为每次改革活动都可能意味着对他现有观念和行为的否定。对此，上述负责人未必有这样的素养，那么，就可优先选择其他骨干教师作为改革先行者，即使他暂时不是负责人。当然每个领域最好有2—3位实验者形成研究团体，以避免孤单感和无助感，因在追求基本一致情况下，团体人员不同观点之间的交流与讨论，有助于彼此相互观察，相互启发，找出最佳观点，实现团体力量大于个体力量的效果。

• 改革的实验领域。改革只有从核心领域开始并有所突破，学校才会真正最终走向整体转型，这个核心领域显然是语、数、外、班队，而不是当下流行的某类特色活动。

• 改革的实验年段。如果一项改革准备用3—5年时间完成，如果不宜让太多的人参与，就可以考虑从小学的一、三年级开始，三年后，这些教师随着时间的推进，一年级的教师变成了四年级的教师，三年级的教师成了六年级的或一年级的教师，他们三支队伍相加，等于对小学段各年级都作了纵向整体探索，为走向全学段变革打下了第一阶段的基础。

- 改革领导人。一项改革需要涉及上下左右的沟通，取得各方面的合作与协助，而上述实验岗位或实验个体都不足以胜任或无暇顾及这项工作，否则过多的人际沟通障碍或附加的工作内容会让这些实验者望而却步，打击改革的信心与决心。因此，需要校长或副校长参与实验小组，成为改革督促者、协调者、合作者、帮助者和鼓励者等。

如此分析下来，两个层次（改革领导层+改革实践层）、三个领域（学校管理+教学+班级）的改革先行者（语、数、外、班队的第一责任人+骨干教师）构成了改革先行小组，如图2－3所示。

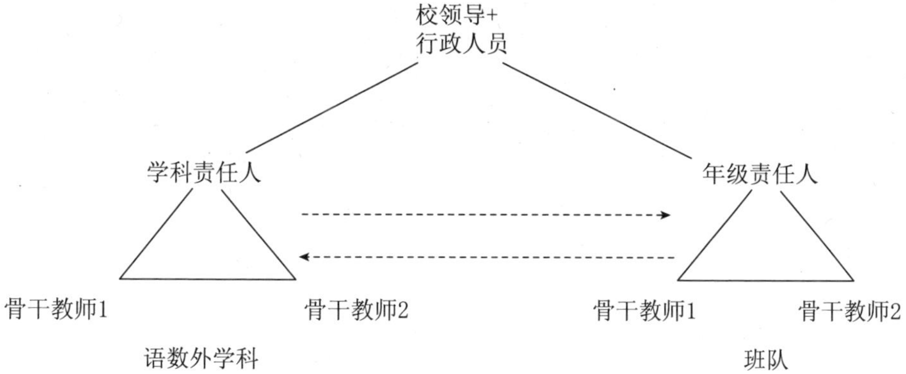

图2－3　改革先行小组的构成

当然，这里虽然重点阐述的是改革先行小组，并不等于排斥其他非实验人员的自主自觉研究，因他们也会在不久的将来成为改革者，也都应是潜在的改革者，不应以是否被学校承认为改革者而决定自己能否改革。对于这样的自主改革者，学校更应当充分鼓励，并把这些人作为第二梯队的改革成员。

（二）选择“关键学科领域”

根据我们现有的学校课程结构，语、数、外仍然是基础教育阶段（小学到高中）的核心学科。这些学科牵涉的教师人数众多，也是多年来学校、家长和学生都较为重视的学科，既积累了丰富的教育教学经验，也存在着大量的问题需要变革。如果这些学科能够在变革中有所突破，则对于后期学校全面变革的推进具有突破性意义。所以，学校变革需要从这些最重要、最丰富、也最难变革的学科开始。

（三）选择“关键年级”

变革的学科一旦确立下来，接下来便需要从变革规划的整体长时段考虑，从哪个年级入手最容易出成效，并最终形成学校整体变革的革局。如果一项学校变革以三年为一个阶段，则对于一个六年制的小学阶段而言，选择一、三年级作为变革年级较为可行。因为变革以滚动的方式推进，三年后现在的一年级成为四年级，现在的三年级成为六年级，这样，学校在三年内便可集中变革的精力，则在滚动式变革中积累六个年级的变革经验，全部完成一个学段的变革，从而为进入下一个变革积累了全程性、全视角的经验。初中、高中则可以从起始年级开始集中精力突破，如图 2－4 所示。

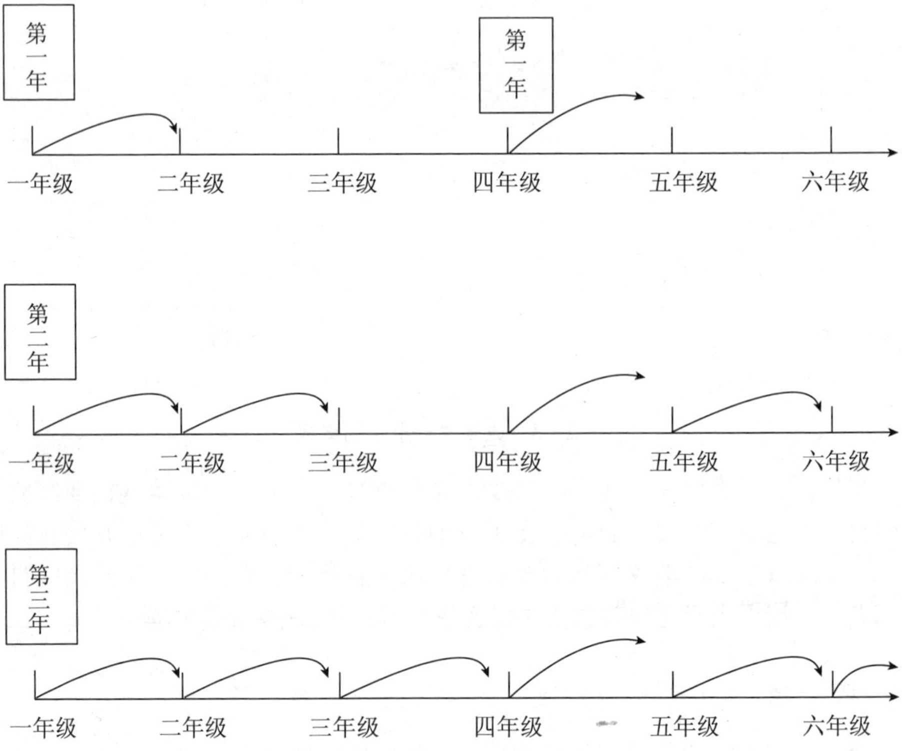

图 2－4　学校变革年级的滚动推进

（四）选择“关键班级”

在我国，有些学校规模通常很大，2000 名左右生源的学校很普通，大的学校一个年级会有十几个乃至二十几个班级。这时，从整个年级开始，那些有变革愿望、变革能力强的教师所在的班级是相对理想的变革对象。这时的选择根据不是学生，而是根据承担班级教育的教师。当然，变革班级虽不宜全面铺开，自然也不宜过少，至少需要两个班级，以利于变革教师有更多的讨论与交流对象。

四、学校变革发展中“关键生长点”与关键时机的判断与选择

确立了关键学科尚不充分，因为这个学科发展的突破点或关键生长点是什么，尚需要进一步研究。这里先举一个例子，然后再回答这一问题。

（一）什么是关键生长点

案例 2 –3：变革关键生长点的寻求

开学初，我和几个备课组长一起研究确定本学期的研究专题。当时专题的确立很困难。我们想从学校层面上设立一个能统领整个学校的专题研究。当时每一个备课组也都有了各自的研究专题。一年级“渗透汉字文化研究”，二年级“‘新基础教育’实验中识字研究”，三年级“优化预习，找准起点，准确把握学情，改进教学行为”，四年级“语文‘新’式备课与课堂实践的互动优化研究”，五年级“发挥语文教学的人文性，对学生进行思想教育渗透”。当这五个专题汇集到我这里后，我发现五个年级的研究专题缺乏主题一致性，无法开展全学科的集中研究。一个月之后，我与一些教师、备课组组长开展了一次研讨，对专题研究的主题是否恰当进行讨论，大家都觉得三年级确立的主题更适合本学期语文学科的研究。因为大家共同面对的问题是不知如何指导学生预习，不知如何在学生预习的基础上开展课堂教学。于是，我们调整了各年级的研究主题，统一确立为“优化预习，找准起点，准确把握学情，改进教学行为”。

接下来，我们就进入了此专题研究的探索阶段。我们先考虑的是让学生预习什么。以往在布置预习作业时，就是让学生读读书，自学一下生字，思考一下不懂的问题。至于读到什么程度，学到什么程度，都未曾深入探讨。后来，我们参考了《“新基础教育”语文学习指导纲要》对不同年级学习目标的指导，制订了本学科的预习目标。

经过初步讨论，我们根据年级目标要求，设立了预习卡，预习卡上呈现了多种内容：难写易错的字、概括文章大意、质疑、预习中的

困难障碍以及资源包等。根据预习卡，学生的预习也有了抓手，教师也能够结合目标有针对性地了解了学生的预习情况，为找准教学起点奠定了良好的基础。过程中，我们又遇到了新的困惑：学生预习时间如何把握，有时一项预习题要花去学生相当多的时间。于是，我们采取访谈、问卷等方式，发现了预习卡设计中存在的问题，如字词题过多，预习中的资料查阅耗时过长。针对这些问题，我们又重新调整了预习卡。

一个学期下来，我们的收获是多方面的：首先，学生发展的真实起点呈现了。原先我们以为简单的字却往往是学生最易写错的；我们认为容易掌握的词语竟是学生普遍不理解的困难所在。其次，学生质疑能力提高了，会自己提问题了。再次，学生归纳文章内容的能力提高了。最后，学生对待预习的态度端正了，初步养成了预习的习惯。

当然接下来，新的问题又接踵而至：预习卡的设置能适合所有教学吗？有了预习卡后的课程，学生资源更加丰富了，我们要如何捕捉利用？一个单元的第一课时课堂有效性得到提高，第二课时又如何在第一课时的基础上作动态式调整与定位？①

从这段文字，我们可初步认识到，实践领域中的生长点往往是其某一阶段发展中的关键问题，这个关键问题往往具有这样的特点：

- 它是学科实践中急于破解的某个真实问题，如上例中预习卡的设计问题；
- 它是学科实践普遍存在的问题，如预习卡是语文学科各年级都面临的问题；
- 它是能够产生成效并产生新一轮实践的问题。新成效即是变化的成效，新问题则是新的发展空间和进一步的新成效。

（二）怎样把握“关键生长点”

中国哲学传统中对过程变化的认识有一种很重要的思维方式是时势运转思维，这种思维方式关注转化过程中条件变化和关节点的存在。“所谓时，是指客观条件，时机是否成熟，它要求人在采取行动前顾及并权衡周围环境。势，指发展的可能与势态，那是着眼于未来的行动策划。运转，则指转化点是否已有

① 此段文字摘自江苏淮阴师范学院第一附属小学2009—2010学年度第二学期，语文学科负责人笪尚花所作的“新基础教育”研究学期工作总结：“学习实践中推进与思考”。略作修改。

显露，行动者必须能敏锐察觉和及时把握住它，使事物朝着期望的方向发展”[①]。

时势运转的哲学智慧告诉我们，在进行学校变革时，变革领导人要有以下两大意识。

其一，发展时机意识。时机是指“具有时间性的机会（多指有利的）”[②]。那么，对于学校改革而言，其时机是指什么呢？我们都知道，学校教育教学活动的开展是按照一定的时间节律进行的，每周、每月、每学期，滚动推进，每个阶段都意味着一项旧任务的终结，一项新任务的开始。如我国学校大多都是一年两个学期和寒暑两个假期，假期的结束意味着学生走向一个新的发展阶段，学校教育教学工作也将在新学期制订新目标和采取新措施。这个学期转换的时间点便是学校发展的一个可能时机，即如果变革者能够在假期结束之后，学期开始之前，对新学期的发展任务、策略作策划，明晰整个学期的方向，则对于有序的教育教学生活的开始则是一个扎实而有意义的前提性准备。

对于改革过程中的学校而言，这意味着变革领导人需要抓住这样的可能时机，思考在新学期如何制订改革计划，打破学校惯有的生活秩序和方式，构建新的学校生活。当然，如果打破学校原有的生活秩序与平衡状态，就可能意味着混乱的产生，而这并不是学校所希望的，所以需要在新学期开始的前一周或第一周，抓住时机，在各领域结合改革的精神与要求制订新学期计划，从而为整个学期的改革目标、思路、策略和成果奠定必要的基础。

当然，学校发展过程中会有许多大大小小不同的时机，学校领导人和每一位改革者都要有时机意识，如能在恰当的时间针对某一目标采取恰当的方式，则会取得事半功倍的效果。比如，就变革准备期而言，召开全校动员大会之后，会有两个时机更好地促进教师主动了解新变革。一是动员大会之后，教师们的想法各异，大多数教师处于观望或疑虑的心态，如果这时有少数抗拒变革的教师在队伍中传播负面消息，则很可能使这部分教师倒向抗拒立场。因此，这就意味着一个及时转化与引导时机的到来，争取大多数教师的积极变革心态，使他们对变革持有信心甚至有参与变革的愿望。比如，在我们的“新基础教育”实验学校，常常会在动员大会召开之后，马上召开分领域讨论会，在讨论中自然会有各种质疑的声音出现，但经过中层干部的耐心解释和沟通，大多数教师对变革会抱有暂时接受，接下来再看看情况如何进展的心态，甚至有一部分教师会考虑进一步查阅有关改革的信息，了解此项改革的价值。这就是一个很好

① 叶澜．中国哲学传统中的教育精神与智慧［R］．未发表．波特兰：美国第69届教育哲学年会，2013.

② 中国社会科学院语言研究所词典编辑室．现代汉语词典［M］．修订本．北京：商务印书馆，1981：1032.

的利用时机和转化时机的开始。二是新学期开学前一周或开学第一周，这个时期是学校进行新学期策划的时期。作为学校变革推进者的校长就需要考虑开展与改革相关的一些活动，比如，可首先邀请相关专家作报告，营造改革气氛；组织教师们学习改革材料，并进行分组和全校多层面的交流学习心得；如果有些学校先前已从事类似的改革，还可以考虑邀请有一定改革经验并取得了初步成功、对改革持积极态度的校长或教师前来作经验交流。总之，这些措施都是从正面引导教师们在思想上、认识上作好迎接改革的准备。接着，可再分学科、分领域讨论如何在新学期进行制度变革的学期计划。这样的时机一旦抓住了，改革的思想与行为才可能落实到日常教育教学生活中去。

其二，关键事件意识。在改革的整个过程中，都需要改革推进者具有关键事件的意识。比如在准备期的每次活动都应视作关键事件：全校动员大会、大会后的分领域交流与讨论，开学前的理论学习与学期改革计划的制订，凡此等等，都可视作关键事件。关键事件意味着每一次活动的开展应作好较为周密的计划，对每次活动所要达到的效果，可能会遭遇的问题及其化解策略，后续的跟进工作等，都要作较为清晰而周详的考虑。只有这样，教师们才会感受到学校领导对待改革的认真态度和坚定决心，也就不会因觉得校领导的犹豫态度而趁机抵触以动摇校领导和其他教师的改革决心；才会有进一步了解改革与自己的关系，对改革持了解、参与，甚至做急先锋的愿望。

总之，准备期的学校改革虽然未正式进入行动阶段，但其实是改革过程的重要组成部分。心态上的认可或接受、新行为参照系的初步认知、改革思路的整体策划，以及改革先行人员、学科、年级等的清晰化等，都是学校进入整体转型性变革前所必须做的准备工作。这样的准备期一般不能太短，也不能太长。准备时间过短，教师们的心理、认识等方面的准备会不足，容易形成改革的迷茫感和焦虑感；准备时间过长了，教师们原先期待的改革实践迟迟得不到满足，会形成思想的松懈感，甚至认为这只是学校领导一时的头脑发热，或许不久便销声匿迹了。适宜的准备时间一般为一个学期或 3 个月左右。当然，不能奢望准备期的工作可以让教师们完全清晰并认同改革新要求，整个变革过程都应是教师们接受新变革，转变自我的过程。

第四节　变革蓝图的绘制

学校要实现转型性变革，意味着这将是一个较长时段的复杂变革，需要变革负责人对变革的阶段性目标、策略、基本路径、成效以及阶段之间的转换点等作整体策划，以避免使变革处于碎片、无序化状态。所以，在准备期制定一项目标定位准确、阶段清晰、策略得当的学校发展规划就非常重要。它是学校摸清家底、凝聚人心并提升学校领导团队的决策能力的重要一环，也是学校厘清发展思路、实现可持续发展的有效载体。所以，准备期的另一项准备工作便是制定一份学校 3 年或 5 年发展的规划方案。

一、学校发展规划制定的基本要求

当今，一般学校都会制定阶段性发展规划，然而大多数发展规划通常思考的是如何解决学校未来几年内的几项重大问题，比如，校舍扩建、教学媒体更新、人员培训或是某项特色课程的设立，这些项目自然属于学校发展的重要的内容。但不足的是：一方面，这些内容主要是解决当下学校发展中的问题，不是从发展的意义作策划；另一方面，这些内容之间是割裂的关系，常常解决的是局部问题，无法带动学校整体发展，更缺乏从学校发展的主题或灵魂意义上思考学校的发展目标、策略、资源和实施步骤等。为此，我们常常建议学校在制定规划时要注意如下几方面。

（一）多层沟通，整体设计

学校发展规划的制定过程，应打破“顶层设计，下层执行”的传统做法，转向“多层沟通，整体设计”。

通常，学校发展规划的制定都是由学校领导或按上级教育行政部门的要求，简单演绎为自己学校发展的规划，规划中常常出现许多无法体现自身学校特点的套话；或是学校领导商量之后，制定学校发展规划；规划制定之后，告知全校教师执行。这种“顶层设计，下层执行”的做法不足之处在于它不能把学校发展规划的制定过程变成全体教职员工形成共同愿景的过程，也无法把规划的制定过程转变为提升学校领导自身决策意识和能力的重要实践过程。

学校领导应认识到，如果一份学校发展规划不能得到全体教职员工的理解与支持，这样的规划常常只能是一纸空文；如果一份学校发展规划不能基于自身基础作适宜性的策划，即使这样的规划得以执行，常常也会流于形式，劳民伤财之后，学校不会有实实在在的发展。所以，我们需要打破原有做法，把学校发展规划的制定过程看作是全校上下沟通、达成共识的过程，让学校中的每位教职员工都参与思考：我们学校现在的发展状况如何，如果要实现转型性发展，那么我们已有的优势、不足和可能的发展潜力是什么？要实施这样的转型性发展目标，我们应当采取的变革思路是什么？我在其中可以做什么样的贡献？如此等等。这样上下沟通与讨论的过程，有助于多赢局面的达成：学校领导在听取意见和建议的过程中，进一步了解自己的学校，也可从教师们的建议中受到启发，进一步明晰学校发展的可能性，提升领导信心和领导能力；教师们则不仅与学校领导一起思考学校的发展问题，产生归属感，还把自己的发展与学校的发展联系在一起，产生责任感和一份变革的自觉意识；最后，还有助于形成全校对发展规划的共识。

“新基础教育”学校就非常重视发展规划的制定过程，一份学校发展规划的制定，通常要上上下下沟通交流若干次，前后约一个学期的时间。比如，“新基础教育”研究的总策划人叶澜在回顾成型性阶段的研究时说：“2004 年 9 月初举行基地学校校长会议，解读基地建设《总策划书》，随后就开始各校制订本校五年研究方案。该项工作经过了近一个学期，各校前后都写了三稿。”① 之所以这样上上下下地不断修改与沟通，是因为学校要实现整体性改革，必须上下各层面、各领域共同开步，协调一致而不失发展的主题重心。这样的制定过程意义很大，上下商讨的过程即是达成共识和凝聚力的过程；一次次的沟通与修改，是一个自我引领、自我驱动的内动力形成过程，也是转变学校中层人员与基层人员只善于从自己所在领域出发考虑问题的点状思维，走向整体、长远的思维的过程。

江苏省常州市第二实验小学在 2004 年 9—12 月，通过上下结合的方式组织教师制订了学校建设方案之后，校长感慨地说：

> 无论是个人还是团队，都在经历回顾总结、归因分析、反思策划的行动中突破了点状思维，形成了立足长远、规划近期、阶段突破的思维方式②。

上海市闵行实验小学校长的体会是：

> 在确定学校发展目标的同时我们又制定了三年发展规划（2003—2005）和到 2010 年的远景规划……这次制定学校发展规划，表明我们开始在新型学校的观念指导下，研究、规划自己学校发展。校本意识更加自觉，开始主动地关注学校内部的生活质量、学校与周围环境的关系等问题；主动规划意识更加明确，开始自觉地设计学校文化、制

---

① 叶澜，李政涛，等. “新基础教育”研究史［M］. 北京：教育科学出版社，2010：100.

② 执著前行在学校转型之路上——江苏省常州市第二实验小学“新基础教育”成型性研究报告［G］//叶澜，等. “新基础教育”成型性研究报告集. 桂林：广西师范大学出版社，2009：309.

度、教学、管理的各个领域的改革目标和具体策略，积极探索新型学校。

（二）要处理好整体与局部、“成事”与“成人”的关系

我们在研究中发现，学校在制定发展规划时经常会出现思想方法和价值立场两方面的偏差。思想方法上，校长通常不能正确把握局部与整体的关系。一是把某领域或某些人的发展放大为学校整体发展的状态。比如，有的学校把语文学科的某项教学特色作为整个学校的文化特色，或在考虑发展措施时，只是考虑少数领域或少部分人员的发展；二是把学校各领域的发展一一罗列出来，认为局部状态相加即为学校整体发展状态。比如，有的学校在学校发展规划的“学校发展的现状分析部分”常常把教学、学生工作、学校管理、后勤领域等一一罗列出来，就不再对学校整体发展状态作整合性的分析。殊不知，部分相加并不等同于整体，学校整体有整体性的特点与性质，尚需要学校领导作进一步的分析。价值立场上，学校通常只考虑“成事”而忽视“成人”，缺乏对学校领导、中层和教师等各类主体发展状态的分析。事实上，更缺乏从发展的角度分析学校各类主体的发展基础、问题、优势与潜势。一位“新基础教育”研究学校的校长在回顾自己学校制定学校发展规划时说：

> 记得2007年9月第一次制定发展规划，是在囫囵吞枣地啃下《“新基础教育”论》后，我们做成了规划第一稿。之后三易其稿……2007年12月22日的规划交流会上，让我们再次找到了我校规划的主要问题。一是对制定规划的意义理解有偏差，很大成分是为了规划而做规划。二是六大领域（学校管理与领导团队，课堂教学与教师发展，学生工作与班主任队伍建设，学校科研，文化系统，学校、社会与家庭的生态环境）的参照系找到了，但在这参照系下进行现状分析及目标措施的制定时，还只是泛泛而谈，少了学校的个性。三是偏重于“事”的思考，仍然忽视对“人”的分析和发展，“成事”与“成人”不能有机融合。于是，我们又对规划进行了新一轮的修改和完善①。

事实上，没有校领导、教师的发展，就不可能有学校的发展，“成事”必须通过“成人”完成，“成人”是“成事”的前提与基础，而“成人”需要在

① 江苏常州市新北区薛家小学．“新基础教育”中期评估报告·幸福成长［R］．内部资料．常州，2010．

"成事"中达成。所以，两者必须统一在一起，才能实现互生互成。

（三）以自主发展为新参照系

转型性学校变革要求学校能够在新的理念、行为、结构、动力等方面发生全面转型，其精神核心是学校发展自觉意识和发展能力的生成。这一发展性质其实就内在地规定了学校发展的新参照系，学校也就需要在新参照系下思考发展目标问题，否则目标制定就很可能失去理想性、未来性和引领性；不结合新参照系制定学校发展规划，就会使学校改革的理想无法落实为学校发展的目标与行动，更不可能化为现实，理想也就失去方向性与引领性的意义。

下面以两所学校教师队伍现状分析作对比思考。

> A 校：教师发展不均衡，教学质量在年级间、班级间都有差异；学科教师不平衡，学校专职的科学、体育、美术老师缺乏；积极性不均衡，少数中老年教师有职业倦怠现象，对工作生活中的问题纠缠不清，牢骚满腹，对科研缺乏激情；教师不愿交流到校外，担心害怕交流，教学工作热情降低，抓班级工作没以前那么上心①。
>
> B 校：总体上，教师改革力不足。表现在这样几个方面：1. 在基础性素养中教师发展的自觉内动力还没有形成，文化底蕴不丰厚，实践创生的思维能力不强。2. 在教育专业素养中教师具有一定的课程开发能力，但如何创造性地实施课程以及独立开发课程的能力还有待加强；教师对本学科知识体系与结构缺乏整体的理解和把握，对学生的解读能力不强，长程规划和教学设计的能力还没有形成。3. 首先在复合性专业素养中教师的教学理念与实践双向转化的创生力和对教学实践进行持续反思重建的思维力还有待加强。其次从教师发展梯队来看学校还缺少"特后"② 以上的学科领军人物，骨干教师队伍有待进一步壮大，骨干教师发展遭遇"高原期"，优秀教师的后备力量比较缺乏③。

诚然，A 校所分析的问题在当代中国的很多中小学校中普遍存在，但这种问题是表象性问题，不是根源性问题，更不是发展性问题，它说明学校发展的根本症结是教师缺乏内动力，职业的价值感、意义感不足，学校改革必须从解

---

① 湖南株洲市某小学．学校发展三年规划方案［R］．内部资料．常州，2011－05.

② 指特级教师的后备人物。

③ 江苏常州市新北区新桥中心小学．在传承与改革中谋发展，融诗意于研究中育新人：2009—2012 学年度"新基础教育"三年发展规划［R］．内部资料．常州，2009.

决教师职业意义感入手。B 校所分析的问题是发展性问题，一是从实现新型教学，培育新型教师的意义上所显示出的差距，内含发展的方向或空间，但不是缺陷；二是从教师队伍整体结构与培育的意义上所显示的不足，也不是缺点，而是有待于努力的方向或目标。所以，同样是分析教师发展的不足，但前者是分析缺陷，后者是分析发展方向；前者令人沮丧，后者令人奋发。所以，新参照系指导下的分析非常必要。

（四）处理好共性与个性问题

在制定学校发展规划时，每所学校都希望突出自己的个性，但如何处理共性与个性呢？这是一个要直接面对，也是校长需要想清楚的问题。要知道，越是具体的，越是无法替代的，只要是具体的，就是独特的。也就是说，在制定学校发展规划时，一定要立足自身，眼放四方。学校自身的发展历史、优势、潜势、问题，都是具体化的，正因为具体而具有个性，具有不可重复性，所以学校的发展现状一定要他们自己去认识，如果没有学校自身的历史、没有自身的现状，就不能形成贴近自身可以达到的发展目标，也不可能解决自己学校的问题，发挥学校自己的优势和实现学校自己的潜势。只有明确学校发展的个性基础之后，接着才会考虑学校发展的策略与路径，基础越是有差异，目标、策略、路径和具体的方法与措施的差异越大，而这种差异正是学校创造性实现自我的空间所在。

二、学校发展规划的基本内容

学校发展规划的基本内容一般而言要包括：现状诊断、办学理念、发展目标、实施策略与阶段规划等。

（一）现状诊断

这是制定学校发展规划的首要环节。内容除对基本情况（学校所处的地理环境、建校时间、历史沿革、学校性质、学校规模等）的简要说明外，重点应放在以下三个方面：发展优势、面临的主要问题和发展潜势。这三个方面的分析可从办学理念、学校文化、学校领导与管理、师资队伍、教育教学、学生发展等方面展开。

发展优势主要是总结学校已经取得的成绩、经验和形成的办学特色等。有两方面的分析要求：一是高度概括，突出重点，抓住关键，不要面面俱到；二要呈现出本校的个性特色，并在对自身学校发展起核心促进作用的意义上进行分析。比如，一所学校这样分析其领导团队的优势：

目前，领导团队平均年龄35岁，梯队、结构合理，均有自己独到的优势与潜势。在专业发展上，有9人取得市区专业称号，且仍有后劲，在专业上有较强的引领作用。各成员风格、性格、能力形成互补之势。整个团队战斗力强，志向远大，领导力得到了锻炼和提升，可持续发展的管理文化加速了学校的发展。

发展问题分析不是简单地对问题进行罗列，而是需要突出重点、抓住关键，体现发展性和目标性。比如，一所学校分析其教师队伍的不足就体现了发展性，也抓住了关键，反映出了学校在教师发展方面的着力方向：

目前，教师发展的自觉内动力还没有形成，文化底蕴不丰厚，实践创生的思维能力不强；教师对本学科知识体系与结构缺乏整体的理解和把握，对学生的解读能力不强，长程规划和教学设计的能力还没有形成；从教师发展梯队来看学校还缺少"特级教师后备"以上的学科领军人物，骨干教师队伍有待进一步壮大，骨干教师发展遭遇高原期，优秀教师的后备力量比较缺乏。

发展潜力是指对学校现有条件、资源尚具有进一步提升的可能空间进行的分析。比如，一所学校这样分析：

学校地处城乡接合部，位于区经济发展的核心位置，所在镇为现代化新农村创建示范镇，在省、市已具有较高的社会影响力，中央电视台曾作专题采访和专题新闻报道。未来的发展中，必将赢得社会更广泛的支持。

（二）办学理念是学校发展理想与灵魂的表达

一些学校在此方面经常会用一般化的空泛语言表达，原因是不知如何找到自身发展的个性化理念。上文提到在处理学校发展规划的共性与个性时，需要立足自身，放眼四方，具体地说就是至少需要三种眼光。

一是历史的眼光，即把现在和未来的学校发展放入自身发展的历史中去审视，清晰自身的过程，以审定未来。比如，上海市闵行区七宝明强小学是一所百年老校，始创于1905年，原名"明强学堂"，意在"民生国势所赖，以明以强也"。创办者以"培养人才、教育救国"为宗旨，培养了无数学子。现如今世移时易，原有的宗旨显然不再适应时代的要求，在此情况下，学校重新思考学校文化的内涵，于是把"明强"内涵重新作了梳理，定位为"明事理，明自我；强精神，强体魄"。

二是关系化、生态化的眼光，即把学校发展放置于学校所在的生态环境中思考，包括社区特点、人口结构、学校与社区的关系、学校与时代发展的关系。比如，上海市闵行区一所以流动人员子女为主要生源的学校，就从大处着眼把学校发展的理念定位为："小学校连着大中国"，把一所小学发展的情怀与中国发展的大目标联系起来，整体提升了学校办学的精神气质。

三是发展的眼光，审视学校发展核心任务，或延承，或转换，或深化办学理念。这里举一个办学理念转换的例子。江苏常州市有一所企业办的小学（后文简称为"企校"）2009年时，与邻近一所乡村小学（后文简称为"村校"）合并，这所小学的发展基础相对较弱，人情面子理念浓厚，进取精神不足；这所企校的发展基础相对较强，效率理念深厚，但合作精神不足。并校后的一段时间里，企校教师认为自己学校的文化优越，对村校教师有优越感，总是希望村校教师听自己的意见；但村校教师则认为企校教师冷漠，不愿与之合作，从而造成两校教师在合并后形成两个阵营，互不服输。面对这种情形，学校领导清晰认识这不是哪种理念与文化谁更优越的问题，而是如何在两校相融中生成新文化。于是，他发动师生对新学校、新理念、新文化的大讨论，经过一年的研讨与践行，学校新文化得以生成，同时也消解了旧文化。

另外，发展目标是办学理念的进一步具体化。在制订学校发展目标时要注意好两个方面。一是要使发展目标具有可行性和可操作性。二是要体现整体性与具体性的统一。学校的基本构成是成事、成人二维坐标下的两个层次三个领域：学校管理与学校领导、教学改革与教师发展、学生工作与班主任队伍，在表述目标时，也应当按照这些内容进行阐述。

案例 2-4：某小学学校规划中的目标

总体目标

把学校办成具有"实践·体验·成长"特色的品牌学校，初步呈现新的办学效益。为建设"动态的、开放的、充满生命活力的21世纪新型学校"作好物质装备、精神文化、师生队伍和组织管理的准备，进一步提升师生的发展需求和生存状态，通过"成事"来"成人"，通过"成人"来实现学校、教师、学生主动、健康发展。

分项目标

领导团队发展目标：

三年中，领导团队增强五种意识与能力，即整体规划、系统思考的意识与能力，示范引领、服务师生的意识与能力，主动工作、不断创新的意识与能力，长程管理、持续改进的意识与能力，培养队伍、共同成长的意识与能力。总体提升领导艺术，走向成熟，独当一面。

每一位学科负责人都成为学科领军人物，在原有专业称号的基础上再上一个台阶。

教师发展目标：

学校将以自培为基础，以改革为抓手，立足于日常课堂教学，大力倡导并实践“新基础教育”理念指导下的五个“新”的方式，即“新”思维方式、“新”工作方式、“新”教育方式、“新”学习方式和“新”生活方式，为教师的专业成长提供足够的时空，教育科研合一，扎实推进校本教研，促进教师主动健康发展，形成以学科带头人、骨干教师为核心的优质师资队伍。

学生发展目标：

形成《各年级学生发展目标》，通过三年努力使学生能够内化《在校常规十八条》，落实到自己的行动上，逐步养成良好的学校生活习惯；在学科学习与学校活动中逐渐形成“有个性、有灵性、能自主、会创造”的学生群体形象。学生干部能在班级及学校提供的平台上，提升组织策划能力、合作协调能力，形成关心集体、认真负责的精神品质。特殊学生能够改善自身在班级生活中的状态，树立自信、尽快融入班级生活中。

文化建设发展目标：

围绕办学理念进一步凝练学校核心文化，丰富学校办学理念的内涵，重新定义学校的校训、教风、学风，并且内化为师生的行为方式，营造学校文化生态系统，展现学校新风貌与新活力。发挥文化育人的价值引领作用，努力营造“心灵自由，快乐成长”的诗意文化氛围，提炼出学校教师团队文化、课程文化、班级文化、活动文化的精神特质，树立良好的师生形象，构建诗意灵动的精神家园。提升环境文化在师生成长中的育人价值，学校环境文化具有鲜明的“诗意儿童文化”特质。

（三）实施策略与阶段规划

理念和目标的清晰，能否转变为现实，还需要学校选择可行的策略，并以阶段推进的方式实现理念和目标。对改革阶段的策划即是对改革过程的策划，它需要体现系统性的特点。这里不妨以图 2－5 对改革过程进行说明。

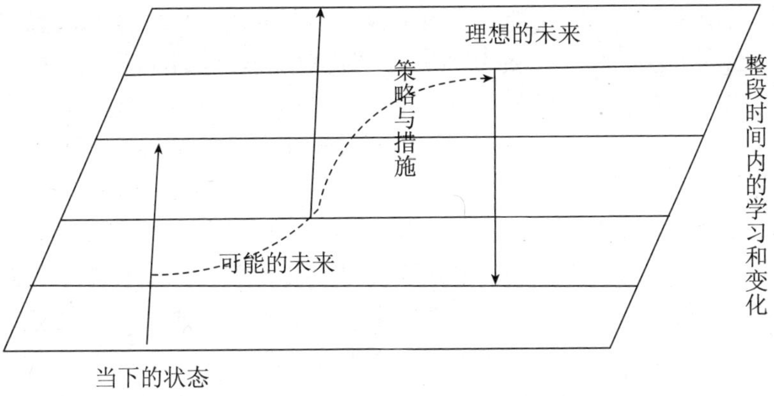

图 2－5　学校发展规划的实施路径

图 2－5 表达的意思是，学校发展的规划者应从当下的状态（基础与条件）出发，选择一定的可行性策略，作阶段性的设计，过程中，不断根据理想目标审视当下，并遵循“分层推进，深化研究；及时反馈，动态调整”的策略进行。

其实，学校变革是一个阶段性的长时段过程，每个阶段都要有相应的核心任务、突破点和发展成效；当一个变革阶段完成后，就意味着要在新的起点，重新规划新的阶段性变革与发展规划。所以，在“新基础教育”的那些参与了五个阶段的研究学校，都随着学校变革与发展的不断推进，在每个阶段的孕育时，都会制定相应的阶段性规划。

余论：在复杂生境中处理好内涵发展与外部生态的关系

这是目前我国学校走向持续发展的关键一环，也是最难破解的一步，所以，变革者领导人从一开始就应当正确理解这一对关系。

学校改革是在一定的社会环境中进行的，社会是学校改革的外生态环境，国际社会、时代状态是宏观外生态，教育政策、教育制度、教育资源等是中观外生态，对学校交往和影响更为直接的地方教育行政部门、教师进修学院、社区等是微观外生态。学校内是内生态，学校文化、教育教学活动、组织制度、师资生源、校园环境等，直接作用于学校。那么，应如何看待学校发展与改革中外生态与内生态的关系呢？

一方面，学校作为一个开放的系统，虽然有它内部相对稳定的结构和因素，但它与外界始终保持着物质、信息和能力的交换与相互影响。因此，学校改革必然涉及与外部生态的建设问题。首先，学校变革要努力解读当下和未来一段时间内社会发展、时代变化的基本特质及其对教育的要求，立足时代与社会的大立场，准确定位学校改革的基本方向和价值立场。其次，学校改革的目标、价值取向和思路需取得上级教育行政部门、社区的理解与支持；并要求学校改革经费的落实、物质条件的保证与更新，甚至相关政策能够取得上级教育行政部门、社会的支持。

另一方面，学校所处的外环境既是多样的，也是复杂的，很可能与学校变革对可持续、整体的要求相冲突。因为外部环境对学校的需求常常是短期、可见利益至上，如看重学校升学率、获奖名次与数量，甚至看重学校变革所产生的社会效益和经济效益，而根本不顾及学校改革的方向、目标和意义。这在更为直接的层面上造成了学校外部生态环境的恶化，给学校改革的顺利进行造成了干扰。

这些状态的存在无疑提出了学校变革如何处理好外部生态建设和内涵发展的关系问题。如果处理不好，学校改革的步伐就很可能被搁浅或中断，或即使仍然在进行却难以取得实质性的效果，学校中的埋怨情绪就会增多。

我们认为，针对上述状态，改革者首先需要树立以下两点认识。

第一，学校变革与外生态建设是相关但又不能相互取代的两个领域。学校变革领导人和变革者要清晰地认识到，外部环境既蕴含着有助于学校改革的积极因素，也可能内含着干扰学校变革的消极因素。这样的环境永远都是存在的，不能期望外部环境优化了再来改革学校，而是要坚定自己的价值取向与发展目标，在可能的空间内和条件允许下，抓住外部生态中的积极因素，避开或转化消极因素，积极行动起来，改变可以改变的因素，努力使内外双向达成相互依赖与相互转化的关系；当内部发展力量足以强大时，外部干扰的影响力就会减少。因此，加强学校自身发展力量的建设是关键。

第二，在当前中国学校变革中，学校与教育系统的关系是共变中个体与环境的关系。共变是指学校、教育系统、社会都面临着转型性变革的任务，而不是社会变革、教育系统变革已经基本完成，学校只需作适应新环境的努力。相反，学校与其环境之间都面临着内部变革和多向适应变革需要的努力。比如，在最近十多年的学校变革中，外部面临着由政府推动的新课程改革，这是校长和教师在教学改革所遭遇的最大事件，也面临着来自政府各部门的关于卫生、校园安全、财务、绿色指标等项目繁多的检查或评比性要求。在这样的变革环境下，学校变革者既不能简单抱怨，也不能回避或排斥外部的要求，更不能简单地做加法，对于外部要求只是来者不拒，拒绝会处理不好学校发展的外部环境，使学校发展处于相对孤立的状态；完全做加法，则非但会加重学校负担，而且可能会使学校主次不分，忙乱无序，冲淡学校发展的重心。所以，在面对外部环境的各类信息、能力或资源时，学校领导要清晰自己的价值取向，尽力将外部环境要求与学校内涵发展整合起来，积极寻找措施加以转化。当然，这种转化以不干扰而是有利于学校内涵深化与可持续发展为基线。

在确立正确的关系认识后，还需要采取恰当的策略。主要应从三方面入手。

首先，要建立起现实条件中实现变革与发展的策略思想。对于现实的环境，要看到其存在的不足，更要看到其具有变化与发展的可能性，以未来的要求作目标。在现实基础上作出达到目标的策划，看到学校变革是必须通过自身的努力才能实现，外环境的变化并不能代替自身的努力。

其次，对学校变革的需求要作出长期和短期的区别，不要因追求短期效应而忽视、损害学校的持续发展，忽视学校内生力的培育，应将短期效应的追求放在长期效应的结构链中，促使学校的每一次短效都能够为长效的实现提供积累；反之，长效的追求也必须明晰和产生阶段性的可见效应；通过努力使长短效应之间形成良性循环。比如，当前我国教育行政部门每学期都会在区、市级举行各类教学评比类或展示类的活动，大多数活动华而不实，为作秀而预设过多，教学不贴近日常教学，但往往是这样的课因其亮丽的外表而获得好评。对此，一些明智的校长就将每次这类活动与学校整合起来，要求教师不要一味地投区、市级教研员所好，而是要依据课堂教学的基本规律，依据学生的真实状态呈现教学。起初，部分教师不理解，因一时拿不到奖而沮丧，渐渐地，他们意识到教学永远是为学生的发展而上，而不是为了自己的虚荣而上。也就是说，教师们的教学价值观在转变，心慢慢地平静下来，意识到真正有生命力、有价值的教学是贴近学生的课，是能够促进学生真实成长的课。

此外，我们还要善于对学校发展的各种内外因素作判断、选择和转化。所谓选择，就是学校要善于辨别各种因素和状态，认识这些因素对于学校发展的价值、影响性质和强度，并以此为据作出选择和作出有利于学校发展的重组，将有利因素对学校发展的影响作用放大，并进行可能条件下的最佳重组；对消极、不利的因素，采取多种方法消除乃至消解。当然，消解不是要回避，而是要转化。

总之，在处理内外各种学校的发展因素时，学校要变被动为主动，化消极为积极，有所作为，处理好外部变化与内部变革之间的积极互动关系。

第三章
孕育期：可能突破点与着力点

准备期之后，学校上下初步达成了改革共识，从而为进入改革的孕育期作好了思想、心态和思路等方面必要的准备工作。接下来，学校便可进入改革实践的第一阶段。在此阶段，万事都处于开端阶段，改革者的选择、改革领域的具体化与清晰化、改革起点的确定以及改革的支持条件等都是孕育阶段应完成的基本任务，当然，这一时期，改革者的心态变化将是改革中着重关注的问题之一。

第一节　孕育期的纠结与克服

准备期之后，改革将进入行动阶段。学校变革行动包括外部、内部两方面：外部变革主要是指学校为推动变革而采取的各类措施，如组织调整、制度重建、物资和人员的再安排等；内部变革是指变革者自身为变革而采取的相关行动，比如学习、研讨、反思等。外部变革主要是为变革行动提供支持性条件，激励变革者更好地从事变革，所以，这个阶段中内外变革的矛盾尚不是主要矛盾，主要矛盾来自于变革者面对新要求时自己的心态、观念 、行为方式等方面的不适应。

一、 孕育期的纠结

在准备期，改革先行者只是从观念上初步了解新变革的主张与要求，到了此阶段，从理论学习走向实践变革时，他们会遭遇以下这些变革纠结。

其一是困惑感。他们这时意识到：自己一贯的做法可能正是需要改革的对象，但他不明白为什么要改，也不舍得放下自己多年习惯了的东西；如果要改，怎样改呢？这些变革新理念很好，但课堂上应该如何体现，怎样入手呢？……

其二是焦虑感。他们本来以为变革主要是按新的理念或理论，用新的行为呈现出来便可，但没想到变革并不如此简单，它不仅要有新的教育教学行为，而且要以革除旧行为为前提；自己不仅是变革主体，也是变革的对象；自己需要改变的并不只是行为，还包括自己的教育教学观念。他们会想：如果否定了旧的自己，那么，我具备新的学习能力，能够胜任改革赋予自己的要求吗？如果变革不成功，耽误了学生的发展怎么办？校长、同事会怎样看待自己？……于是，焦虑感便油然而生。

的确，学校自我更新性的转型变革，本身即是面向自我的一项改革，自己既是实践改革者也是被变革的对象。就当代我国教师而言，变革意味着他们不仅要向外看到自己教学中存在的问题，找到重建的策略，还要从教学状态向内审视自己，分析自己在价值、观念和行为等方面的发展状态。

比如，一位从事“新基础教育”的改革先行者在回顾自己在改革孕育期的状态时这样说：

还记得八年前“新基础教育”的专家第一次走进我的课堂，我上的是一节三年级的英语课，自以为上得还不错，沾沾自喜。没有想到却受到了华东师大课题组老师的许多批评，说我的课堂不开放，学生无法主动发现新单词，教师完全牵着学生走！当时我觉得很委屈，也很困惑，心想：学生怎么能主动发现英语单词呢？这又不是母语教学，说发现就能发现的！而且"新基础教育"研究又没有现成的模式，到底怎样的课才算有"新基础教育"的"味道"呢？同时，我又觉得很没面子，因为那时我已经是一位区骨干教师了，经常在全区上示范课，怎么在华东师大课题组老师的眼里却一无是处呢？我当时就对"新基础教育"有点"感冒"，想放弃，不研究了。可是，校长却一直鼓励我，让我把研究进行到底。无奈之下，我的抵触情绪很强烈，以后每次教学研讨日，我就按照自己原来的思路上课，应付了事。当然每次我看到华东师大老师摇头，校领导很失望的样子，心情也很沉重。加之当时学校要求各学科的骨干教师要起带头作用，由点到面，带动教研组的研究工作，这更使我不知道从何着手了。这种低迷的状态持续了三年时间①。

二、纠结的原因

这一变革心态由积极期待到困惑、焦虑甚至消极抵触的产生，原因是多方面的。

首先，教师抵制变革大多是因为这项变革威胁到他们的自我形象，产生了不安全感。这些改革先行者大多曾受到校、区或市级的表彰，在教师队伍中常常发挥指导他人和向他人作示范的作用，但可能他们已拥有的能力与习惯，正是要改革的对象，所以这部分教师对改革难免会持有畏难情绪或观望心态。比如，1999 年，华东师大"新基础教育"的研究团队来到上海闵行区实验小学进行课堂教学研究，执教的多是骨干教师或学校中层领导，但华东师大的研究成员非但没有给予几位公认的"优秀教师"以通常具有的表扬和不伤体面的建议式意见，而是指出了教学中的许多关键性问题。这次活动在学校中引起了轩然大波"，很多预备参与改革的实验教师都感到这项改革理念很好，但过于理想化，很难操作，可敬但不可亲，情绪波动很大。比如，"新基础教育"研究最早的合作教师之一的一位教师这样回顾自己的最初发展历程：

① 叶澜，李政涛，等．"新基础教育"研究史［M］．北京：教育科学出版社，2009：548.

尽管以前也上过不少实践课、公开课、展示课，我的角色转变为一个试验教师，每周上一堂实践课的任务却把我彻底击倒了。为什么我以前的教学方法在华东师大课题组教师眼里都是有问题的？我辛辛苦苦设计的教案，详细地写下了每一句话，如此精心为什么会被一一否定？为什么几个学生的精彩发言没有得到华东师大老师的夸奖，却反问我是否关注到其他学生？……说真的，我无言以对。我觉得“新基础教育”的课真难上！于是，教研员来听课，我还按照以往的思路和方法展示自我的功底，得到一句又一句的赞赏。每周三专家来了，我就把自己拉回到“还时间、还空间”的思路中，一节课磕磕绊绊，惊险不断，得到一大堆需要反思的问题。我常在“原我”和“新我”之间徘徊，以至于把课上成了“四不像”，我成了“没想法”①。

其次，他们对新型改革方式通常也不适应。传统上，学校某项改革通常强调可操作性，比如某教学模式改革，这样的改革教师们容易进行，因而容易被教师接受。但是，当代改革是在不确定社会中进行的动态、发展性改革，这样的改革通常没有固定的、可操作的模式，它需要教师能够在动态的、不确定的发展过程中，在观念引领下，发挥智慧，在实践中创生，在创生中发展新实践。所以，由确定性改革转向不确定性改革，是当代教师所遭遇的第二大不适应。这样的改革会给教师在心理上带来压力感、不安全感，从而使他们丧失信心，拒绝改革。比如，一位刚参加改革的教师第一次上“新教育研究”理念指导下的教学课后，这样说：

刚开始接到这个任务的时候我真是一筹莫展，对“新基础”的课堂如何推进、如何开放等问题存在种种疑惑，之前从没听过“新基础”的课，而且上学期又是休假的，心里非常着急。其实组内教师也没有什么经验，可是我们还是共同研究教材，精心备课。这次的教学内容是5B Unit4 An English Friend 的A部分语篇教学。汤老师进行了初建，课后所有老师又聚集到了一起评课，认为这节课的设计虽然条理清晰，但还是老师领着学生走，重心没有下移。于是大家在原来的基础上又作了进一步调整、优化教案。这次设计了一个开放性的问题，把老师提问的环节全部改成学生自己提问，将提问权还给学生，从而激发学

① 郑煜．从教语文到享受语文［G］//叶澜，李政涛，等．“新基础教育”研究史．北京：教育科学出版社，2009：477－478．

生已有的知识储备，并带着问题阅读文本，自己找出答案，接着老师再回收资源，这样一来，我感觉这节课突然富有了生命力。带着这样的教案我进行了重建，结果上下来发现孩子动脑的时间多了，而且他们也很愿意动脑筋提问，但上课过程中又发现了新的问题：课堂开放之后很多学生的提问在文中找不到答案，生成的资源不知如何回收，这是我之前备课未曾预料到的，但是在开放的课堂里是一定会发生的，此时我又陷入了迷茫中，不知如何是好。组内教师也都处于学习阶段，没有太多经验，没法提出确切的解决办法。那段时间几乎每分每秒我都被这个问题折磨着，连吃饭睡觉都会想解决办法，学校又特别忙，根本没时间修改教案①。

再次，改革项目的推进方式也会影响到改革者的心理感受。如布鲁姆（Blumer）认为，人倾向于做那些他认为有意义的事情，而意义是在社会互动中产生，它源于社会互动中那些无法预见的情感体验，而情感体验常常会受各种权力关系的影响②。比如，有时一位教师要受制于区教研员的约束而无法做自己所理解的教学研究，这时，他虽然表面不反驳，但在内心深处却可能极为排斥。同理，在变革过程中，教师会对自己的行为和所处环境进行意义解读，如果他在改革过程中感觉领导并不重视，那么，他就会预想这将是一项不会成功的改革，但迫于领导的要求他又不得不进行改革，这时，他内心就会很受困扰，并直接影响改革态度和行为的真正投入。因为情感是一种道德和政治现象③，如果教师为某种道德目标而驱动时，他们的情感会深度地影响着他的行动目的："目的实现了，我们就很高兴；目的没有完成，或其他人否定我们的努力，或我们面临的任务太多而任何一件都完成不好时，我们就会很受困扰，生气或是绝望。"④ 此外，教师情感还会因改革目标模糊，或多个改革项目从不同角度、甚

① 谢成."新基础教育"英语教学改革年度总结交流会上的交流材料［R］. 内部资料. 常州，2013.

② Blumer, H. Symbolic interactionism [M]. Englewood Cliffs, NJ: Prentice－Hall, 1969.

③ Hargreaves, A. The emotional practice of teaching [J]. Teaching and Teacher Education, 1998b, 14 (8): 835 － 854. Oatley, K. Best laid schemes: The psychology of emotions [M]. Cambridge: Cambridge University Press, 1992. Oatley, K., Jenkins, J. Understanding emotions [M]. Cambridge, MA: Blackwell, 1996.

④ Hargreaves, A. Classrooms, colleagues, communities and change: The sociology of the century [J]. Asia－Pacific Journal of Teacher Education and Development, 2001, 4 (1): 101 － 129.

至是相互矛盾的改革主张，而产生烦恼、内疚甚至于绝望等负面情绪①。

最后，教师心态还会受自己改革能力感的影响。如果在改革过程中，他觉得自己很快能够适应，甚至能够找到相应的策略，或是有其他人的支持与帮助，这时，他就会产生能力感，积极心态也随之而至；相反，他会因困惑或无助而产生消极心态。

事实上，改革初期教师的畏难情绪与阻抗心态非常普遍，也是人之常情，关键是如何转化与引领，以使他们树立改革的信心与决心。

三、 基本策略

显然，改革先行者走出孕育期的困惑或抵触状态，需要自助与他助两种力量。自助是指改革者需要打开心态，勇敢地直面自我，分析自我，并能正确地看待改革对自我专业发展的价值与意义，寻求更新自我的新思路与新办法；他助是指改革先行者需要得到他人帮助，他人（如专家、同事）的意见和建议有助于改革先行者尽快地认清自己的问题所在，并寻找更优化的办法，转化自己。当然，自助与他助是交互生成的过程，但决定性的第一力量是自助。

（一）开放自我和直面自我

在从事“新基础教育”学校改革的过程中，我们曾遇到许多教师面对变革时会有封闭自我的心态，表现在以下两个方面。

一方面是这些教师听不进他人的意见与建议。他们或因自我评价偏高，或因要面子，或因不自信，或因不相信他人的善意等而常常不愿意听取他人对自己教育教学行为中存在问题的意见或建议；虽然有时也意识到自己教育教学中存在的问题，却会把产生问题的原因向外归因，如生源差、要应付考试、领导不支持、家长不配合、没时间研究等，自己只是受害者。比如，我们在中小学做改革研究时经常会遭遇这样的情景，一到学校，教师通常会急迫地解释说“我们这里的学生大部分是农民工子女”，或“我们最近非常忙”。言下之意，如果你发现我们教学中存在不足，那不是我们教师的原因，而是因为生源差或时间不够。这时，他们的归因逻辑是：不是他不想做好，也不是他不能做好，而是他受到许多外部条件的束缚，所以，需要改变的不是他，而是那些外部条件；

---

① Hargreaves, A. The emotional politics of teaching and teacher development: With implications for educational leadership [J]. International Journal of Leadership in Education [J]. 1998a, 1 (4): 315 - 336. Oatley, K., Jenkins, J. Understanding emotions [M]. Cambridge, MA: Blackwell, 1996.

外部条件改革了，他自然也就变好了。

另一方面是这些教师会极力掩盖自己的不足，不愿意呈现自己的真实状态。这样的教师常常是在开展研究课或通常所称的“公开课”上，反反复复操练教学，过度准备，在上课时，师生对话极为顺利，凡是教师希望学生回答的，学生都会了，而且与教师所要的答案常常是完全一致；一堂课顺顺利利，每个学生都能够流畅地回答问题，根本不存在优、中、差的水平差异，所以也看不到出差错、有疑虑的学生存在。问题在于，这是真实的学生发展状态吗？学生可能都一样吗？如果学生都会回答问题，还需要教师的教吗？但这样的教师是不顾这些的，他们想的就是极力把课上得顺利了，让他人发现不了自己教学中存在的问题。

显然，心态封闭的教师是不可能直面自我、认识自我的，这样的教师既不可能主动改变自己，也不可能听进他人的意见与建议。所以，开放自我，直面自我是改革的前提条件。

开放和直面自我既是一种心态，更是一种勇气，可表现在许多方面。比如，愿意呈现自己最真实的教育教学给他人；当他人针对自己专业发展中的问题提出意见时，要能够敞开心灵，把他人对自己的问题的分析看作是帮助自己诊断问题；要能认识到他人对自己存在问题的诊断不是故意挑毛病，找自己的不足，更不是跟自己过不去，不给自己面子，而是帮助自己分析可能的发展空间或变化方向，新空间和新方向是自己实现发展的可能。所以，应对他们的真诚意见和建议怀有感激之心，而不是敌意。

（二）主动寻求自我变革

我们发现一些改革先行者在此阶段会把教学改革理解为教学方法的多样、精美、有趣、多变等，在开展研究课时，把大量的心思放在如何制作精美的教学课件或教学活动的设计上，而不关心这些方法变化背后的道理何在。我们还发现，一些教师在听完他人的教学示范课之后，会马上拿出 U 盘把上课教师所用的教学课件拷贝下来。这种行为不仅不尊重上课教师的知识产权，也表明他在参与教学研讨时，主要是在方法和技术层面向他人学习。这样的教师都是把教学变革理解得过于简单，把教学变革简化为教学方式方法的变化。事实上，教学不仅包括方式方法的转换，更指向教师的教学价值观、学生观、教育教学观等观念系统的更新，观念犹如行为眼睛，引导着行为。所以，进行教学改革，就需要教师在观念、行为乃至思维方式等方面都发生转换，而转换的方式是一个较为长期的过程，但至少需要“学习—实践—思考—再实践—再学习—再思考”的多次、交互、持续的跟进。比如，一位刚参与“新基础教育”的教师这样总结她在孕育阶段的感受：

“新基础教育”（下文也叫“新基础”）在我校启动已有一段时间了，但真正接触“新基础”可以说是从这个学期开始的。因为这是我产后的第一个学期，感觉自己已与社会脱节，需要花很长时间适应学校的工作，更别说赶上“新基础”的步伐了。我校的语文学科早早地就加入了“新基础”的行列，而其他学科都是先进行理论学习。学校在网站上设立了教师博客板块，每个月都会有叶澜老师的文章，每次我都会及时跟帖，针对博客内容发表自己的见解或者是讲述教学经验。另外我也会经常阅读“新基础”研究类的书籍，如《外语教学改革指导纲要》、《学生发展与教育指导纲要》等。教研组内还会积极组织阅读交流活动，做到定时间、定地点、定内容。通过学习与研究，学校整个团队的教育观念系统正逐步转变，形成了以“新基础”理念为指导的校本管理思想和办学理念。

自从接触了“新基础”的课，我经常会反思自己以前的教学，我是把学生当作一个生命体了吗？比较过后才发现没有，我始终都是把学生看作认知体，认为只要让他们在各式各样的考试中有一个好成绩就行了。也从来不会考虑，教育对于学生和教师生命成长的意义是什么。经过这两年的理论学习与这次的教学实践，我真正开始认真思考：怎样的教育活动是最利于生命成长的。首先，我认为要改变自己与学生的关系，关注学生的表现，倾听学生的意见，开放课堂，老师可以多问几个“Any more?”、“Anything else?”，多给学生创造敢于发表自己意见的氛围，改变学生的发言方式，鼓励学生用“我有个建议”、“我还想补充”这些话。其次，做好自我反思，就是针对课堂中出现的种种弊端进行思考，然后确定在以后的教学中该如何改进。出了问题，我不能只是一味地寻找学生的问题，也要反思自己。例如，课堂上学生思想注意力的不集中，纪律的涣散，不能仅仅从加强学生的行为规范教育这个方面去反思，作为课堂教学的主导者——教师，难道不应该从教学方法的趣味性、教学手段的直观性、教育理念的先进性上去反思考虑吗？再例如，学生成绩考得不理想，就责怪这些孩子学习不努力，智力落后；学生课间吵闹，就批评他们不能遵守纪律，调皮捣蛋。如此一味地强调学生方面的原因，而忽视了自身的原因。看来“以学生发展为本，把课堂还给学生，让课堂焕发生命活力”真的不是一句简单的话说说就行。它需要我们付诸行动，不断学习，不断摸索。

“新基础”不光改变了我的课堂，也改变了我的学生，更改变了我教育自己孩子的理念。“新基础”研究的进行，在我们组内乃至在我的生活中已经激发了教育的灵光。相信我能在“新基础”的引领下走得更坚实，走得更从容①。

（三）加强对自己教学的研究

教师应在研究教学中清晰问题和原因，找到转变的突破口，因为结合自身教学实践的改革是有具体针对性的改革，也是有内在生长逻辑的改革。一位孕育期的教师如此说：

“重心下移”、“开放”、“长程两段”这些词常常会在我的耳边萦绕，但没有教学实践根本体会不到这些词的真正含义。虽然学校和教研组给我们每位教师提供了学习的平台，但也仅仅停留在理论学习的层面。所以我一直当自己是旁观者，也从不愿意真正地打心里去触碰“新基础”，觉得那是很难的一件事。直到这次的研究课，才觉得我离“新基础”又近了一步。刚开始接到这个任务的时候我真是一筹莫展，对“新基础”的课堂如何推进、如何开放等问题存在着种种疑惑，之前从没听过“新基础”的课，而且上学期又是休假的，心里非常着急。其实组内教师也没有什么经验，可是我们共同研究教材，精心备课。这次的教学内容是5B Unit4 An English Friend 的A部分语篇教学。汤老师进行了初建，课后所有老师又聚集到了一起评课，认为这节课的设计虽然条理清晰，但还是老师领着学生走，重心没有下移。于是大家在原来的基础上又作了进一步调整、优化教案。这次设计了一个开放性的问题，把老师提问的环节全部改成学生自己提问，将提问权还给学生，从而激发学生已有的知识储备。让学生带着问题阅读文本，自己找出答案，接着老师再回收资源，这样一来，我感觉这节课突然富有了生命力。带着这样的教案我进行了重建，结果上下来发现孩子动脑的时间多了，而且他们也很愿意动脑筋提问，但上课过程中又发现了新的问题：课堂开放之后很多学生的提问在文中找不到答案，生成的资源不知如何回收，这是我之前备课未曾预料到的，但是在开放的课堂里是一定会发生的，此时我又陷入了迷茫中，不知如何是好。组内教师也都处于学习阶段，没有太多经验，没法提出确切的解决办法。那段时间几乎每分每秒我都被这个问题折磨着，连吃饭睡觉都会想解决办法，学校又特别忙，根本没时间修改教案。实在没办法我只好每

① 谢成.“新基础教育”英语教学改革年度总结交流会上的交流材料［R］. 内部资料. 常州，2013－06－21.

天回家备课。第一个想到的是翻阅理论书籍，希望能找到帮助我的线索。可是孩子还小，看到我回去总是吵着嚷着要我抱。为了既不影响工作，又能哄孩子开心，我就试着将里面的内容读出来，没想到她就像听故事一样听我读，只要我不停下来，就会乖乖坐在我身上，像个懂事的小大人。晚上等孩子睡着后我再打开电脑上网查询资料。就这样我一路摸索，多次重建，反复修改多次才定稿。最应该感谢的是朱明亚老师，她百忙之中还抽空来对我的课进行点评、指导及修改，顿时让我觉得思路清晰了很多，对“新基础”的课有了进一步的认识。大家都在出谋划策，尽力想把“新基础”的理念体现在我们的课堂中，想通过改变我们的课堂来改变学生的学习。4 月 11 日，我校终于迎来了生态区“新基础”研究在我校的第一次课堂研讨活动，也迎来了专家卜玉华老师。课后组内教师、兄弟学校老师、区教研员马老师以及卜玉华教授对本节课进行了点评。值得肯定的是我真正地把话语权还给了学生，把课堂还给了学生。当然这节课也存在很多不足，比如说忽略了对基础文本的处理，教学过程推进得太快，学生掌握不扎实等。卜老师的点评与建议给我留下了深刻的印象，也为我今后的教学指明了方向。在我校举办这样一次课堂研讨活动，更为我们全体英语组提供了一个很好的研究、学习的机会①。

第二节　在“突破口”处着力

一、着眼突破口，培育第一批“实践样本”

（一）必要性

在改革孕育阶段，首先需要聚焦重点、难点领域，聚焦最有希望率先实现突破的骨干教师，以便为后期更多领域、更多人参与改革种下“第一粒种子”，但这并不等于说这个阶段只顾及点而忽视面的发展。在改革者的心目中，一定要坚持“点上突破，以点带面”的原则。这包括两方面的理解：一是选择什么样的点进行突破的问题；二是点面关系的处理策略问题。

① 谢成.“新基础教育”英语教学改革年度总结交流会上的交流材料［R］. 内部资料. 常州，2013－06－21.

改革突破点包括改革者（教师）、改革什么（领域）、改革对象（学科、学生、组织制度等）多方面。

从内容而言，学校实践的核心内容是教学、学生工作和管理工作三项，其中教学与学生工作是学校实践的主要阵地，也是学校改革的基本领域。教学由各学科构成，大致包括语、数、外、音、体、美、物、理、化、政、史、地等各学科；按照我国课程结构体制，义务教育阶段，语、数、外是主干学科，其他学科是外围学科。这说明，学科教学是教学改革的基本单位，语、数、外三门主干课程的教学改革可以作为突破点，因为核心领域突破了，其他领域就容易进行改革了。就学生工作而言，班级工作是学生工作的主阵地，因此，以班级工作改革为突破口实现学生工作的整体改革也在情理之中。“新基础教育”的学校改革便是采取如上策略。

突破点既可以指向人与事这些可见的点，也可以指向不可见的点，如学校管理工作在实现重心下移，激活教师改革的积极性与提升发展的内在需求时，权力的再分配是管理工作的一个突破点，这是一个看不见的点，但却也实实在在地存在着的点。它是一个关系性的点，存在于关系之中。

其实，学校作为一个复杂的网络系统，人、事、物及其相互关系蕴含各种各样的点，每想突破一个格局或一种关系，都需要着眼于一个个的点。只是这些点处于学校系统的不同层面，需要学校改革者根据改革目标与任务灵活而有针对性地选择相应的改革突破点。而且点也可大可小，如备课组是学科组的点，学科组是整个学科系统的点，学科系统则是学校实践系统中的点。着眼于哪个点，取决于改革者站在哪个层面思考问题：当站在宏观层面时，中观层面是点；当站在中观层面时，基层是点；当站在基层时，个体人或事是点。也可以说，不同层面的改革者所面对的改革点是不同的，每个改革都需要找准自己的改革点。

就我们所了解到的许多学校变革而言，学校变革的主题主要是校长如何在教师队伍建设方面有所作为，而几乎不涉及学校教育教学活动的具体变革。实际上，管理变革和教师队伍变革只是教育教学变革的基础性条件或必要条件，而非充分条件，它们的改变并不必然带来教育教学的变革。这是因为教育教学活动变革是多线索的综合变革，这一领域的变革也最为复杂，它的转变不但要求教师能够清晰教育教学和学生工作变革的总路线图，知道如何变革的总任务、阶段策略以及基本的变革策略，而且要求教师必须能够清晰把握学生学科学习和发展的特点、教学目标的年段分布、教育教学的内容系统、教学策略系统以及它们之间的综合、动态规定与转换关系。所以，这也是我们在从事“新基础教育”研究中花力气最多的领域所在。

教学与学生工作是学校两大主要实践领域。下面，我们分述在此阶段，两大实践领域的改革突破点。

（二）课堂教学改革的着眼点和突破点:开放

受特殊认识论的影响，教师中心、教材中心和教案中心一向是我国课堂教学的基本特色。课堂教学主要以知识传授为主，教师主导课堂、讲解知识，学生被动接受、记忆知识成为课堂教学的主要互动方式。课堂中少数几位优秀生与教师互动，其余学生被动参与，气氛死气沉沉，缺乏生命活力是传统课堂教学的基本气象。因此，如何激活课堂，让课堂充满生命活力是当代课堂教学改革的基本使命。

所以在此阶段，教学改革需要围绕一个基本问题展开：如何开放教学任务，重心下移，激活全体学生的积极参与？与之相关的是教师课堂教学角色的转变，即从传统的讲解者，转变为任务的给予者、点拨者、组织者、倾听者、对话者、转化者与提升者。

开放课堂是课堂教学改革实现突破的第一步。开放与封闭相对。封闭的课堂是指课堂中学什么、怎么学都由教师事先预设好，课堂内教师按预设的步骤逐步把知识呈现给学生，这样的课堂常常是教师牵着学生的鼻子走，课堂教学顺利而不出现任何意外，但却束缚了学生自主思考的空间，看不到班级学生作为课堂教学的一个分子不仅是学习者，也可以是思考者，他们的所思、所想、所知、所为也是课堂教学的重要资源。所以，开放课堂就是要打破这种课堂教学资源观，打破教师和优秀生替代全体学生思考的状态，把课堂学习的主动权下放给学生，激活学生，让学生在师生、生生的多元互动中相互碰撞中学习与成长。

但是，如何开放课堂教学并不是一件容易的事，它涉及教师对开放度、开放方式、开放时机、开放后的互动等若干问题的理解与实践把握能力。以开放度为例：有时候教学任务开放度大了，教学任务难了，学生因不理解而无法参与；有时候开放度小了，教学任务过于简单，学生觉得没有挑战性而缺乏参与的兴趣。教学开放度的大小合适与否，与教师是否能够准确地解读教材，尤其是能否较准确地解读学生的学习基础、潜在能力以及可能的困难点密切相关。因此，看似只是课堂教学的开放问题，与之相关的是教师教材解读能力、学生学习情况的解读能力、以之为基础的目标制订能力，以及有条理地逐步实施教学目标的能力。所以，这一阶段，课堂教学改革通常要研究的内容是：

- 如何准确地解读教材与学生；
- 如何合理地设计教学目标与教学过程；
- 如何开放教学，有效地推进课堂教学。

在开展研究课堂教学改革的过程中，需要从一些基本的课堂教学课型入手，这样效果会更好。如小学语文教学中的低年级识字教学，中年级语段教学，高年级的阅读理解教学等；小学数学教学中的计算教学、数量与图形教学等；小学英语教学中的词汇教学、句型教学或语段教学等。这个阶段，教学研究活动应逐步呈现出序列化特点，如一个专题或课型的研究，常常要经过尝试、初建、重建等三个环节，通过这样的一步步聚焦过程，教学的开放问题、教材解读、学生解读、教学过程设计等诸多问题才能得以化解，取得突破。

（三）学生工作的着眼点和突破点:赋权

在我国，班级工作虽然与教学工作一样都是教师在学校生活中的主要工作内容，但教学工作常常更居主导地位，班级工作常常以为教学工作的开展提供支持而处于辅助地位，其独特的育人价值常常为人们所忽略，在升学竞争加剧的今天，人们更是意识不到学生工作对于学生学校日常生活质量和其健康成长的价值。于是，学生工作出现了一些不利于学生健康成长的问题：

- 班级主题活动常常因不顾及学生发展现实需求而开展一些“一刀切”式、自上而下地为旁观者而开放班级主题队会；
- 班级组织建设实行学生干部长期任职制，其他学生被剥夺参与权，权力意识、等级意识无形地扎根到了学生的心中；
- 班级岗位建设贫乏，无法为学生全员参与班级建设和承担班级建设的责任提供充足的平台，不利于学生责任意识、公共精神的养成；
- 班级文化成人化倾向严重，青少年文化体现不足；凡此等等。

因此，如何基于学生的成长需求，如何让学生全员、平等地参与班级生活的建设，如何在班级建设中培养学生的责任意识、公益心和组织、交往、沟通合作的能力等，成为当代学生工作的基本任务。

在此方面，“新基础教育”实验学校的基本策略是赋权给学生，让学生做班级生活的主人。

（四）学校系统变革的突破策略:点上突破，以点带面

对于学校系统而言，课堂教学和班级生活的突破都只是局部突破，如何以这种局部突破带动整个系统的突破呢？我们在“新基础教育”的研究中发现，“点上突破，以点带面”的策略极富意义。点面关系有两种基本的处理方略：一是先点后面，分步改革；二是点面并行，以点为重。选择哪种策略，要依据学校具体条件而定。

首先，先点后面，分步改革。这种改革策略常常是先从学校中某个领域开始改革，使这个领域的改革呈现出新的形态，有了突破之后，然后将此领域所

探索出的改革经验推广到其他领域。比如，上海市闵行区曹行中学的文理科教学中，理科教学基础较强，文科教学基础较弱，其中语文学科最薄弱，而该学科教师队伍又最大，教师们对改革的信心不足，观望心理强烈。在此情况下校长自身也曾是语文优秀教师，他决定先从语文学科教学改革入手，实现点的突破。于是他首先与语文学科教导、教研组长和备课组长进行了交流，达成了从语文学科率先实行改革的共识。接下来的一年里，校长每周亲自与语文学科教师一起研讨，和教师们一起解读教材、解读学生的发展情况、一起听课、评课和开展课后重建等一系列专题性的语文学科研讨活动。不到一年的时间，该校语文学科的研究氛围、改革信心大增，并创设了“接力棒式”的教学研究方式，让不同的教师参与同一类教学不同环节的研究，促进了合作精神的形成，也提升了教师教学能力，而且大家在参与过程中发挥各自智慧，彼此丰富了对教学的理解。这本身就是以点带面（以一件事带动更多教师的参与）的改革方式。一年以后，该校语文学科在一些基础性的教学课型如文言文教学、现代文阅读、写作教学等方面都有所突破，建立了较为清晰而完整的教学研究模型，并培养出了第一批能够进行教学改革的骨干教师。学年总结时，学校把语文学科的改革成果以教学实践展示、骨干教师经验交流会、教学案例分享等形式向其他学科教师开放，从而为其他学科教学改革作了多维示范。

当然，这个例子所选择的点是从最薄弱的、最难的领域开始突破，然后向其他领域推广，但未必是最佳方案，因为它所需的时间较长、难度最大，可能在短时间内难见成效，拖久了会耽误其他领域的改革进度。所以，有的学校则会从最容易突破的核心领域开始，因为这样的改革所需要的时间较短、见效快，容易为其他领域的教师改革树立信心。当然，选择哪个领域率先实现突破，要依据学校的人力、物力和基础而定，不能一概而论。

其次，点面并行，以点为重的改革策略。这种策略也是遵循先从点上突破的原则。点与面指涉不同的含义。有时，“点”是指同一学科中的几位改革骨干教师，“面”是指其他改革教师；有时，“点”是指某个学科，同时进行改革的其他学科就是“面”。这种改革策略有利于学校整个改革氛围的形成，有利于在教师队伍之间、学科之间增强竞争氛围，也有利于教师之间、学科之间相互借鉴。

总之，在改革孕育阶段，点上突破的意义重大，如何实现关键人、关键事、关键环节、关键条件的突破，是这一阶段的核心任务之一。

二、 把握好改革关键事件与日常推进的关系

在改革孕育阶段，令学校领导人头痛不已的另一关系便是学校日常生活与

改革生活之间的对抗。学校日常生活具有自在性，是学校重复性思维、重复性实践占主导地位的领域，这种生活的特点是同质性、习惯性思维与行为占主导地位，生活中人的发展主要是依靠实用主义、模仿、类比，以及对单一性事件的粗略处理为特征。这种日常生活对改革中的学校而言，一方面能够保证学校的正常运行，使学校在有序中逐步突破旧秩序，打破常态，建立新秩序；另一方面也可抵制改革的惰性。因此，学校生活还需要改革生活的激发与搅动，为学校日常生活注入活力。

当然，学校改革并不是简单地抛弃日常生活，而在于通过学校各类主体去改革现存的日常生活及其结构，使学校主体由日常生活中的“自在性生存”转向“自为性生存”，使学校中的各类主体由自发向自觉提升。只有自觉的学校主体才能够把自己的价值与教育活动的价值置于新的关联之中，知道何时可以凭借日常生活结构而活动，何时应当终止实用主义、重复性思维、重复性实践等日常生活的图式，而求助于创造性实践。与此不同，改革生活是以自觉性、变化性为特征。学校改革的目的之一就在于通过改革生活培养自觉的主体，自觉性主体的形成才能突破学校日常生活世界的束缚，使主体从传统的基于对提升学业成绩的“有限成就”的关注而获得的幸福，转向现代人所追求的“有意义的生活”，把学校变成师生真正的家园。

但是，如何在学校日常生活中进行改革呢?“改革生活”既不是生活中的一次性事件，也不是一种连续性事件。一次性改革犹如在平静的湖水上偶然投入一颗石子，然后一切便归于平静，这不是真正意义上的改革；连续性改革则可能犹如奔流不息的大河，一浪接一浪，使学校变动不安，影响日常的教育教学秩序。因此，理想的状态是“改革生活”与日常生活处于动态交织的发展关系中，“改革生活”以日常生活为基础，改造日常生活，又通过日常生活将改革形成的新认识与新行为稳固下，形成新的日常生活；如此以往，使学校生活永远充满活力。我们以图式的方式表示两种生活关系，如图 3－1 所示。

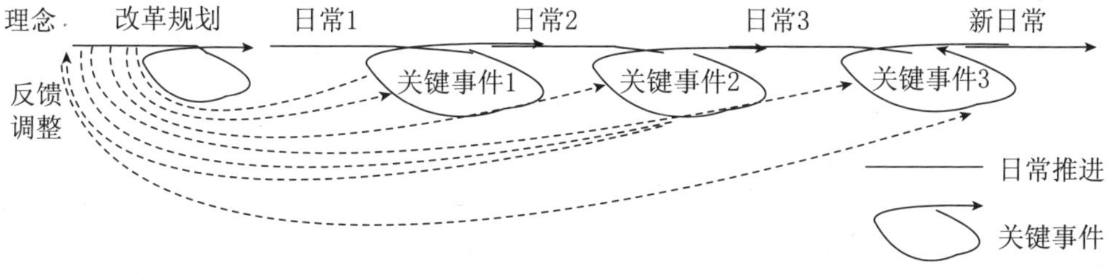

图 3－1　学校改革的日常推进与关键事件的关系

这幅图表达的是学校改革的日常推进与改革活动交互变化发展的总体图景。其意在于表达：学校改革需要在一定的教育理念下，既对学校改革进行整体和长程规划，还要转化关键事件，使之成为提升和改善日常生活的关节点，推动新的日常生活的生成。

关节点就是具有放大效应的关键性改革事件。最有力量的创新是改变日常实践，学校需要在日常生活的基础上开展一系列的改革活动。在理想的意义上，每次改革性活动一般都应包含四项内容：设计→实施→反思→调整。“反思”与“调整”在改革活动中的作用极其重大：有助于改革者诊断日常生活的进展状态，发现其中的问题与不足；有助于找到学校下一步改革的起点与策略；改革者在每次改革中都会收集到学校发展的强项与弱项，有助于学校改革总规划的进一步清晰与完善；还能消除日常生活中的部分问题，形成对学校生活的新认识和新行为。

相对日常生活而言，改革活动是学校改革进程中的关键事件或发展节点，它可促使参与人员走出日常生活的自在状态，进入自觉探究与反省的状态，既是对日常生活的反省，也是对日常生活的更新。在学校改革进程中，改革者需要充分利用每次改革活动，让更多的教职员工参与其中，有意识地拉长改革活动的准备期和后续期：拉长准备期，可使改革者有更多的时间研究自身、形成困惑、积聚问题，在改革活动中以供充分交流与碰撞；延长后续期，可有助于教师新的认识转化到日常生活中去，体会新认识，形成新行为，甚至建立新的日常生活规范，从而将改革成果逐步渗入到学校日常生活中去。如此以往，新的日常生活逐步通过改革活动确立了下来，学校便可由旧的发展平衡转向新的发展平衡态。

相较之下，我国很多学校改革不成功或不彻底的原因虽然是多方面的，但在改革推进过程中，学校不能充分放大每次改革活动，使之成为学校发展中的关键事件或发展节点，可能是重要原因之一。当然，能否放大学校改革活动的多元作用，不仅需要学校改革者善于组织和推进改革活动，更需要改革者有一份真诚的、非应付改革的心态，只有真诚改革才能相对准确地解读学校取得的进展、问题并找到解决策略。

第三节　学校支持力量的跟进

一、 偏差与误区

显然，教师变革心态的调整和变革能力的提升是一个艰难过程，仅仅依靠教师个人的努力并不充分，也不可能持久，它还需要来自同事和学校等方面的支持、鼓励和帮助。所以，在教师步入改革行动阶段时，学校同步支持力量的跟进就非常重要。但事实上，一些学校的改革负责人却不能提供及时而恰当的支持，原因主要有以下四点。

其一，学校领导把改革任务强加给教师之后，并不注重培养教师的变革能力，更谈不上用心诊断教师变革中的心态变化，也就不会仔细思考如何实施变革，常常使变革的美好初衷和愿望在实施过程中迷失，最终走向失败。

其二，学校领导常常把学校变革想象得十分容易，认为他校成功实施的变革经验，可以简单地拿来为己所用。当把改革项目引进之后，学校领导人往往不关注自身学校文化与他校的差异，在引进改革项目之后，虽然也会提供充分的物资支持，却因必要的支持措施跟不上而失败。美国教育研究者安迪·哈格里斯夫（Hargreaves）和丹尼斯·谢利（Shirley）对简单移植式的学校变革之所以失败的原因作了分析：人家是用了许多年的时间去不断累积、体悟、调整和重建之后，才获得了今日发展的新局面的，如果你只是把人家的经验拿来，不经历一定的过程累积，则这样的变革因缺乏变革者的真实成长与改革能力的形成而不可能有真正的生命力，当面对自身学校的具体情景时，教师不能根据实际需要作灵活适宜的调整①。再说，世界上没有完全相同的两所学校、两个班级。新手教师可以向成熟型教师学习，但是，他因自己的个人经验、理解方式、风格等差异并不能完全复制成熟型教师的做法。正如古希腊赫拉克利特的那句名言："一个人不可能两次踏进同一条河流，因为河不再是原来的河，人也不是原来的人。"因为这个原因，大至一个国家、地区、学校，小至一个班级的改革办法，都不可能作简单移植。

其三，还有学者发现，有的学校领导者虽然注重给教师提供支持条件，常常在变革过程中只关注组织、制度等方面的改革，恰恰没有把学生放在核心地位或首要地位，这样，他们无法充分了解变革是否能够真正促进学生的发展，而这恰恰是教师最为关注的问题，所以，当课堂中遭遇变革困惑或需要来自学校所提供的专业或其他方面的支持时，学校领导常常无法准确判断变革过程中教师真正的变革需求，提供的支持措施自然也就无法对症下药。对此，不妨打个比喻：改革领导人不关注课堂进展状况，犹如海面上的风暴只是搅动了大海的表面，但海洋深处仍然是岿然不动。

其四，有的学校虽然也能够围绕课堂教学改革提供相应的支持，但因为关注的多是改革方法的变化，不能从改革理念或核心价值取向的角度思考目标与手段的关系，常常使形式多样的改革活动不仅失去了灵魂，也缺乏针对性。比

① Hargreaves, A., Shirley, D. The fourth way: The inspiring future for educational change [M]. Corwin: A SAGE Company, 2009.

如，一位校长这样总结学校从事“新基础教育”改革的第一年经验时说：

“课例研究”是教师改进教学的有效手段。我校全体教师积极开展大小教研活动同步化（单周为小组教研，双周为学科教研）的活动模式。根据学科特点，在教研组层面进行“并列式”、“递进式”、“螺旋式”课例实践活动。教师通过团体一起开发课例，实施课例，反思课例，检查学生学习结果，分享教学成果，在经验学习的基础上进一步提炼课堂教学。

在教师个人的课堂教学研究上我们是这样做的：首先小组教师根据小组研究课题进行课堂教学，组内教师（6—8人）参与听课，接着执教老师进行“说课—反思”，然后组内教师围绕教师的个人小课题开展“评课”，大家围绕教学进行多侧面、深层次的剖析，挖掘闪光点和不足。与此同时，组内教师提出自己的设想，供大家讨论，在此基础上，开展“转转课”活动，即再请一位老师拿修改好的教案进课堂进行教学，从而达到资源共享。实现教育理念与教学行为的有机融合，实现反思和实践的整合，不断增加了教师的思考力、感悟力。

在校级课堂教学研究上我们是这样做的：以公开课为载体，进行多人反思重建的教研模式，组内开展上述的“转转课”活动。采用“集慧式”备课，或一人上一课，众人研讨；或多人上一课。从而对教学目标的确定，教学难点的突破，教学方法与手段的设计达成共识，博采众长，最后请组内一位老师代表本组在本学科中开课。公开课后，我们以学科为单位及时组织评课交流活动，首先执教者说出自己就这一专题的研究情况和教学设计（反思），接着由教研组长介绍课例形成的背景、过程，然后请各年级组教师进行点评，本组每位教师围绕执教者的研究课题结合课例进行答辩。评课要以研究、探索、讨论、鼓励、教学创新为主。

这样的课例，每学期每个教研组围绕子课题至少上公开课一次。通过课堂教学的“备，说，讲，评，思，献”六个环节来发现课堂中潜在的真实问题，共同寻找研究点、共同商讨、共享经验、共享成果。它凝聚着集体的智慧，激发了集体的创造力，在互动合作中共同发展。

除了常规的大小教研活动外，本学期更是积极开展一年一度的教学大比武和学案例评比活动，58名45周岁以下的教师一起参与，课堂对所有人开放，一周一个年级的老师参评，持续5周①。

---

① 2012年12月“新基础教育”扎根性研究总结会校长交流材料。

不难看出，这位校长在改革第一年给教师提供了丰富的支持性活动。但我们认为，仅有这些活动的存在是不够的，因为这样的活动即使不进行“新基础教育”研究也可以开展，它没有解决变革孕育期的一些关键问题，比如，这样的教研活动是在什么意义上开展的？仅仅有多种多样的改革方法，就一定能产生教学上所希望的变革成效吗？如果教师们的理解水平相近，都是在相似的教学观框架下进行讨论，可能强化的并不是新教育教学观念，产生的也不是新教育教学行为，而是传统的教育教学观念和行为。这样的研讨可能会促进教师之间的团结友爱氛围，但于教学改进的价值未必很大。

所以，自 1949 年以来，我国学校便与社会几乎同步迈入改革阶段，这期间出现了大大小小许多改革项目，有些改革项目持续了多年，但事实却向我们表明，改革之后的学校变化并不大。这与世界上许多国家的教育改革状况有着令人失望的结局是类似的：改革项目结束了，正如莱温（Levin，H.）所说，“留下了学校并未发生变化的基本结构”，“如此之多的改革却产生了如此之小的变化”。

二、 组织多元学习

为什么要组织教师们学习呢？诚如第一章分析所指出的，当代中国学校改革的基本性质是整体性、系统性和内生性。其中观念系统的转变是第一要义，然后才是行为系统、思想方法以及生活方式等方面发生深刻的改革。只有观念转变了，行动才能转变，思想方法才能更灵动地面对生活的变化不居与复杂交织；只有观念转变了，改革行动才会有方向，犹如行人有了眼睛与方向，才能够在改革中清晰要什么，不要什么，往哪里走，不使改革走得偏、走得歪；也只有观念转变了，教育者才能够不被一些表面现象所困扰，能够坚持走改革的创新之路。

从我国教师队伍的学历结构而言，改革开放以来的 30 多年，我国大多数中小学教师都是中等师范院校毕业，这类院校是新中国成立后，国家要普及义务教育，面对缺乏大量师资的情况，为在短期内培养师资而成立的。20 世纪 90 年代以前，这类院校主要着眼于培养教师教育教学的基本功，即“三字一话”（粉笔字、毛笔字、钢笔字、普通话）。如 1986 年召开的全国第一次中师培养目标研讨会的综述中还在强调：“会议强调中师生必备的基本功，如写字、讲普通话、制作教具、使用电化教具等，这是形成教育教学能力的基础。”[①] 因此，这

① 文怀. 明确培养目标，确定质量要求——全国中师培养目标研讨会综述［J］. 师范教育，1986（10）.

些教师的学科素养和教育学专业素养相对都比较薄弱，实践研究的能力更是单薄。虽然一些教师通过自学考试、夜大学、网络培训等多种方式，大部分教师都有了本科学历，但他们接受教育培训目的大多是为了获得一张学历证书，并没有实质性地提高学科素养、教育学专业素养和实践研究能力。当前复杂的学校改革对改革者（校领导和教师）的观念系统、专业素养、研究能力都提出了多方面挑战，显然教师们的准备并不充分，因而需要通过学习补充、提高与丰富自己的相关素养与能力。

再次，这次学校改革非同于以往传统社会背景下的改革，它是在一个新时代中，并为创建一个新时代培养未来新人的意义上进行的学校改革，需要在教育教学的观念系统、行为系统以及学校生存的基本生存方式都发生根本性转变的意义上进行的改革，这样的改革无疑是对教师已有观念和行为方式的批判式改造。对此，《学会生存——教育世界的今天和明天》早在20世纪70年代初便预见到了这一点，如报告中说："目前教育工作者的基本任务之一，是要改变一切职业固有的精神状态和资格；因而他们应该首先准备重新思考和改变教育职业的标准和基本情况，因为在这个职业中，教育与激励学生的工作正在稳定地取代单纯的讲课。"① 所以，这种学习不仅仅是一种补充性、提高性的学习，更是一种研究性、创新性的学习；不仅包括专业素养与教育教学素养的提升，更包括学习新的观念与行为方式方法。所以，我们不妨称这种学习是一种改革性学习。

那么，怎样的学习更有利于教师尽快了解变革的要求呢？孕育阶段，学校领导和教师对改革的价值、内容与方式方法都是比较模糊的，尤其是教师因对改革价值的认识不清或不到位，常常有畏难情绪，这时就需要学校领导率先以自上而下的驱动方式开展。前提是需要学校领导班子先通过学习达成对改革价值的共识，并形成进行改革的决心和信心；然后对中层以上的学校干部进行动员，鼓励中层干部积极学习，了解改革的价值、方向与内容。在此基础上，校长便可召开全体教职员的改革动员大会，让全校都知道学校改革的必要性、决心和信心，并发动全校教职员工开展多种方式的学习活动。

学习应当贯穿于改革的全过程，有意识地把"学习—思考—行动—再学习……"内在地沟通起来，使改革成为一个沟通学习、研究与实践，转变认识与行为相统一的过程。为此，此阶段的学校领导可向教师定期、不定期地推荐与改革方向相关的理论书籍，鼓励他们自主学习；还可以如召开理论学习交流会，组织实验骨干教师学术讲座、学术沙龙和报告会等多种形式，促进彼此的

① 联合国教科文组织国际教育发展委员会. 学会生存——教育世界的今天和明天［M］. 华东师范大学比较教育研究所，译. 北京：教育科学出版社，1996：259.

信息交流，如在“新基础教育”研究学校，学校在最初阶段一般会采取理论学习与实践指导并行的方式，双向理解“新基础教育”的核心理念。具体做法一般有：

- 学校保证全体行政和第一梯队的教师人手一份《“新基础教育”论——关于当代中国学校改革的探究与认识》、《“新基础教育”发展性研究专题论文·案例集》等理论书籍，通过自学、骨干导读、专题沙龙、全员分享读等形式开展理论学习活动；
- 在校园网上开辟“新基础教育”专题网站，要求改革核心组成员把自己的反思、研究、学习心得等反映在网上，一方面供学科组内的其他教师学习，另一方面便于学校了解、掌握该核心组的研究状态、核心组各成员的研究能力、成长情况等；
- 邀请“新基础教育”中心的专家教师来校指导，并与先进入此项目研究的学校结对，聘请各学科的专家来校引领、指导，提升核心组成员的研究能力。

凡此等等，可根据学校实际情况因时因人制宜，形式不拘。有必要说明的是：这里的学习不同于行政驱动性的学习。行政驱动性学习则是上级要求的，如学习某文件，未必与自身实践紧密结合，通常是一次性的学习。与此不同，这里的学习是为解决自身实践中的问题，通过实践分析与验证，然后提升教育实践成效，深化自己专业认识的学习，所以，又可以称为研究性学习。研究性学习既可以时时处处，也可以专题的形式展开，具有持续性、多样性和生成性的特点。

案例 3－1：江苏淮阴第一师范附属小学　教师学习

在进入实验之前，虽然我们组织了一些老师认真学习“新基础教育”的相关理论，在理念上表现出一些共鸣与认同，很是兴奋。但一旦进入实验，新的认识与心态问题就产生了：先是畏惧，感觉可望而不可及，再是畏难，在实验中无所适从，不知从何下手，既无借鉴的方法，也无效仿的模式，感觉渺茫。面对这些情况，学校开始了加强对领导与老师深入学习的培训。一是聆听“新基础教育”专家团队定期对我校教师的培训与指导；二是充分利用“新基础教育”区际校际间培训的机会，派骨干教师前往学习，本学期共派 8 批 22 位领导老师前往常州学习，收获颇丰；三是聘请淮阴师范学院教育科学的老师定期来校每两周一次进行课堂研讨，并对全体教师进行专题培训与指导；四是安排学校分管领导定期带领实验年级部教师学习“新基础教育”理论丛书；五是组织学习“新基础教育”其他实验学校的成功教学案例和教师成长案例；六是定期组织实验教师交流研讨，达成共识，相互激发。

通过不断学习、思考、探索与实践，学校管理者与教师们的思想理念、思维，及其工作生存方式在实验的过程中正在悄悄地发生着变化。过去，学校管理者大多以不断提高教师待遇来提高或激发教师工作的积极性、主动性，进而促进其发展。而加入“新基础教育”后，我们发现要激发教师工作的积极性，要让教师主动发展，要发自内心的热爱教育、热爱学校、热爱学生，让教师在日常研究性改革实践中，体验到自我的成长与价值的体现，并不断获得满足感与幸福感。在工作中，管理人员能主动积极地设计与策划工作，注重阶段性的工作反思，能较主动地去研究工作的状态，及时有效地把工作中存在或发现的问题处理好①。

当然，这个阶段的学习特点主要还是少数实验人员的学习，团队化学习相对较少；学习方式虽然多样化，但尚未建立起学习制度；学习内容也相对随意，不系统、不深入；学习积极性相对比较被动，主动性学习逐渐被实践需求所唤起等。但这些学习却是走向更系统、更深入，以及更富有创造性学习的必要前提。

三、 初步更新组织与制度的支持策略

在学校改革孕育期，随着学校改革的推进，学校原有的组织与制度很有可能会阻碍改革的顺利开展，这时原有组织与制度的更新便成为一种需要。

（一）以放权为核心，初步重组组织

1. 我国学校组织结构的一般传统问题。在我国，学校管理结构及其运行机制的基本特征是：“上级决策，下级执行；一人指挥，众人行动；统一任务，逐级演绎；套路相似，结构雷同。”② 这种管理结构，存在以下问题。

一是层级过于分明，管理方式主要是自上而下贯彻领导意图，决策信息的传递从学校领导层、经中层到基层，再由基层经中层反馈到领导层，因层次过

① 丁永真. 2009—2010学年第二学期学校领导与管理专题工作总结·在探索中发展，在发展中求真［R］. 淮安，2010.

② 叶澜. “新基础教育”论——关于当代中国学校改革的探究与认识［M］. 北京：教育科学出版社，2006：334.

多，造成信息的衰减，即使基层无法真实全面地理解领导层决策的意图与要求，也使领导层无法全面、准确了解基层的要求与执行的困难；中层在此过程中，也只是起到上传下达的作用，不能够积极主动地根据学校决策的精神和基层的实际状况作有效的决策性转化，从而影响学校决策工作的大局。

二是学校内部领域之间沟通不畅，教学、科研、德育、后勤各领域之间彼此分离，很难沟通。即使是在教学领域内部，语文、数学、外语、生物、化学、音乐、美术、历史、地理等各学科之间也因分科课程制而缺乏交往与合作。这种彼此分离、合作不畅的格局对学校发展产生了许多障碍。比如，教学与科研两项工作的分离，使得教师们认为自己的工作就是从事教学工作，与研究无关，认识不到研究有助于提升教学，教学的提升必须通过研究。同样，德育工作与科研的分离也会使班主任只是管理一些班级中日常事务性的工作，不能够自觉主动地在研究班级中提升班级工作的质量。对学校科研自身而言，科研变成脱离学校实践而从事的一项工作，使学校科研变成了无根也无目的的研究，其在学校中的实际意义也就不大了，所以，传统学校经常忽视科研工作的原因估计即在于此吧！

三是学校各部门之间职责不清晰，彼此之间或功能交叉或功能不健全，在承担责任上时常会出现相互推诿的现象，不利于学校工作的高质量完成。

在日常状态下，如上状态尽管存在问题，但学校日常工作基本上是能够运行的。然而在开展学校改革情况下，这种组织结构上的问题所产生的障碍就极大地凸显了出来。因为学校改革的过程即是通过研究自身实践、发现问题、寻找解决策略的过程，为了帮助改革者更清晰地了解自身实践、诊断问题和寻找解决路径，也为了放大一次改革的实践效应，学校通常的做法是：参与人员上，会要求同一领域的大部分甚至全体教师、聘请校外专业人士参与某次的研究活动；时间上，会要求实验教师拉长研究时间，在集中开展研究前先与几位教师进行教学设计，然后试教；集中研究活动后，为了深化实验教师的理解，会再要求他们上重建课或反思课。仅就人员与时间这两样要求，就意味着学校教导处要为实验教师和参与研究的教师调整课时，要求同一学科、同一年级的教师愿意让出自己的教学班让实验教师试教；还意味着，后勤部门能够提供接送校外专业人员的车子，安排吃饭和研究场所方面的服务。但是，在部门分离的组织结构状态下，由于各部门之间相互配合的力度不大，常常给从事改革的顺利推进造成了较大阻碍，所以，组织更新是学校改革中的必要环节。

2. 孕育阶段组织更新的一般要求：赋权。在此阶段，因只有少数骨干教师和实验教师进行学校改革，所以这个阶段组织更新主要是调整学校上下级之间的权责关系，由三级管理变为二级管理，附带一些因改革之需而增设一些临时性的组织，但较为随机和零碎。也就是说，这一阶段，校长主要思考的是如何放权给更为基层的部门，对学校组织进行整体改革的意识尚不清晰，当然，这时学校组织全部更新的条件和时机也尚不成熟。

学校组织更新的三级管理变为二级管理，目的在于加强学校领导层与基层的直接沟通空间，激活基层的改革积极性与创新能力。如原上海“新基础教育”实验学校①，在改革初期确立了一体化原则下的分层管理原则，其中，最直接的管理改革体现在二级管理模式的实施上，逐步制定了二级管理中占据主要地位的组室制度，重新修订了年级组长和教研组长的职责和义务，从而提升了组室长在学校管理中的地位和作用。教导处和政教处两个中层机构不再存在，这使得校长室能直接面对年级组和教研组，去除了中间环节，对基层的管理更加有效了②。

因改革之需而增设的组织，如上海市明强小学，在改革初期，为了促进首批实验教师的改革信心，学校成立了导师团，由校行政领导和首批骨干教师担任导师。每位导师负责带几位教师。此阶段组织更新所产生的积极效应非常明显。这所学校的年级组组长这样说：

> 在改革之前，年级组长是学校各种计划和活动的具体推行者和实施者。他只是把教导处的一些安排在办公室里布置和张罗下去，提醒老师及时交齐各种反馈材料。年级组长自己既没有规划，也没有真正的管理责任，类似木偶，上面拉一拉，下面动一动。两级管理模式推行后，组长在工作中的责任大大加强，他的远见和教育的智慧，直接影响着整个组室和这个年级师生的发展，也直接关系到学校宏观办学目标的实现③。

（二）制度更新

1. 为何需要更新制度。学校改革过程中，学校管理制度的更新基于三方面原因。首先，我国学校现存管理制度受传统企业管理思想的影响，无法体现学校管理的特殊性，从而使一些制度只是流于形式，发挥的作用较小，学校大多是靠经验或校长个人威信、情谊等因素实现。其次，大部分学校已有的制度多

---

① 该校于近年已改名“金汇学校”。

② 上海市“新基础教育”实验学校. 构筑“新基础教育”的实验天地，创建21世纪新型学校［G］//杨小微，李家成.“新基础教育”发展性研究专题论文·案例集. 北京：中国轻工业出版社，2004：98.

③ 曾伟. 强化年级组：学校二级管理体制的一种尝试［G］//杨小微，李家成.“新基础教育”发展性研究专题论文·案例集. 北京：中国轻工业出版社，2004：124.

强调约束性、评价性功能，且种类繁多，层次不清，容易压制人的积极性和创造性，不利于学校日常生活的创新。再次，已有的学校制度尽管很多，但已难以适应改革需要，原有制度需要赋予新的内容，管理者要敢于去除原来跟不上发展需要的一些规章。如上海市闵行区花园学校在改革初期发现，原有的备课制度是在建校初期不少教师还未能掌握最基本的教学常规要求，缺乏独立钻研分析教材的能力时制定的一套规范要求。但是在学校发展成熟之后，如果继续沿用原来的这套制度，就会阻碍师生的进一步发展。于是，他们就采用了"合作反思、整体优化"的备课教研制度，将个体备课与集体教研相结合，将课前设计与课后反思相结合，通过组内分工，重点设计，共同实践、合作反思重建的方法，改变了原来不少教师多年使用一个教案的状况，也减少了无效劳动，增强了实效，促进了教师业务能力的提高①。

所以，更新制度，以制度引领、规范学校改革，并把学校改革经验转化为制度，从而使新改革成果转化为新日常化的要求，就成为学校改革的内在构成。江苏淮阴师范学院第一附属小学校长在2009—2010年度第二学期工作总结这个阶段的改革体会时这样说："在开展'新基础教育'实验前，认为制度的作用只是约束人，而从事'新基础教育'学校改革后，我们才认识到制度不仅仅是约束人，更重要的是激励人，成就人。在学习与实践的过程中，发现我校已有的管理制度项目繁多，且有许多方面都已不适应改革的步伐，认识到学校管理制度的改革必须跟上课堂教学和班级管理改革的步伐，制度管理应该不是把人管理死，而是应该服从师生主动发展的需要把人管活，促进其发展。因此，调整与完善现有的学校规章制度是我们下学期乃至今后一段时间内的重要任务之一。"②

2. 制度更新策略。学校制度更新包括更新什么内容，什么情况下更新，以什么方式更新问题。每所学校的原有制度基础都是不同的，改革推进中的创造性经验或出现的问题也是不一样的，因此，我们无法具体描述改革内容，但学校改革过程中有三种情况出现时，需要进行制度更新。

一是针对原有制度进行修改，或删除部分过时、重复的以及无法发挥作用的制度，或修改一些重要的制度，使之更具有规范性、关怀性和激励性。如淮阴师范附属小学说："我校原有的师徒结对制度更多的是注重对教师做的硬性管理，学校指定师徒结对，师傅与徒弟都没有自由选择权。教师们一直以来习惯

① 戴霆钧. 学校新制度是怎样形成的？［G］//杨小微，李家成. "新基础教育"发展性研究专题论文·案例集. 北京：中国轻工业出版社，2004：127.

② 丁永真. 2009—2010学年第二学期学校领导与管理专题工作总结·在探索中发展，在发展中求真［R］. 淮安，2010.

于被动接受学校的安排，只是机械地完成学校的要求，不注重过程，缺乏灵动的、创新性的交往关系。为此，我们重新修改了师徒结对的制度内容，给师徒结对提供了更多的自主选择与结对的空间，从而有效地激活了师徒结对的主动性与积极性。”

二是根据改革需要，增设新制度，并在运行中逐步得到认同和完善。比如，为督促和激励教师的研究热情，有些学校的考核制度中，增加考核奖励的比重，期末不仅对全体研究人员进行了普通奖励，还开展了“先进团队”和“先进个人”的评选活动。

三是教师创新经验值得在全校推广，使之成为一项新制度。这种制度创新往往是从无到有的过程。开始时，它常常是某位教师的一些有效经验，学校领导发现其独特价值后，会有意识地先引导其他教师也参与尝试，经过一段时间，在大家尝试并逐步完善，取得实践成效而为大家所认可后，学校便可将之以制度的形式确立下来，使之成为新制度。

例如，上海市花园学校刚开始时，实验班老师为了体现学生立场，改革了原来的新学期家访制度。他们从访谁、访什么、如何访三个内容入手，重新思考家访活动。家访时，实验教师不仅要访家长，还要访学生，把学生作为家访的主要对象；访谈的内容不再是泛泛而谈，而是从性格、特长、习惯等方面展开；访谈的方式也注意让学生产生信赖感、亲切感和安全感。这次家访活动之后，家长普遍反映良好，缩短了家长与学校、学生与教师之间的距离，为家校合作奠定了良好的基础。学校认为这样的家访方式更能够体现教育性价值，有推广的价值，于是便鼓励其他教师也采用这样的方式方法进行家访。经过一年左右的实践完善，学校正式制定了《花园学校家访制度》[①]。

综上，此阶段学校组织与制度的更新尚处于零碎的、随机的、以约束和激励改革者为主要特点的阶段，更为整体的、系列化的改革尚未真正到来，这将是下一阶段的任务。

余论：坚持“成事”、“成人”价值立场的内在统一

在学校变革过程中，变革者始终要追问的一个问题是：我们或我所做的事的目的是什么：是出于成就某种事？出于成就人？还是出于成就事的圆满与人的发展的统一？这对关系所涉及的是改革者对改革价值观的理解问题。

成事取向的学校在改革过程中，只想到如何把事情办得更圆满，而常常忽

① 戴霆钧．学校新制度是怎样形成的？［G］//杨小微，李家成．“新基础教育”发展性研究专题论文·案例集．北京：中国轻工业出版社，2004：127．

略办事对于人的发展的价值。如现在学校每学期都会参与校级、区级或市级的教学研究活动，学校常常不能认识到教学研究活动的宗旨在于促进日常教学的改进，提升教师的专业发展水平，而是把这样的研究活动当作展示自己或为了获得奖励的机会，不惜代价地设计课和准备课，目的就是拿到最高级别的奖项。这本无可非议，问题在于学校常常忽视所为之事对参与者或其他相关人员的发展价值，即参与者从这样的活动中收获了什么，获得了什么样的经验教训，如何把自身亲历的经验与其他教师分享，把好的经验传递与放大出去，或从中汲取不成功的经验教训。这种成事立场当前普遍存在。

成事取向的学校行为，不仅常常忽视所为之事对于教师发展的价值，也常常忽视对学生的发展价值。比如，一些学校每年都会举办艺术节和运动会。但在举办过程中，却只让一部分擅长艺术或体育的明星学生参与，其他大部分学生都没有参与的机会。这种情况下，只有参与的少部分学生在此过程中收获了和成长了，但其他大部分学生都没有成长与收获。就艺术节的举办而言，这样的学校艺术节活动可能表面算是完满地举行了，但学校中大部分学生并未感受到艺术。之所以会出现这样的情况，因为学校首先考虑的是如何把艺术节办得风风光光，其次考虑的是只有懂得艺术的学生才能够把艺术节办得风光，但唯独没有考虑如何通过艺术节，向全体学生传递艺术气息，让大家都能感受艺术的美，学会欣赏艺术、喜爱艺术和参与艺术，并能够体会到艺术就在身边，艺术就是日常生活中的创造，人人都可以成为艺术的欣赏者与创造者。

与此不同，以“成人”、“成事”为统一价值取向的学校，既关注如何更好地完成事，也关注如何通过完成事以促进人的发展与变化，甚至更看重后者的价值。同样以上述教研活动为例。在这样的学校中，学校通常会让多人参与教学设计、试教和公开展示活动，目的不仅仅是集思广益，上出一节漂亮的教学公开课，更在于参与过程中让更多的教师受益，从中获得发展的养料。而且，公开展示活动之后，学校并不停步于成功后的喜悦或不成功后的沮丧，而是会组织教师反思、讨论成功的经验所在或不成功的失败教训，甚至要求教师能够再上重建课，目的就在于促进教师的发展。也就是说，“成事”、“成人”统一立场下的学校常常有两个特点：一是看重事的过程性价值，二是看重事对于人的发展性价值。同样，对于上述艺术节或运动会的举办，这种立场下的学校首先考虑的是如何创造空间让全体学生参与，让学生在参与过程中成长，其次才考虑艺术节活动的精彩与圆满与否。这时，学校可能就会首先让各班级、各年级先期举办一些能够让全体学生参与的各类活动，然后，再让不同类型的活动在年级内或年级间进行比赛，最后才选拔一部分精品节目全校交流。这个过程本身就是促进全体学生参与的过程。即使是在最后的全校活动日，学校也会考虑设计一些活动项目，能够让全体学生或更多的学生参与进来，即使所参与未必是艺术性的，而是诸如服务类工作，这对于学生的发展价值也是不可估量的。

显然，以育人为根本宗旨的学校，“成事”、“成人”立场的内在统一是必要的，也是应然的价值选择。杜威说，教育之外无目，意即教育除了人的成长外，还是人的成长，并没有其他目的。学校作为教育性组织，其目的就是成就人的发展：让教师不仅体会到教育教学并不是个单纯的付出过程，自身并不只是成就学生的工具，自身也需要发展，也需要通过发展实现自身的价值，使自己的人生过得更有意义。让学生体会到成长就是不断收获、改造自我经验的过程，就是自己的需求不断被激发，自己努力不断实现自身发展的过程。总而言之，学校改革需要成就诸如上文所提到的教学、管理、组织与制度重建之事，但这些事成的目的在于成就学校领导、成就教师，只有学校领导和教师发展了，学校的事才能够办得更圆满，才能够更好地提高教育教学的水平。

第四章
突破期：变革力的局部生成

从发展逻辑而言，孕育期之后，学校改革应当进入发展期。但事实上，从孕育到发展，并不像想象中的顺利，这既因为改革过程中充满了复杂性、模糊性和不确定性，也因为教师的理性认识水平和教育技术水平的提升不易，还因为改革者的情感体验、与同事关系的融洽和信任关系的复杂形成过程（Hargreaves，1994；2000，2005）。也就是说，学校变革真正步入新发展阶段，需要经过一个突破期。突破期代表着新旧两种力量（如观念、行为、态度等）在强烈对抗之后，新力量最终获得了自身的立足空间甚至居于优势地位，从而为学校的新发展打开了突破口。不经过这个阶段，学校变革便可能一直处于新旧两种力量相互牵扯的焦灼状态，不利变革顺利推进。所以，本章重点探讨突破期的意义。

第一节　困局种种

“新基础教育”研究经验告诉我们，学校变革是一个融合技术、文化和权力变革的多维度系统转变过程。但大多数时候，人们似乎只关注一个维度的变革，如当他们只关注技术性变革时，他们就会提供实验室、教育教学设备、课程或给教师新知识与技能的发展提供必要的支持；当关注学校文化变革时，他们会参与到教师的价值观、教育信念、规范方面；当试图改革学校权力关系时，他们的工作重点是建立有意义的教师团队、改善教师人际关系和氛围。事实上，学校变革是多因素相互缠绕的过程，在此过程中，教师会经受各种冲突，如果这些冲突不能成功解决，改革最终可能会走向妥协或失败。

在“新基础教育”研究过程中，我们发现，此阶段教师所遭遇的冲突大致包括以下几类。

一、　理想与现实的冲突

在“新基础教育”研究中，我们经常听到刚参与“新基础教育”的实验教师这样说：“‘新基础教育’的理念是好的，是一种理想境界，我们并不反对，可面对现实，它不能给我们带来奖励、提高待遇等方面的真实利益，这让我们很遗憾！”的确，“新基础教育”的理想是指教师要以学生的健康、全面发展为根本宗旨，不仅要关注学生知识、技能的掌握，更要关注学生其他方面的发展，如思维、能力、学习策略、学习态度、文化视野以及社会性品质，如合作精神、宽容大度、积极乐观、善于判断与抉择、勇于负责的精神等。现实是指学生面临着升学的任务，即便这些学生具备了这些理想性的素养，但现有的考试选拔方式并无法对之进行有效评价，这些素养也不是知识、技能可以衡量得出来的，而政府部门对教师业务水平的衡量却以学生知识、技能成绩为主要依据，这便是理念与现实的冲突。

二、　专业力量与行政力量的冲突

“新基础教育”认为好的课堂教学应当是学生能积极主动参与学习，师生能够在开放互动的课堂教学中相互激发与碰撞，并实现发展，关注点是教学过程和学生；而地方教研员却认为好的课堂教学是看教师教学的内容丰富不丰富，方式方法是否有趣，教师态度是否友善，关注点在教学内容和教师的表现上。这时，教师们的内心冲突感便十分强烈：我到底是听大学专家的主张，还是听教研员的主张？他们的困惑并不在于是大学人员的主张更有道理，还是教研员的主张更有道理，而在于如果我听取了大学人员的建议，那么，教研员可能会不承认我的教学水平，甚至会恼怒到阻碍我的职称正常晋升。记得一次，我在一所中学听完课，在评课时指出教师只关注教，不关注课堂中学生的学。那位上课教师听后颇不高兴地对我说："你们总是对我们的课堂教学要求那么高，可是我们的教研员又不承认你们的要求，我们到底听谁的呢？"

其实，这样的遭遇还会冲击到校长。比如，"新基础教育"的一位校长曾这样回顾：

> 当时的"新基础教育"理论还未被上级行政部门所认可，作为校长我只能带领大家顶着压力悄悄地摸着石子过河。为了能进一步地推进此项研究更快地摸索出些方法，我校还根据"新基础教育"的理念制定了一套学校的课堂教学评价标准，以此加大日常教学研究的力度。不想，自我尝试的改革标准却与区层面的评价机制存有异议，所以这阶段我校教师外出参加各类教学竞赛都未有所得；教师的实验热情也一度消沉。我不由地陷入了深思，不断地追问自己：实验这么艰难，又得不到上级部门的支持与肯定，"新基础教育"这条道路自己走得对不对？还要不要走下去？①

三、学生与教师之间的责任归因冲突

这主要体现在教师的教学观方面。我们在变革过程中不断地听到教师表达他们对教与学关系的认识："我们的责任就是教，把所要教的内容呈现给学生，学生的责任就是学习，理解和记住所教的内容；如果一部分学生没有理解和掌握这些知识或技能，是因为他们缺乏理解力或学习态度有问题，那不是我们的责任，我们无须改变教学。"但我们大学人员却认为，"所有正常的学生都具备学习能力，教师的责任就是想办法激励学生的学习积极性并让他们学得更好"。也就是说，不仅在教育观念上，而且在归因上，教师和改革推进者之间也存在冲突：教师通常认为学生学不好是因为学生的基础弱、学习态度不端正、家庭指导力不足和学习能力差等；而改革推进者则认为关键的因素不在于学生本人

---

① 朱乃楣．让生命开花［G］//叶澜，李政涛，等．"新基础教育"研究史．北京：教育科学出版社，2009：414．

或家长，而在于教师，教师的教育教学水平是决定性因素。

四、 教师个人观念与改革新要求之间的冲突

富兰（Fullan）曾观察道：“……教师个人的目的和观念是改革的始动因，它源于内部，赋予工作以意义，并不受所属的具体组织或群体的影响。”① 哈莫尼斯（Hammerness）也指出：在某种意义上，个人的观点可以看作是改革的起点，因为它们代表了教师对理想课堂实践的价值追求，这种价值追求恰恰体现了教学实践的理念核心②。格林尼（Greene）认为，这种个人理解影响着教师的行为方式，有的时候职业理想会影响他们对自我的积极期待，也可能让他们丧失自信心③。在“新基础教育”研究过程中，我们发现教师的确存在大量的个人理论。比如，他们评价一节教学课时会说：

- 这节课不错，运用了小组活动；
- 这节课把前后知识都关联了起来，我觉得这样的知识学习是系统的；
- 这节课运用了大量的游戏活动，孩子们很喜欢；
- 这节课把知识与生活世界沟通起来，孩子们容易理解。

也就是说，面对同一节课，教师们对优质课堂教学的理解是多种多样的：有的教师认为优质课堂教学应当是教学方法多样化，学生学得开心；有的教师认为优质课堂教学应当是教学内容丰富、教学程度流畅，学生学习顺利；还有的认为优质课堂教学应当是理解深入，练习扎实。

教师个人内在理论不仅影响他的教学眼光和行为，也直接影响着他对改革要求的接受状态。通常情况是，当教师个人的内在理论占据主导地位，虽然他可能满口说的都是新观念，但行为未必会真正发生了改变。我们从事“新基础教育”研究中经常遇到这些情况。当我们建议教师应当开放课堂教学，多给学生一些自主学习的时间时，他们常常会很困惑：教师教也是学习 10 个单词，学生自主学习也是学会 10 个单词，教师教的效率更高，学生理解和记忆知识的效果更佳，为何还需要给学生自主学习的时间呢？他们特别不能明白的是，教学除了教知识、形成技能外，还能够有何价值。于是，当我们向他们说明，知识和技能的学习固然重要，但在掌握知识与技能的过程 ，引导学生学会思考、形成研究能力、善于与他人合作的品质等都应当是教学应关注的重要育人资源时，

---

① Fullan, M. Change forces [M]. London: Falmer Press, 1993: 13.

② Hammerness, K. Seeing through teachers' eyes: Exploring the content, role and character of teachers' vision [D]. Unpublished doctoral dissertation. Stanford University, Stanford, CA, 1999.

③ Greene, M. Releasing the imagination [M]. San Francisco: Jossey－Bass, 1995: 5.

教师们会认为这是多此一举，甚至不现实。

我们的一位研究人员曾回顾过这样一件事：

案例 4-1：教师个人内在理论对变革实践的影响

有一次，某实验学校要承担一个开放的研讨活动，校长推荐了一位新进入实验研究的资深教师承担开课任务。为帮助这位教师上出体现“新基础教育”理念的课，我与他一起共同备课。我用自认为比较清晰的语言，从分析教材的知识结构到育人资源的开发，从学生的前在状态到各种可能的预设，从分析教学的育人价值到具体策略的选择，从教学过程的大问题设计到学生资源的捕捉，从提出师生互动的核心问题到各种组织形式的考虑，从教学过程的层层推进到有机过渡的语言组织，等等，比较具体地表达了期望的新课堂形态。在备课过程中，我一一详细地讲述，侃侃而谈；实验教师则是一一不漏地记录，频频点头。我很高兴实验教师对“我”的教学方案的认同，也十分期待我们之间“无障碍”的沟通效果。然而，第二天这位教师的“试教”却把昨天意在体现新课堂形态的方案，上成了以往课堂教学实践的形态：教学虽然提出大问题，却没有重心下移；组织形式虽然有多种，却没有互动生成；学生虽然参与了活动，却没有产生育人价值。这个“老母鸡变鸭”的过程让我大跌眼镜，更出乎意料。

冷静下来思考，“老母鸡变鸭”的现象使我认识到：这个“新”的教学方案对于教师而言是“外在”的，不是教师通过实践琢磨体悟而生成的，故而呈现出原有“内在”于他的“旧”的实践形态，实在情理之中了。

这些发现让我认识到个人内在理论对于个体发展的重要作用，即教师如果没有“新”的理论形态由“外”向“内”的实践性转化，也就不会有“新”的实践形态由“内”向“外”的创造性呈现①。

在这个例子中，教师个人观念与改革新要求之间的冲突不仅体现在教师与改革推进者之间，还体现在自己的观念与行为冲突上。在此例中，这位上课教师可能并未真正想抵制大学教师的主张，只是受自身观念的束缚，他无法理解对方的真实意图。所以，这意味着，教师如果要成为新变革行为的示范者，从

① 吴亚萍．在历练中超越自我［G］//叶澜，李政涛，等．“新基础教育”研究史．北京：教育科学出版社，2009：56-57．

观念到行为的多重突破是必需的条件。

五、 人际关系与理性认识间的冲突

下面是一次教师研讨活动，这是个典型的情感交流事件。会议是改革第一年第二学期的秋天，李老师讲述了他在实施植物教学单元的教学感受。

案例4－2：教师间的情感交流对变革的影响

李老师：孩子们很喜欢观察植物！我们把在学习岩石单元用过的放大镜拿去观察植物，蜜蜂、花粉……我感觉好极了，因为我看到孩子们喜爱科学，也学到了许多知识。我开始不再害怕上科学课了。

张老师：我也是这样，我过去常常害怕教学失败，但现在我越来越喜欢上课了。

这个交流表明，两位教师之间是一种自在而真诚的交流关系，她们都对用新方式开展教学感到有了成就，在交流彼此的感受并承认自己以前有害怕的心理。她们人际空间是轻松而愉快的，这允许她们敞开心扉表达情感、意见和不确定性的认识。有研究就指出人际空间或心理空间某种程度上即是建立相互支持与合作关系的中介①。

但是在有些情况下，教师间的关系会产生一些无法预期的问题从而影响到教师之间在变革中的真诚合作与信任。在下面的例子中，王老师和朱老师是同一年级同学科教师，已经有了十多年的亲密合作关系，多年以来大家一起备课，相互听课，分享教学资料，在遇到问题时彼此鼓励。在改革中，她们都认为应当维持原有的关系。亲密关系让她们很享受。有一天，我们去听朱老师的课，并给予了充分肯定后建议她向全校教师开放。朱老师很兴奋，她认为学生课堂很活跃，开放度和互动度都让她很满意，她觉得自己似乎看到了新型课堂教学的形态。但是，她又担忧地说：“我知道王老师现在的课还不能达到这样的状态，让我在全校老师面前展示，我有些犹豫，我不想出风头。”朱老师很纠结自己的成功会影响到她与王老师的友好合作关系。也就是说，当人们合作较久的时间之后，人情关系的保持要远重于他们对教学效果的追求。再说，教学改革

① Acker, S. Carry on caring: The work of women teachers [J]. British Journal of Sociology of Education, 1995 (16): 21 - 36; Blackmore, J. Doing emotional labor in the educational market place: Stories from the field of women in management [J]. Discourse, 1996, 17, (3): 337 -352.

的成功也离不开王老师的参与，很多时候是她们俩共同商讨的结果，如果把这只归因于自己的功劳，必定让王老师不高兴，影响到她们十多年的友谊。下面是她们的对话：

朱老师：学生状态很积极，也在积极思考。

王老师：这么多学生都要求发言，乱哄哄的，我的头都晕。要是我上这节课，我就会预先想好怎样让他们按秩序回答问题。

朱老师：让他们学会倾听，听完人家的发言后再举手，不要只想着自己要说什么，还要学会听人家在讲什么。

王老师：对的，我下节课就要让他们学会课堂中的发言规矩。

这段对话表明，朱老师努力站在王老师的立场上思考，即使她不一定认同王老师要让学生学会发言规矩的意见，但她也不会表露出来，因为她觉得人情关系要比教学观点的争论重要得多。我们后来与朱老师作了进一步交流，问她为什么不提出自己的真实看法。她说："我和王老师的友谊比世界上的任何事都重要，为了友谊我可以放弃一切。"事实上，在朱老师的内心深处已经产生了冲突：一方面，她为自己教学的成就而欣喜，另一方面，她的教学伙伴不能与她分享这种成功的快乐。

这个例子表明，信任、合作、意义分享和道德支持都在改革过程中受到了挑战。朱老师自己的情感需要和经历与王老师出现了不一致的地方，但王老师相信朱老师不会出风头，朱老师也感觉即使她们的观念不再相同自己也有义务维持原有的合作关系。这个例子表明了人们的合作关系也会对变革产生负面影响。

在我国的学校中，教师们以教研组或备课组为基本单位开展教学合作工作是非常普遍的现象，这本身促进了教师之间的情感关系。但有时这种人情常常会成为变革的障碍。大家为了维持和气的人际关系，说话的人选择讲"好话"，而回避自己对问题的真实看法；听话的人也喜欢听"好话"，而不喜欢听批评意见。久而久之，造成了大家无法面对真实的教学问题展开真诚的探讨，教学研究成效不高，令一些教学研究成为形式。

总之，通过以上分析，可以看出此阶段的教师处于理想与现实、专业力量与行政力量、新旧观念与行为、理论与实践、专业理想与现实条件，以及理智认识与人际情感等多种力量相互冲突的多重困局之中。因此，如何突破这些困局成为学校变革能够走出改革突破期的重要任务。

第二节　合力走出改革困局

一、借力专业人员

（一）为何要借力

改革是件不容易的事情，进行自我变革更是不易。在理想的意义上讲，一所学校的变革力量除了外力推动之外，最终需要学校各类主体的主动性、能力和情感投入。但在初期阶段，一项改革理念再好，如果不能在实践中被证明具有可行性和先进性，那么，这样的改革最终也会因为诸如上述的多重阻碍而无法扎根在土壤之中，很可能走向失败。因此，变革过程中改革推进者的作用就极为重要。作为变革的外部第一推力，变革推进者需要在教师遭遇自身无法解决的问题时及时伸出手给予化解；当教师因胆怯而失去信心时，给予必要的鼓励或惩罚；当教师理论与实践的转化出现纠结走不出困境时，需要给予指导或请他人提供帮助，如此等等，不一一枚举。正是基于这样的理解，实验学校自愿选择与我们“新基础教育”合作开展学校变革研究，我们便采取了“实地介入式的研究”。

采取这种研究方式的另一个原因是，“新基础教育”研究是一项理论本位的变革性研究（Theory - based change）。这种研究性质决定了它的理论观点始终是改革的精神灵魂，需要始终在全过程中贯穿它，用它作为参照系指导改革。如此，理论本位变革研究中的“实施”便具有特殊意义。它不同于一般情况下人们把实施当作是按照要求开展某项活动、运用某种材料，或忠诚地做某件事的过程。理论本位的学校变革研究关注的焦点主要是变革实践人员对理论的领悟状况：是否真正认识、理解和实施了改革的精神要求，而不仅仅是他们做了哪些活动。实施即是教师同化与理解改革精神要求的过程，也是教师在实践中建构与创造的过程，它是融学习、实验、反思与创造为一体的过程，甚至可以说是发明的过程。如果缺乏对改革基本理念的认识，教师甚至会发明一些有害于学生学习的活动。比如，经常有教师让学生围绕一个教学任务，开展各种形式的活动，这样的活动经常对于学习目标的实现是无效的。一次，我在一所学校听一节小学四年级的课，课上教师要教同学们一英语单词“run”，他先是带领全班同学和他一起读了 3 遍，接下来的步骤是：把学生分成男生和女生再读 3 遍，再按排从左到右读 2 遍，按行从后到前读 2 遍，再用击鼓传花的方式从第一个同学一直传到最后一位同学，每位同学拿到绣球都要读 1 遍单词。最后，他让学生排成队列，一个个地边跑边说“run”这个单词。

这节课总共变换了 6 种方式，学生读了 12 遍“run”这个单词。课后，那位老师很自豪地说：“你看，学生多有兴趣；每个学生都动了起来！”只是他没有去思考，这样的学习内容是否太单薄。我们深深地体会到没有理论作为指导，教师就看不明白教学背后的真正追求，更加不会对自己的教学实践进行有效的反思与重建，实践发展自然不会很快。

（二）怎样给力

1. 听课评课活动中渗透新理念的指导。我们最初的介入焦点主要针对教师头脑中的个人理论，让“新基础教育”理念进入他们的观念视野。如一位“新基础教育”研究人员所说：

> 一方面，我们帮助教师通过实践实现对抽象理论的理解和内化，促进教师主动实现个人内在理论的认识更新。例如，叶澜教授强调要将“教学”作为一个整体分析单位来认识课堂教学的互动生成过程。许多教师难以理解这个整体单位的抽象意义，教学中常常会出现对立或割裂的二分现象。我就结合教师的实践对教学关系的整体单位作出具体解释，并在此基础上形成帮助教师通过教学“放与收”的环节设计与具体实施，来体悟教学作为整体分析单位的互动生成关系的论文主题。另一方面，我们还引导教师自觉地在自己身上实现理论向实践的转化，促进教师主体体验个体内在理论对于个人实践发展的促进价值①。

最初介入实践的基本方式是与教师们一起听课评课。听评课时，教师们关注较多的是教了什么内容，用的方法巧妙不巧妙，我们则是从学生主动学习的角度看教学，关注学生在教学过程中的反应状态，有何精彩之处，还有什么困惑，如何根据学生的真实学习状态调整教学策略等。但是我们的这种介入方式在此阶段中经常遭遇一些教师的抱怨或抵抗：“‘新基础教育’做起来就是很难，因为没有操作模式！”为此，我们花了很多力气努力帮助教师们理解一种好理论才会真正产生好实践，而不是只为学习几种教学方法；方法没有价值的引领，方法也可能伤害真正有价值的东西。但是，教师仍然很焦虑，他们觉得这样改

① 吴亚萍. 在历练中超越自我［G］//叶澜，李政涛，等．“新基础教育”研究史. 北京：教育科学出版社，2009：57.

革要求太高，不仅要有理论，还要把理论转化为实践，而指导人员却不告诉他们应该如何做！于是，我们鼓励教师要学会一点点突破，不要期待一下子上出完美的课。比如，这个月突破课堂教学的开放性问题，课堂教学的开放性问题解决好之后，下一个月可以开始考虑课堂教学中的互动问题，再下一个月解决课堂教学中学生资源如何有效回应与转化的问题。要边破边立，最终实现课堂教学的整体转型。

当然，从抽象的观念转化为一个个具体生动的教学实践是逐步破旧立新的过程，这样的转变过程并不容易。如一位实验教师所说：

> "新基础教育"对于我们每个人都是全新的，作为学科负责人，我只有硬着头皮率先尝试，凭着自己对"新基础教育"的粗浅理解，不断摸索着。但是，受习惯势力的干扰，虽然整天念叨着"把课堂还给学生，让课堂焕发出生命的活力"、"重心下移"、"开放教学"、"动态生成"、"资源回收与提升"……在课堂上总是情不自禁地牵着学生走，不敢"把课堂还给学生"。生怕还了之后，难以完成规定的教学任务。实验遇到了空前的困难，我自己感到焦头烂额，我的同伴们也只能束手无策地干着急①。

2. 以课型为抓手，开展专题研究。面对教师们的困惑，教学改革的进展非常缓慢。我们发现：实验教师教学的进展状态极不稳定：有时，课堂教学的问题是因为开放度不够；有时是因为教学目标定位不准，课堂虽然开放了，但因目标定位过高或过低，教学达不到理想的要求；有时是因为课堂教学过程逻辑混乱，东一下西一下，表面上每个任务点都开放了，但整体过程因为缺乏逻辑，学生仍被教师牵着鼻子走；有时，教学目标不同，但教师会简单地把其他教学课的方法拿来使用。凡此等等，说明教师如要能够整体把握教学的目标与方法、过程与结构、开放与互动、互动与生成、生成与转化之间的多元动态关系，需要聚焦式开展较为系统化的研究。因此，我们把教学研究的策略作了调整，决定开展专题研究，以课型研究为抓手。但我们对课型研究并没有多少经验，何况课型研究本身要求研究者具备综合把握的能力。我曾对第一次进行课型研究做了记录：

> 第一次专题活动由上海普陀区洵阳路小学的蔡琼燕、卞蓓苇老师

---

① 马伟伟."我"与"我们"［G］//叶澜，李政涛，等."新基础教育"研究史. 北京：教育科学出版社，2009：541.

承担，一节小学一年级的词汇教学，一节三年级的句型教学。为了保证专题研究的质量，左老师和我们一起参与了从备课、上课到评课的全过程。这次备课是在华东师大教育学系叶老师的办公室进行的。从下午1点钟开始。事先，两位老师已经准备了一个教学预案，由她们先说说教学目标和思路。在设计教学目标时，左老师不时地问两位老师：学生以前学习过什么了？要求到什么程度？如果再增加一些难度或要求，学生能否理解，如何把学习资源化为教学资源，等等。在设计教学过程时，左老师还不时地引导我们思考：每个环节如何让学生主动起来，如何让更多的学生参与到教学过程中，如何将生成的教学资源有效地利用起来？什么样的教学指令更易于学生理解？如何从上一环节过渡到下一环节？如何使整个教学过程充满挑战和乐趣？……围绕着这些问题，我们四位在仔细地商讨着，清晰了一个个环节之后，让蔡老师或是卞老师清晰地言说一遍后，再进入下一个环节的讨论。就这样，我们从下午1点一直备到晚上8点才结束。第三天，专题教学向基地学校的骨干教师开放了，效果果然很好！……蔡琼燕老师带的一年级学生虽然只学了3个月左右的英语，但整个英语课堂教学充满了活力，学生几乎都被自然地卷入教学过程之中，积极思考，生成的英语资源出乎大家意料之外；卞蓓苇老师的三年级的课堂也是精彩纷呈。教师们兴奋地交流着、热烈地讨论着、思考着教学特点和成功之处①。

其实，我们在后期以及在后来的推广性阶段，都多次采用这种专题推进的方式，对学校教师的快速成长起到了极大的促进作用。那么，道理何在呢？这节课结束之后，我在研究日志中这样写道：

大学人员参与教学改革的推进策略中，正面示范策略可能要比问题批判策略效果更好，最起码正面示范策略是一种必不可少的教学推进方式，因为它是建构性的；问题批判式的策略虽然有助于分析教学中的问题，让教师了解他们自己教学的问题所在，但它属于分析性、解构性的。这两种策略应该是互补关系。

3. 召开学期计划会和总结会，促进教师的自我反思力与策划力。这是我们

① 卜玉华．出入局内外，学读两种书［G］//叶澜，李政涛，等．“新基础教育”研究史．北京：教育科学出版社，2009：385－386．

介入实践的第三个基本策略。几乎每个学期初和学期末，我们都会开展这样的计划会和总结会，其目的：一是促使校长和教师回顾自己一段时间以来的收获与困惑，以总结经验，明确发展过程中可能出现的问题，为下一阶段的发展找到现实起点；二是督促校长和教师要真诚投入研究与改革，而不是应付，尤其是要他们想清楚改革是为谁而做，为何而做，而不是为华东师大课题组而做，更不是为了某项外在的荣誉而做，而是为学校的发展、学生的健康成长而做，即明白改革的价值取向问题；三是有助于分享改革的成功经验和新思路，形成进一步发展的动力，因为在总结会和计划会上，大学人员、校长、学校各领域的负责人和教师们齐聚在一起，负责人和骨干教师的发言，让他们能够在发言中相互启发，同时也在比较中形成进一步发展的动力。

一位校长说：

作为基地学校的校长，其第一责任人的一项基本任务，就是在课题组每学期的开学和结束，都要召开的基地学校学期研究计划和总结的全体交流研讨会上代表本校作报告。总结要梳理出一学期经验、亮点、问题和不足，还要思考后续的重建等①。

一位校长这样回顾一次学期总结会对她的冲击：

案例 4－3：推动校长对学校变革的反思

会上华东师大课题组听完实验教师的汇报后中肯地指出：教师只是罗列了一年来做了些什么，没有思考过为什么这样做？有什么问题？怎样做更好？没有能够将实践与“新基础教育”的理论紧密联系起来，出现了“两张皮”的现象，包括平时的教学实践，也看不到课堂的明显变化。这说明教师的理论学习尚浅，反思能力不强。

面对课题组老师的评价，教师们无言以对，我的内心更不平静：作为新上任的校长，选择参加实验是希望通过改革实践把学校推向一个新的发展平台，我投入了相当的精力。与此同时，我还把大量的时间和精力投入到上级部门布置的工作中，带领教师积极参与各级各类竞赛、活动，力图包揽每一个奖项，想以此来肯定自我的工作。所以在这两年中，我和教师们两头应付，做了大量的事，但都没有能取得

① 何学锋．从懵懂到自觉［G］//叶澜，李政涛，等．“新基础教育”研究史．北京：教育科学出版社，2009：426.

预料中的效果……“鱼和熊掌不可兼得”，我告诫自己必须静下心来想明白，“对于学校的发展什么才是最重要的？”只有想明白了才能规划学校今后的发展方向。

……三天的静心思考，使我对“新基础教育”的认识由懵懂逐步走向清晰，我决心摈弃一切杂念，将“新基础教育”作为今后学校的工作重心，真正全身心地投入研究，关起门来和全体教师一起夯实基础，勤练内功，尽量减少不必要的竞赛与活动。在经过深思熟虑后，我将自己的想法与教师进行了交流，并付诸行动，这一干，就是10 年①。

从这位校长的发展体验可以看出，学校发展的价值自觉正在她的内心越来越强烈，但生活或许就是这样：困惑或疑难会成为那些愿意迎接挑战的人的发展动力，而不是阻力，这种动力会催使他们自觉自发去寻找解决的办法。在改革的过程中，我们曾遇到许许多多这样的愿意迎风走路的校长和教师！而这正是“新基础教育”最为关注的人的发展，唤醒校长和教师发展的内在自觉，才能够为他们坚持变革夯实根基性的内在支持。叶澜说：“认识当前中国教育改革的时代要求与民族意义，把改革提出的一系列挑战当作时代赋予自己的机遇，以主动、积极的姿态迎接，而不是消极、无奈地应付，投身于学校变革的实践中，这是教师提升发展自觉的首议之题。”②

二、 校长：自觉做学校改革的第一责任人

“新基础教育”研究的创始人叶澜教授曾深刻地指出：“人在发展过程中会形成自我意识，人不仅有能力能动地改造 、建构外部世界；人，唯有人，才有能力能动地改造建构自己内部的精神世界并控制选择自己的发展方向”，所以说“一定意义上人的命运是由自己决定的，教育的重要任务是赋予人把握自己命运的意识与能力”③。当代德国教育学家底特利希·本纳（Dietrich Benner）也表达过相似的观点，即“只有人才具有可塑性，而且只有人能够要求和被要求主动”，教育者始终都需要思考如何与受教育者的主动性联系起来，因为只有通过

---

① 朱乃楣. 让生命开花［G］//叶澜，李政涛，等. “新基础教育”研究史. 北京：教育科学出版社，2009：414.

② 叶澜. 改善发展生境，提升教师自觉［N］. 中国教育报，2007 - 09 - 15.

③ 叶澜. 个人思想笔记式的15 年研究回望［G］//叶澜，李政涛，等. “新基础教育”研究史. 北京：教育科学出版社，2009：145.

主动性人才能成为人①。

的确，在如上的各种困局之中，我们课题组研究人员在想尽一切办法促进教师改革的过程的同时，实验学校的校长和教师们自身也在努力地寻求破解适宜自己走出困局的各种方法。

校长自觉做学校改革的第一责任人几乎是“新基础教育”学校改革中的第一要求。

（一）身先士卒：在学习中清思，做教师发展的合作者

我们经常遇到这样的校长，在改革的一开始，充满热情，通过开动员会、制定相关的激励制度等，能够一把火将教师们的改革热情烧起来；但是，改革并不是只要有热情就能够完成的，它还需要有改革的能力，需要静下心来研究自身发展中的问题，分析问题产生的症结所在，并寻找相应的策略。其中，校长作为改革的第一责任人，也要求同样如此。比如，上海洵阳路小学的朱校长这样回顾在此阶段学校改革的所思与所行。

案例 4-4：校长做教师发展的合作者

我定下心来认真研讨了叶澜教授主编的《“探索性”研究报告集》，通过反复、深入地学习，从一个个“疑惑”到渐渐理解、认同和接纳，我对“新基础教育”理论内涵的理解也在不断提升——“新基础教育”是从人的生命高度和基础教育的整体出发开展的研究，是实实在在地研究学校的发展，具有先进性和前瞻性。

……进入实验后，我清醒地认识到，作为校长不仅是开展改革研究的第一责任人，还应该是引领者和实践者，我的行为将对实验起到决定性的推动作用……从那时起，我就给自己定了条规定“上午不处理事务，进课堂听课”。那时的我对外出开会尽量精减，能不去尽量不去。每天一进校，放下包，就进入实验班听课评课。每次总先听两三节课，再与教师进行研讨。不知不觉一年下来自己的办公桌上竟堆起了厚厚的一沓听课笔记，详细记录下了近400节课。

另一位校长也如是说：

“新基础教育”研究从开始进入就全力关注并推进课堂教学改革，也要求作为学校层面研究推进的第一责任人校长，要重点深入各学科的课堂教学改革，尤其是要亲自参与听课评课。因此，经常性深入各

① 底特利希·本纳. 普通教育学［M］. 彭正梅，译. 上海：华东师范大学出版社，2001：59，68.

学科教研组，与教师一起研究探讨，一起听课评课便成了校长必须要做好的一项“基本功课”①。

（二）搭建平台，激发教师的变革自觉性

校长作为学校变革的领导人，不仅自己要思想和行为上都有转变，同时还要学会搭建平台，激发教师的变革自觉性，提升教师的变革能力，这是校长作为领导的重要任务之一。比如，在此阶段，“新基础教育”实验学校校长们的做法不一，有的着眼于平台搭建，如上海市普陀区洵阳路小学的做法是：

案例4-5：搭建平台，激发教师的变革自觉

由于教师来自于四所不同的学校，教师队伍参差不齐，大家普遍缺乏学习的主动性。于是我制定了一系列学习制度，希望通过这些学习活动，能促使教师深入学习“新基础教育”理论，改变理论与实践脱节的“两张皮”现象，并进一步唤醒教师自身的发展意识。我每月组织四次学习活动，即“科研例会”、“科研沙龙”、“读书交流会”、“教学研讨活动”，每次都由我亲自策划主持。我精心设计学习主题，寻找学习资料，每一次都做好充分的准备。刚开始时，老师都不敢说，怕说错，我就带头谈自己的思想观念、观课体会。我还指定中心发言人，每次都做到先看教师书面发言稿再组织交流。经过一段时间的锻炼，教师们的主动性增强了，敢说了，也说得有条理了。

除此之外，每个月，我还借助教师的“科研札记”和专栏“我想对你说”与教师交流自己的人生感悟、学习心得。虽然工作量相当大，“札记”一回就是70多篇，专栏回帖一次就是几十条，但通过阅读、回信、交流，我不仅从一个侧面了解教师的专题研究动态，了解教师课堂教学实践中的成功与问题，更多的是与教师进行心灵的对话，通过交流给教师精神上的支持与鼓励，通过交流与教师形成了共同的价值观、学生观。渐渐地，“自主学习、不甘落后”在教师中蔚然成风②。

有的校长着眼于组织变革，搭建实践平台，如上海市闵行区华坪小学的

① 何学锋. 从懵懂到自觉［G］//叶澜，李政涛，等.“新基础教育”研究史. 北京：教育科学出版社，2009：426.

② 朱乃楣. 让生命开花［G］//叶澜，李政涛，等.“新基础教育”研究史. 北京：教育科学出版社，2009：416.

做法：

> 在校务会上，我提议改变学校的部分组织体制，将以年级组为单位的办公室调整为以学科教研组为单位，让不同年级的同一学科各梯队教师有机会在一起切磋教艺；召开华小青年教师工作会议，“压担子、架梯子”，狠抓青年教师教学行为习惯的改善；还运用“拜师学艺”、研讨课“接力棒”与非行政专业社团沙龙等形式，让所有青年教师登场亮相，促进他们专业发展的主动性。果然很快有了动静。一些原来不声不响的青年教师，呈现出主动进取的倾向，并有明显进步，逐渐改变了教师发展梯队的分布状态①。

还有的进行评价制度改革，激发教师的专业成长感。这时，一些学校开始尝试对在改革中表现突出的教师给予评价上的激励，如让改革有体会、有收获的教师不定期地在全校亮相，汇报研究感受；给这样的教师提供改革研究的便利条件，如减少教学班或增加外出学习的机会；并在年终给予适当的资金鼓励。

三、教师：在积极探究中寻求突破

虽然我们在上文花了大量的篇幅陈述大学人员和校长作为变革推动者的主动变革作为，但并不等于说教师在此过程中只是被动接受理论人员的建议和校长行政力量的督促，相反教师本人就应当是主动自觉变革的主体之一，何况大学教师、校长的推动与支持也只是教师能否主动变革的外在驱动力，属于可能性条件，真正的变革动力应当来自于教师本人的职业发展自觉。事实上，由于我们选择教师最基本条件之一便是他们要具有自主变革的愿望，虽然他们在变革中也会有困苦、迷茫和疑惑，但通常不会轻易服输和放弃自我，而是自主地寻求各种破解的方法。

1. 在理论学习中寻求认识的突破。这是教师自觉突破自我的关键行动之一。他们知道，观念上的清晰是正确行动的前提，理论学习的需求也就自然提升了。比如，一位教师这样说：

> 不知不觉中，从来都拒绝也不敢尝试阅读的理论书籍，从那时起却成了我包里随身携带、床头随手翻阅的工具书；从来都觉得专业书

① 王叶婷. 在感动中前行［G］//叶澜，李政涛，等. “新基础教育”研究史. 北京：教育科学出版社，2009：437.

籍枯燥无味是最好催眠药的我，却饶有兴趣地开始了摘录、批注、札记等有滋有味的阅读生活①。

2. 在自身教学实践中实现行动的突破。理念清晰之后，行动上的转化也至关重要；而且，只有行动上有了突破，教师改革的体验才能真正在内心深处扎根生发。比如，一位教师这样回忆自己当时的行动及体验：

我开始学习独立理解教材，不迷信于教学参考书；我在专家手把手地指导下学习重组教材，打破匀速教学的传统；我开始研究学生，关注学生的前在基础、潜在能力和差异；我尝试设计弹性化的教学方案，课堂上关注学生，学习调整教学方案；我开始注意培养自己的倾听能力、捕捉资源的能力，开始尝试组织课堂互动；我不再追求对问题的"标准答案"，而是欣喜于学生思维的火花、独特的见解；我不只是传授知识，而是和孩子们一起发现知识产生的过程，总结学习的方法，形成教学的结构②……

3. 在交流对话中实现多元突破。一个人的理解视域毕竟有限，有时也很难认清自己，但两个及以上人的交往就会在相互启发中彼此借鉴。因此，努力与其他同行教师、专家等进行交流，也是教师实现突破的重要渠道。如下两位教师的体会说明了这一点。

师1：这节课让我清晰地认识到，仅仅通过个人解读的"新基础教育"理论不一定正确。要有实践现场的沟通对话、课题组老师的引导，才更有助于自己实现由点到面的认识系统的重建③。

师2：作为学校的第一责任人，每次听课后都要进行现场评课，对于新加入研究的我来说是挑战，但是我没有退缩，与吴亚萍老师面对面地交流。吴老师即时的追问、关键处的回应点拨，与课型结构相应的专题报告，朴实的形式，丰富的内涵，让我经历了理论从模糊到清

① 高鸣鸿. 我变了什么？［G］//叶澜，李政涛，等. "新基础教育"研究史. 北京：教育科学出版社，2009：485.

② 郑煜. 从教语文到享受语文［G］//叶澜，李政涛，等. "新基础教育"研究史. 北京：教育科学出版社，2009：479.

③ 姜明红. 走进春天［G］//叶澜，李政涛，等. "新基础教育"研究史. 北京：教育科学出版社，2009：495.

晰、从实践感悟到理性提升的过程①。

其实，任何一位教师的突破，都不是某个单一因素的结果，而是理论学习、实践探索、对话中反思与重建等因素的综合催化。也就是说，如果某教师在某次活动中瞬间产生了顿悟，这绝不只是这次活动的单一催化，而是前期累积效果在此时此景中的涌现！从累积到涌现、从量变到质变本身就是事情或事物演化的规律，人的认识与行为变化又何尝不是如此呢！

第三节　变革力的初步生成

学校变革是不断面对多种因素相互交织所构成的困局，集各方改革力量齐心协力给予突破的过程。经过一段时间的努力之后，改革的成效自然也是多方面的，不但实验取得了一定的自我突破，还创生了一些改革经验，这些经验对学校整体而言也是一种突破。

一、 课堂教学研究的突破

突破表现在多方面或多个层面，最初的突破首先是教师们已能诊断出课堂中存在的问题，这是改革找到实践针对性的前提与基础；接着，教师们要能够分析出问题选择症结所在，否则就可能因为归因错误而致使策略选择走偏；最后是选择最佳策略，解决问题。这三个层次是步步为营的关系，每个层次的突破，都是教师新观念和新能力的体现。

（一） 课堂教学问题诊断的突破

基于此阶段教学研究与探索，有些善于学习、善于在实践中探索的实验教师们开始越来越清晰课堂教学存在的问题，表现在以下几方面。

其一，教师们开始能够理解教学重心高的表现及其负面影响是：自己总是在预先设计好的教学框架中进行教学，无视课堂教学中学生学习的真实状态，一厢情愿地向学生灌输知识，学生学习被动；教学互动时，常常以少数优秀生替代全班同学。

一位教师这样说：

---

① 周志华．打开思维的窗［G］//叶澜，李政涛，等．“新基础教育”研究史．北京：教育科学出版社，2009：437.

我当了十几年的教师，一向认为教师在课堂上，因为学生不会，或只有少数优秀生才会，所以，都是我讲得多，学生只要安静地听、认真地记忆便可。现在，我才明白，这样做是重心太高了，剥夺了学生主动思考的时间，有时只让少数学生发言，也是对大部分同学参与学习、表达自己思想的剥夺①。

其二，教师开始能够从育人价值的角色思考教学目标定位是否合理，认识到教学目标的传统定位主要是只关注知识的传递，把知识教得多，教得顺利看作是教学成功的标志，其实教学本身还有培养学生的思维、能力、态度和品质等任务。一位参加了“新基础教育”研究半年左右的教师这样对我说：

刚开始，我读了一些叶澜老师有关课堂教学方面的文章，她说现在最大的问题是老师们在知识的框架内教学。我就想，教师不教知识，应该教什么，离开知识思维和能力怎样培养呢？最近，我体会到，教学不是不要教知识，而是不能仅关注知识教学，要在知识教学中培养学生的思维、能力和人格品质②。

其三，一些教师开始对自己在课堂教学中的角色有了体会，认识到自己不只是一位知识传递者或正确答案的提供者，而首先是学生学习状态的倾听者、转化者和提升者。一位教师这样回顾自己的认识：

我的突破是有一天我尝试着把教学内容放给学生先思考。让我想不到的是学生们竟超乎我的预期，表现得极好。之后，我又尝试了这样的做法，发现现在的我已经不是单一的知识传递者了，也不再是寻求正确答案的钓鱼高手了，而是一个初步的倾听者和调动者了③。

当然，各学科存在的具体问题也是不一样的，如语文学科教师还会发现，语文课堂教学存在着“四重四轻”现象：“（1）重大纲规定的教材内容，轻生活中语言能力的培养；（2）重读写，轻听说；（3）重书面知识学习，轻能力、态度、习惯的培养；（4）重单项零星知识的操练，轻综合实际运用。语文教学

① 陈怡琼．在“新基础教育”中期评估座谈会上的发言［R］．内部资料．上海，2013.

② 李元元．在“新基础教育”中期评估座谈会上的发言［R］．内部资料．上海，2013.

③ 寇志霞．在“新基础教育”中期评估座谈会上的发言［R］．内部资料．上海，2013.

中，对培养学生主动性的研究不够，存在着教师垄断课堂和少数学生参与课堂教学机会多等现象。”① 而英语学科教师会发现，课堂中最大的问题是教学目标点状化，教学过程混乱无序，以活动替代主动，学生被老师牵着鼻子走，学习被动，死记硬背情况普遍存在等。

（二）课堂教学在初步开放中释放新气息

课堂教学的问题诊断只是变革的第一步，那么，如何由破到立，重建新型课堂并不是简单的事情，因为立新比破旧更难。

对于我国传统课堂教学而言，课堂教学突破的第一步便是开放课堂。然而，从封闭走向开放并不容易，一是因为教师们不知道如何放：问题放大了，学生无法回应；问题放得太小了，学生没兴趣参与。开放度怎么把握？二是因为教师不敢放，因为教学问题可能放得恰当了，但常常会生成许多意想不到的课堂情况，学生们会给出许多不同的想法，包括错误的想法，教师不知如何应对，如何引导。习惯于井然有序的教师们，忽然发现开放的课堂不确定性增加了，挑战性也大了，教学内容很有可能完成不了，而且有些问题甚至是教师自己也不知道或无法判断的。于是，教师就产生不安全感，不敢开放教学。

然而，对于那些敢于自我挑战的教师，课堂一旦开放，他们就会从中体会到开放后的课堂所呈现出的新气象。教师会惊喜地发现，原来学生比预想的出色，自己原来还可以换一种角色。

比如，小学语文《爱之链》教学中的一个环节是：

教师：乔依是一个怎样的人？

（学生讨论交流）

学生1：我认为乔依很热心。他看到这位并不相识的老妇人时能面带微笑。发现老妇人很紧张时，他赶紧上前用语言安慰老妇人。

教师：还有谁关注了这一部分内容，你也是这样想的吗？

学生2：我认为乔依原本自己已经很苦了，但是还能这样去做，这就很了不起。

教师：这位同学提到了乔依的处境，阅读小说就是要关注故事的背景，再来品读人物细节。

（学生继续交流）

学生3：文中提道，乔依的内心很是凄惘，也就是说，他的内心很

① 李政涛，吴玉如．“新基础教育”语文教学改革指导纲要［M］．桂林：广西师范大学出版社，2009：17．

> 绝望，已经不抱任何希望了。大家想一想，一个心境到了这种地步的人，一看到老妇人，却马上面带微笑，赶紧上前安慰。他真的太善良了①。

从这个片段，我们可以看到教师在教学中不再是单一的讲解者，而是启发者、对话者、转换者，学生则是积极的参与者、思考者，课堂成了思想与思想、认识与认识、情感与情感等的交流与分享，这样的课堂是丰富的、充满活力的，也是动态的、生成的，具有生命特质。当然，如果教师能够进一步指点、转换、综合、转换，教学的质量会更进一步深化与提高。

二、班级生活呈现人人参与的新质素

我国传统的班级建制和文化具有以下特殊性。第一，在教学与班级管理的关系上，我国一向把班级管理作为教学活动开展的辅助条件，强调管好班级有利于教学有效开展，所以管理色彩极为浓重，班级生活的育人功能受到忽视。第二，金字塔形的组织结构。即在塔顶上的是班级干部，处在塔腰的是各类中小队长或组长，处在塔底的是学生群众。这样的班级组织结构之所以长期存在，主要也是因为它利于维持班级秩序。一些学生长期居高位，班级生活的方方面面都由他们负责完成，养成了这些学生干部的骄傲恃宠心理，不利于其健康社会性的养成，而对于学生群众，则容易养成他们顺从的性格，不自信的心理，以及因长期不参与班级生活建设，容易滋生狭隘的个人主义。第三，班主任工作以“管”为主，尽管每周都会有班级会议，但这些会议常常都变成了班主任的训斥会或教导会，班主任不注意解读班级学生的发展状态，尤其是不善于从教育角度思考如何提升学生的发展需求。

对此“新基础教育”的一些实验学校，曾花大力气研究了这些问题，用“把班级还给学生”的口号来概括我们改革探究的重点，把“还”字作为改革的突破口，从而在三方面取得了突破。

（一）班级组织角色关系的多样化、动态化设置

这包括班干部培养与轮换和班级岗位设置与轮换两方面。

1. 建立班级小干部轮换制。建立这一制度的目的是：改变学生干部在班级中作为“特权阶层”的地位，提供让更多学生在班干部岗位上锻炼的机会；通过竞争上岗，加强学生群众对班干部的帮助；使每一个学生都明确当班干部不

① 江苏常州市局前街小学．姜明红执教教学片段实录［R］．常州，2008．

仅是光荣与信任，同时也意味着更高的要求和更多的责任。班干部要努力地为大家服务，而不只是教师的“情报员”和“代言人”。改革强化“干部”能上能下的观念，淡化“终身制”的意识，增强学生承受变化，挫折的能力和自信心。在我们看来，这些都是学生在未来社会中生存发展所必备的品质和心理素质①。

在探索过程中，一些班主任发现，为了使更多的学生得到锻炼，也不至于使自己每次都事事亲自培训新班干部，那么，就需要如下几项重要做法。

• 确定主要班干部岗位的轮换比例不低于1/3，不超过2/3，在2/5—3/5之间较为合适。

• 轮换时间不宜过度频繁，每学期一次，每人可连任一次，也可轮换下来以后再次上岗。

• 班干部轮换选举，事先自愿报名，竞争上岗，无论选上选不上，都要持积极态度。

• 新一轮班干部选出后，要做好与原先班干部群体的交接工作，提出自己的工作计划，让同学评议。

• “下岗”班干部可参与别的岗位，新干部工作时也可请他们参与和提供帮助。

• 班级表扬先进时，要表扬那些不担任干部后仍然积极为班级服务的同学。

这样的班干部轮换较好地激发了学生参与班级管理的积极性，学生自主管理班级的能力也在逐步提升；班主任也会在此过程中发现学生的能力，从而进一步信任学生。在我们的实验班里，有的班主任甚至会把班级活动的策划、主持也交给全体学生，允许提出多种不同方案进行投标，然后由全班学生评选。中标者承担活动主持并进行全部组织工作。这样，每一次班级活动的前前后后都成为学生学习、锻炼、提高的过程和丰富多彩生活的构成。

2. 增设班级岗位，把主人的地位还给学生。在我国，学生班级生活的岗位一般包括：管理类和服务类。管理类就由上述的学生干部承担，为数甚少的服务类工作就由值日生轮流承担。在师生观念中，管理类工作是一种权力、荣誉和信任，地位高；而服务类工作则是一种义务，地位低，甚至是老师处罚学生的手段。这样，就在班级生活中因岗位类型而形成了权力层学生和群众层学生，大家地位有别、荣誉有别，对培养学生健康的干部观和责任观都有着潜在的消极影响，即容易培养一大批沉默的学生群众和一小批骄傲自满的学生精英。因此，如何让每个学生在班级中都尽责任，让每一个学生都养成健康的岗位观和

---

① 叶澜，李政涛，等．“新基础教育”研究史［M］．北京：教育科学出版社，2010：31.

责任观，便是当代班级管理的重要任务。基于这样的认识，“新基础教育”的实验学校在此阶段有以下主要做法。

第一，根据班级生活的实际需要，增设多种有明确目标与任务、集体生活中所必需的岗位 。岗位和任务最初由教师提出，并征得大家的同意。以后由学生自己决定是否需要改变。岗位可根据实际需要合并、分设、取消或增加。

比如，华东师大附小实验班在保持原来的班级干部和中队、小队干部职数的前提下，又增设 5 大类 30 多项的岗位，如表 4 –1 所示。

表 4 –1　华东师大附小实验班新增岗位

岗位类型	岗位角色
学习类	语文、数学课代表、学习组长、早读检查员
知识类	气象记录员、小园丁、生物小组、图书管理员、饲养小组
活动类	宣传小组、接待员、评分员、记录员
服务类	卫生员、小报员、守门员、包干区卫生员、清洁箱保管员、雨具水壶摆放员、乒乓台负责员
行为规范类	仪表检查员、安全岗、财物监督员、视力监督员、节能员、午餐管理员

这些岗位一般随年级升高会有变化，每学期轮换一次，有的岗位是 1 人负责，有的是 2 人负责，有的是 3—4 人负责，有的是按日全班轮流上岗，基本保证了班级中人人一岗。班级岗位也有层级的差异，增设的岗位主要是在低层次上，工作具体、明确，只要有责任心就可以做，适合于一些从未担任过干部的学生来做。对于轮换下来的小干部，可以找机会让他们到更高的岗位工作，使之继续得到锻炼和提高。

第二，建立角色动态分配制。由于学生是成长期的未成年人，他们需要学习和体会多种社会角色，在不同的岗位上得到多方面的锻炼，发现自己的长处与不足。所以，我们的一些实验班就推行了班级岗位动态分配制，以便他们体会更丰富的角色意识，如图 4 –1 所示。

图 4 –1　班级岗位分配每月轮值表

其一，最内圈上写着“每月一轮”，第二圈上是一个个同学的名字；第三圈上（即最外圈）是与同学名字对应的班级岗位。只要每个月转动中间的名字圈，每个同学对下一个月岗位角色便一目了然。

其二，老师有意识地把服务类、知识类、学习类或能力类的岗位进行交叉安排，目的是让同学们都能相互体验不同岗位的重要性，不因岗位是否含有高要求而彼此贬低，而是相互学习与帮助，学会尊重不同岗位。

（二）变革主题班队会

在我国中小学校里，基本上每周都有班会，但这些班会常常被班主任教师当作班级总结会、表扬会或批评会，用于处理日常事务，很少就学生发展中的问题或根据学生的发展需求，开展一些具有主题性的、引领性的主题班队会；即使有些主题班队会，也常常是完成上级布置的任务，因无法贴近学生而不能真正触动孩子们的灵魂。而实际上，一个能够贴近学生发展状态的主题会，会发挥集体力量，引导学生精神生命的成长。比如，在“新基础教育”实验学校，我们尝试着改变班级活动模式，促进学生个性健康和才能的充分发展。

实验班班级活动的开展主要围绕四个方面进行。一是一日生活的几个活动环节：晨会、午间、放学和值勤。二是阶段性的班级活动，如选举班干部，班级岗位的轮换，评价总结活动和各种阶段性的竞赛活动。三是配合学校的主题活动，如每年三月的妇女节“爱妈妈活动”，四月的“植树节”活动，五月的“劳动节”活动，六月的“儿童节”活动，九月的“教师节”活动，十月的“国庆节”活动，十二月的“迎新年”活动等学校里举行的大型活动。四是与思想品德课相结合的主题班队活动①。

学生个性才能的多样性及发展要求方面的广泛性，从本质上决定了以开发学生的潜能、促进个性发展为重要价值的班级活动应丰富且多彩。为此，实验班采取了多种多样的形式，如讨论型、竞赛型、展示型、欣赏型、小品型、操作型和综合型等。

（三）创建丰富多彩、积极向上的班级环境

班级文化建设是从班级环境创设开始的，它能以生动活泼的形式，积极健康的内容，把对学生的思想教育寓于可感知的情景中，造成一种意境，让学生从踏入班级的第一天起，就产生一种愉快感，逐渐形成认同感。这些环境因素潜移默化地影响着学生日常的思想行为。为此，“新基础教育”的实验班从五方面入手进行了班级环境的创设，如表 4－2 所示。

---

① 叶澜．“新基础教育”探索性研究报告集［M］．上海：上海三联书店，1999：160.

表 4－2　“新基础教育”实验班班级环境的创设

环境类型	具体策略
文化性物质环境	如班级中的标语、图画、图书资料、教具用品等
社会化环境	如让学生参加具有文化传统的中秋节、元旦、元宵节等，使学生受到传统文化的熏陶；创设具有社会仿真特征的班级岗位轮换制，使学生对社会性行为与社会角色获得感性认识和真实体验；让学生参与具有劳动服务性的活动，让学生获得各种人际交往的能力与多种社会性情感的体验等
参与性环境	如我们有些实验班创设的“生物角”、“制作园”等，为学生提供便于他们动手动脑的机会条件，也便于他们实践操作和选择活动内容
挑战性环境	如一些住宿制的实验学校，从入学起就教学生自理生活、管理班级，克服对教师和护理阿姨的依赖思想
心理环境	如一些实验学校把全班分成几个小组，每个小组都有自己的特色，如英勇顽强、奋勇搏击的“雏鹰小组”，守纪律、讲文明的“大雁小组”，辛勤耕耘的“蜜蜂小组”，每个小组都要为维护小组的形象而努力，并能恪守本组的纪律

经过如上五方面的改革，班级生活就会呈现出人人参与的新气象。比如，我们对此阶段的发展进行总结：

实验班学生目前已经表现出了令人欢喜的积极发展倾向。当然，我们的学生并不是“完人”，他们表现出的一些好品格还只是刚刚出土的幼芽，也还有不少缺点，如在纪律方面有时表现出自控力不够等，每个学生的发展也不平衡。

目前实验班的教师在班级管理方面的观念和行为有了较大的改变，主要表现在教师已不再是班级中唯一主管的角色，不再简单地发号施令，而是开始有时间注意调动学生的积极性，启发、诱导学生形成个人和集体共同的目标，能抓住易被学生忽视，但对他们的成长来说具有重要意义的“小事”进行讨论，形成良好的制度与习惯……这对班级生活的改变很关键。因为班级生活的改造，决定性的、先行性的变化首先是教师，不是学生①。

① 卢寄萍，卜玉华．小学班级建设新模式的研究报告［G］//叶澜．“新基础教育”探索性研究报告集．上海：上海三联书店，1999：176.

三、 教师实现了自我突破

教师的突破有很多类型，有的是认识和价值立场上的突破，有的是思想方法上的突破，有的是教学行为上的突破。某种意义上，突破即是转换，旧质被打破，新质有所建成。

（一）对教学改革理念的实践内涵有了更丰富的认识

这一时期，教师们进一步理解和认同改革理念，并认为新理念下的课堂教学才是真正值得追求的课堂。但经过这段时期的探索，教师对课堂教学的体验有了新变化。比如，“新基础教育”的一位教师说：

> 原先，我以为只要学生能够掌握知识，管它黑猫还是白猫，“新基础教育”无非是方法与我的不同罢了。但现在，我的体会变化了：课堂教学过程是一个动态的创造过程，教师的重要任务之一就是激发学生积极地思维。“新基础”一再强调激活学生的思维，我在实施教学过程时，首先考虑的是我提出的问题有没有思维含量，每节课中有多少个开放性的问题，我为学生创设了什么样的开放性的情景。有了这种开放性的教学设计，使得学生在课堂有更多的思维空间，才能不断生成新的资源，从而进一步推进教学。
>
> 例如 3B M2U3 Clothes 一课，原本我们在设计教学过程时，想直接从语篇入手，让学生读了语篇之后寻找相应的信息，从而展开教学。但后来发现这样的教学方式虽然整体性比较强，但开放度不够，也不利于教师了解学生对服饰描述的语言基础。基于以上原因，我们在呈现文本前增加了由学生介绍自己所穿的服饰这个环节，再过渡到文本的学习。在这个开放的活动中，学生不但自信大胆地介绍自己所穿的服饰，同时他们所有的旧知识都被激活，从服饰名称到服饰颜色，再到服饰功能等。虽然学生表述的内容有些缺乏一点逻辑顺序，有些存在一点语法错误，但在这个过程中，教师从学生处收集到了有效的内容来建构适合学生基础的文本，同时也为学生后面新课的学习做好了铺垫①。

---

① 卫智琴. 教学研究体会总结资料·从我的课堂教学谈起［R］. 内部资料. 上海，2012.

（二）从被动到主动，变革心态积极化

对教师而言，变革过程总是充满着奇妙的感受，有时会因为课堂中的某个新变化而高兴，但很多时候会因为一次不理想的课而苦恼、沮丧很久，甚至有退出变革的念头，尤其在变革孕育期，这样的念头会时不时地闪现。然而，或许是因为困惑本身就是财富，当自己在困顿中不断寻找光明，东撞西碰地偶然看到了一丝光线时，光线就很可能成为走向新天地的开端。在变革过程中，我们就发现许多教师需要经过这样的过程，需要有一次突破性经历，像光一样地照亮他，让他顿悟，并看到新的希望。

比如，江苏常州市第二实验小学高鸣鸿老师曾执教了《小稻秧脱险记》一课的公开教学。教学伊始，她呈现了课前复习的两组词语，接着问学生一个开放性问题："读词语中，你又发现了什么？"没有想到，这个问题引发了学生的热烈思考，生成了丰富的教学资源，围绕这个问题，师生共同回顾了课文内容、梳理了文章结构、分析了典型人物形象；后来，高老师的一个即兴简笔画又引发了学生的争议，课堂生成的资源远比教师本身的预设更丰富、更精彩。这堂课得到了在场教师的充分肯定，课堂实录也在参赛中获得一等奖并发表在人民教育出版社出版的《课堂动态生成资源的理论与实践》一书中。正是这一堂课，极大地鼓舞了该位教师，她说：

> 从那时起，一贯按经验行事的我竟然发现内心滋生起强烈的改变愿望和积极的探究心理，新的行进方式正在不断形成。
>
> 初涉"新基础教育"，我变了：每天都有阅读的愿望，内容也从以往偶尔的教育刊物拓展到学术论文、专业书籍；每天都兴奋地带着新的思考，新的期待开始新的尝试，收获新的快乐；每天都渴望能有人与我一起分享改变和创造的愉悦，课间的办公室里、家庭的晚餐桌上，我总是乐此不疲地谈论着我的尝试工作、我的变革①。

总之，经过一段时间的尝试摸索，教师已初步体验到改变的挑战，也实实在在地体验到改革成就所带来的欢乐，感受到这一改革对于学生生命成长和自身生命发展的意义，这时，主动改革的愿望会逐渐提升，也能够从容面对改革中的挫败。这些变化都为教师进一步的发展奠定了重要的心态基础。

---

① 高鸣鸿. 我变了什么？［G］//叶澜，李政涛，等. "新基础教育"研究史. 北京：教育科学出版社，2009：487.

（三）价值取向上，从教师立场和成人立场转向学生立场

这种转变体现在：教师从教材、教学参考书的依赖中走出来，开始主动实践，创造性地运用教材。

一位教师这样说：

> 教学中学生立场的逐步建立，为我的整体提升打下了扎实的基础。这一阶段，自己在备课上悄然改变着自己的立场和意识，从关注设计活动到关注学生的前在状态和潜在状态，从关注教材特点到关注这一年段学生的发展关键点①。

学生立场的转换与形成，极为重要。众所周知，我国教师受传统教学论的影响，普遍的问题是以教材为中心，仅关注知识和技能的教学，常常忽视将知识、技能的学习与学生发展状态之间作关联性思考；表现在课堂教学中，教师是以己为中心，教学重心高、教学内容封闭、教学方式以单向灌输为主，主要原因就是缺乏学生立场，不能有意识地把学生的具体发展状态作为教学设计和教学实践的基本依据。

然而，这一突破并不容易，主要原因在于传统上从知识和教师为中心出发的教学，操作性、可控性和确定性强，教什么、怎样教、教到什么程度等都由教师决定，教学推进过程可不必过多考虑学生的具体状态。但是，面向学生全员发展的、开放的、互动的教学则会直面许多问题：是否只有少数学生理解了，大部分学生如果不会怎么办？大部分学生会了，少部分不理解的学生又如何办？如果学生有不同的解题思路或理解思路，应该如何面对？如果学生出现了错误，应该怎样回收？如果学生不在注意状态，又该怎么办？如果去一一解决学生的问题，教学内容讲不完又怎么办？凡此等等，都在阻止着教师直面班级学生的具体发展状态。

传统教学基本上就是按照设计的内在逻辑逐步推进，按规定的路径教学不会出岔子的，教师也有“安全感”。随着“新基础教育”研究的展开，教学开放了，教师直接面临着开放后丰富的学生资源的挑战。

所以，学生立场的形成是教师教学观念实现突破主要表现之一。学生立场的形成意义还在于，教师有可能第一次发现班级中一群有差异的学生原来不只是自己所苦恼的“有差距”，而是教学开放互动中所呈现出的学生丰富个性和精

---

① 姜明红．走进春天［G］//叶澜，李政涛，等．“新基础教育”研究史．北京：教育科学出版社，2009：496.

彩纷呈的表现；他才有可能第一次感受到，当把课堂的提问权、质疑权和思考权还给学生时，学生对他的“冲击”或“震撼”，自然还有喜悦！这种喜悦会让他体验到自己作为教师职业的内在欢乐和人生价值！与名、利相比较，他这时，会更加珍惜学生的成长与变化，他原先迷茫与焦躁的心情也会慢慢地平静下来，享受来自教育实践所带来的内在欢乐与尊重！

（四）变革自觉意识的初步形成

这是指教师不仅认识到了变革指向外部世界，如课堂教学封闭、重心高的问题，而且也认识到改革要指向改革者自身的内部世界，如心态、观念、思维方式等的改变。

一位“新基础教育”的实验教师这样说：

> 这一阶段，我在不断地打开、重建、打开、重建中丰实着自己，也时时在每一次研讨中享受着课题组教师自身的丰富给我的惊异。大结构和小结构，长结构和短结构，平面结构和深度结构……微调、深入、创生……一个一个崭新的世界在我心中慢慢立起来了。“新基础教育”已经不仅仅存在于书本中，不仅仅存在于课题组老师的一言一行中，而是渐渐根植于我的内心、我的实践。与此同时，一个崭新的自我也渐渐通过我的思维、我的认识、我的实践长大起来了①。

教师能够自觉地把变革指向自己内部，这一意义极为重大，它意味着变革主体的自我发展意识被激活，变革自觉性得以形成。如此，变革就不再是被动应付，而成为教师自主自觉的行动；如此，面对外部世界的多种挑战与阻碍，教师会以自己的内在力量、自己的价值立场和眼光，审慎地思量、权衡、对比，不会轻易被迷惑、被牵引着随波逐流；如此，教师才不会因多种不同的声音在耳边喧嚣而不知所从，因为他内心有一个有力量的价值支点，使他不迷失方向；如此，教师才会沉下心来研究自己的实践，教育实践才会得以不断地创生，并赋予教师以职业的内在成就感与快乐感，进一步带动他探索，成为一位自主自觉的教育者。

一位教师说：

> 这是一篇四年级牛津英语教材《签名》，教学内容是“don’t...”句

① 姜明红．走进春天［G］//叶澜，李政涛，等．“新基础教育”研究史．北京：教育科学出版社，2009：496.

型。我记得有这么一句："别在池塘里玩。"（Don't play in the pond.）在教完这句后，我看到教学配图上一个小女孩正在池塘里玩，就随口问了一句：Why？谁知道就是这个奇妙的why让我领略到了学生思维的巧妙和不同凡响。有的学生说：It's wet. I don't like it. 有的学生说：It will make your dress dirty. 我印象最深刻的是有一个学生这样说：It's dangerous. Maybe there is a crocodile in the pond. It will eat you. 啊！多么神奇！我想用"不可思议"来形容我的学生们如此丰富的想像力。而这一切思考的起点仅仅是一个不经意的why，我顿悟了原来学生可以有那么好的智慧，只是老师们缺乏发现智慧的眼睛！这段经历使我品悟了课堂的本质、学生的特征，使我充分感受到学生生命的灵动和教育的内蕴。这段经历让我体会了教育过程就是师生共同成长的过程。但是我能感受到在课堂中学生思维的灵感带给自己新的启发，这是真正的师生互动，我开始明白教学相长的含义了①。

（五）初步实现了从点状思维向整体思维的转变

与心态、行为和观念一起转变的还有教师的思维方式。传统课堂教学之所以存在着碎片、无序等问题，原因是教师的思维方式也是点状的，他们看不到知识之间的内在联系，也不甚理解学生成长的特点，更不善于把两者关联起来对待。但当教师能够准确地定位目标，并能够在动态变化的课堂教学过程中从容引导时，说明他已开始能够综合整体地把握目标和过程了；当教学过程变得有序时，说明他已经具备结构性思维，能够较清晰地把握教学环节间的目标关系。

当一位教师这样说："我发现原来牛津教材的教学内容从三年级至五年级是一个大循环，每个不同年级单元的主题是相同的，但教材内容却在原有的基础上不断循环，就像滚雪球一样，用英语来表达就是'建筑构件'和'回收材料'。"② 这说明她已经具备了整体思维。

四、教学研究新方式的创生："专题－长程式研究"

近年来，我国教师群体开展教学研究活动的基本方式是以教研组为单位开

① 蔡琼燕. 挑战生成新自我［G］//叶澜，李政涛，等. "新基础教育"研究史. 北京：教育科学出版社，2009：550.

② 同①，549.

展听课与评课活动：每周或每月的某天，大家共同听取一节课，课后，教师们就这堂课的教学状态进行讨论。然而，由于这些听课、评课活动大多是随机开展的，一方面因缺乏共通的价值理念，教师们的备课、上课或评课都比较随意，评课时也是各自选取一个角度随机讨论一下，很少能够站在对一节高质量课的共通认识上进行深入探讨，常常使表现热闹的研讨活动实质上收效微薄；另一方面因缺乏明确的研讨主题，研讨也缺乏连续性和持续深入性，教师们的收获不大，久而久之，教学研究的积极性受挫，形式主义风气便滋长了出来。所以，学校教学改革如果实现持续的深度突破，教学研究方式必须实现两方面的转变：一是以新的教学改革价值为实践参照系，指导教学设计、上课、听课与评课活动；二是开展专题式研究，进行长程式探索。

以“新基础教育”为例。“新基础教育”因是理论导引下的学校改革研究，激活学生课堂生活中平等、自主发展的意识和能力是其核心理念，为了将核心理念有机渗透日常教育教学实践，我们和实验教师便一起修正了与上述教研方式不同的教研方式，可称为“专题 - 长程式教研”。具体方式是：“新基础教育”大学研究人员每月到一所学校就教学活动开展一次专题研究，如图 4 –3 所示。专题研究之前，要求所在学校教师先行开展一些自主研究，比如，第一步，同一学科教师先就教学的目标、过程、策略等共同研讨，或学习与教学相关的理论知识，形成初步的教学方案；第二步，进行试验性教学（后文简称为“试教”），以验证教学方案的适宜性；第三步，根据试教情况，对教学方案进行调整、修改和完善。因这些研究活动开展在专题研究之前，故被称为“前移研究”，如图 4 –2 所示。这样，专题研究时，教师们对教学就已有了前期的深度思考，头脑中的问题意识也较为清晰，解决问题的心态自然也是主动的，无疑有助于提高合作研究的质量。专题研究时，本校教师、校外教师和大学研究人员共同听取一节课，课后先请上课教师就教学意图、思路、成效及其重建思路作简要说明，接着本校教师作简要评论；然后是校外教师谈自己对课的理解，并提出意见与建议；最后是大学研究人员就教学和上课教师的所思所为给出自己的理解和建议，供上课教师参考。可见，专题研究时，有关教学的意见和建议非常丰富。所以，专题研究之后，教师还会开展一些后续性的反思与重建活动；或上重建课以验证大学研究人员和校外同行的建议；或写教学反思，梳理自己的新认识；或阅读相关书籍，以深化新理解等。这些活动被统称为“后续研究”，如图 4 –2 所示。

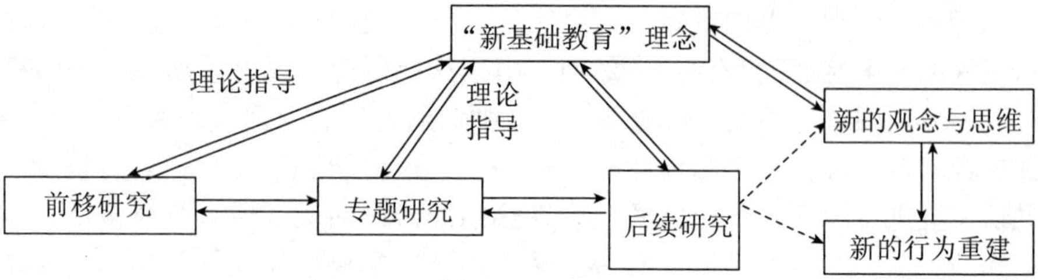

图4－2　“专题－长程式”教研活动

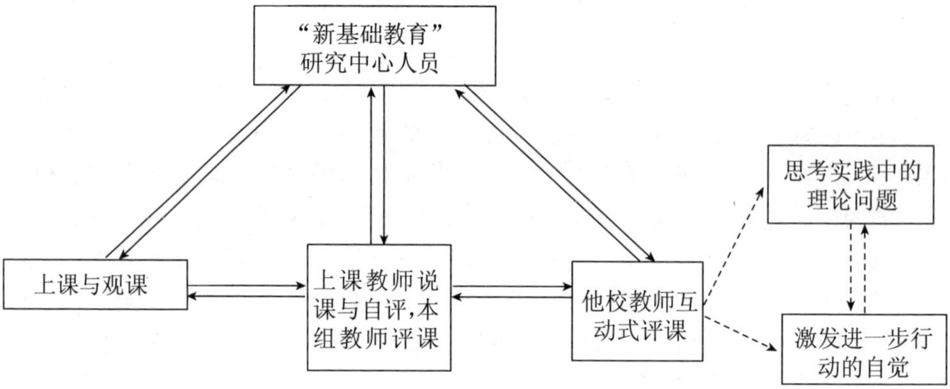

图4－3　专题研究

注：双向实线箭头表示两者之间的互动与影响；双向虚线箭头表示两者之间的可能影响。

这样一来，原先一次性的教学活动就被改造成了由多人、多次、多样活动构成的长时段研究过程。其价值在于：

其一，促进了教师们在一个相对较长时间内聚焦一些问题，深化了对问题的认识，实现了教师自主发展与他人互动发展之间的内在统一；

其二，整个教学过程虽然多由骨干教师担任，为的是能够较好地体现新观念和新行为，但因全学科教师都参与出谋划策，共同经历了研究过程，所以，有效地形成了教师队伍中个体与群体之间的共生式发展关系；

其三，备课、上课、听课、说课与评课本身即是教师站在不同角度面向自我进行观察、评析与改进的过程，这本身即是教师不断走向自主发展的过程；

其四，有助于促进教师之间的相互了解，建立教师间的互信和开放心态，并能形成一些便于教师之间相互分享的语言，如“新基础教育”把教师诊断课堂教学中的问题，生动地表达为“捉虫”，把教师对问题的理解状态表达为“喔效应”。

所以，“新基础教育”所有实验学校都是以这种“前移后续式”教研活动作为推进实践改革的基本方式。

余论：变革突破的性质与意义

一、“突破” 的性质

有必要说明的是，变革中教师的突破包括三个层面：一是观念层，二是行为层，三是思想方式层。事实上，这些方面的突破并不是同步的，相对而言，行为层的转变较易，观念层和思想方式层的转变更艰难些。首先是行为上的变化。这时，教师的大多数观念是缄默的或未经反省的（Polanyi，1966），只有少部分观念被反省、被检验并产生了一定的变化，如教育观念中的教材观、学生观、教育活动观很可能出现了变化，但教育价值观的转变则相对较艰难。思维方式的转变相对观念的转变还要晚些，它需要更为持续而丰富的实践经历和体悟。

所以，我们这里称变革中的教师发展是一种突破，而不称为转折，即是因为教师在观念层和思想方式层尚未发生全面或根本性的转变，虽然有了突破，但并不稳定，很可能出现新旧行为方式、新旧观念的多次迂回反复拉扯的情况，一旦变革受阻，这些突破很有可能被抹杀，重新回到变革前的起点。因此，我们称其突破而非转折。

这些是连续性的过程，最初以自己的能力为出发点思考变革成功的可能性，一段时间后，逐渐转向以学生的能力以及学生成长为中心的思考。变革经历型塑了教师的变革期待和成就感，并影响了他们的变革信心。班杜拉（Bandura）曾指出：教师的变革成就感源于他的变革经历和体验，经历与体验是教师自我意象形成的主要因素（see Bandura，1997）。在变革之初，教师们并不知道如何进行变革以及变革会产生什么样的结果，难免会产生自我怀疑和变革焦虑感，但与此同时，变革怀疑也会产生进一步学习和行动的愿望，促使教师探索可能的课堂教学形态。

二、 突破的意义

（一） 奠定了学校走向全员发展的第一批实践力量和指导力量

诚如前章所言，变革孕育期的目标指向就是要重点突破，培育第一批种子，这批种子将率先在学校中开花结果；然后以点带面，繁衍出更多的新花朵和新果实。所以这批变革骨干教师的初步成长意义重大，不仅对其个人发展而言，让其认识和感受到学校变革的必要性与可行性，而且对学校中其他教师、学校整个变革氛围的积极化具有重要价值。他们教学观念和教学实践的突破性变化，也会让有变革愿望的教师进一步树立信心；有助于旁观型教师走出怀疑；更助于消除部分变革抵制型教师所产生的负面影响。尤其值得肯定的是，由于这部分变革骨干教师大多是教师队伍中的基层负责人，如学科教导、教研组长或备课组长，是管理者与业务引领者双重角色的统一，他们的突破意味着他指导自己队伍进行变革的能力初步形成，为推进教师队伍向全员变革迈进奠定了必要基础。

（二）重建了学校进一步变革的必要条件

虽然孕育期和突破期的变革只是学校中少部分实验先行人员在从事变革，但这并不等于其他领域或人员与之无关。相反，每一次学科专题教研活动都可能牵一发而动全身。比如，按照上述“专题—长程式”研讨活动的要求，每一次专题活动都会要求同一学科的全体教师参与。这意味着必须调整教学安排表，以使参与教学研究活动的教师能够有人代替他的教学课，使学生们不因教学研究活动而被置之不顾。比如，常州市第二实验小学这时推出了“调代课制度”，内容是：

案例4-6：江苏常州市第二实验小学“调代课制度”

指导思想：为保障学校日常教育教学秩序，科学管理学校日常教师进出，增强教师规范意识，促使学校形成良好的管理节奏。

基本原则：调代课安排由学校课程部负责管理，每位教师都应积极承担代课任务。

具体要求：

一、调课

教师应按课程表规定上课，不得随意调课。

如因公外出或因病假确需调课，原则上自己调课，不安排代课，并提前将调整后的课务以书面形式交给相关老师和年级组长及课程部。安排好课务工作之后方可离开工作岗位。

如因急病或紧急事故不能事先调课的，及时向年级组长（或考核组长）汇报，由年级组长（或考核组长）协调，并及时告知课程部；实在不能协调的告知课程部，由课程部负责安排。

二、代课

因公外出或长期培训，无法自己安排调课的，递交书面申请后，经课程部同意由年级组长安排代课或课程部直接统筹安排代课。

代课金由课程部负责发放。

若不执行上述规定，仍私自调代课，由此而造成的一切事故均由违规者承担，并追究双方的责任。

具体办法详见《常州市第二实验小学教职工考核奖励条例》。

第五章
发展期：变革力的全面生成

如果说在孕育期和突破期，学校变革的重心主要放在重点领域和重点人员的突破上，那么，经过前两个阶段的努力，现在，学校已经实现了突破：学校的第一批实验教师对变革的核心理念，如课堂教学改革的开放、面向全体学生、学生需求、管理的重心下移等概念较为熟知；课堂教学有了开放，学生的参与积极性提高，初现生命活力，教师初步体验到变革产生的专业成长喜悦和价值感；班级岗位的改革初见成效，学生的岗位责任意识和自我管理能力有所提升，班主任逐渐从事务性的工作中解脱出来，对学生成长需求的研究也逐渐具体化；教学研究方式也被创生出来，坦诚、合作、开放的教研氛围正在形成。

这些突破，都为接下来学校进入全面变革阶段奠定了重要基础：第一批改革示范者（管理者、学科教师和班主任）、第一批新实践范型、第一批新的工作方式以及第一批新的组织与制度。

当然，这一阶段的改革成果能否得以巩固与放大，尚充满未知风险。因为这只是点上突破，改革成果尚不深入、不系统、不稳固，还没有真正扎根在日常实践。这一时期的改革有时会出现 99 天是传统实践，只有 1 天是新实践的情况。改革新理念、新行为尚未化为教师日常自觉的实践，只是点缀在日常教育教学的长河中，一不小心新取得的成果就可能被旧的观念与行为所冲击与淹没，一切都要重新再来。而且改革人员只是少数实验教师参与，尚未得到团队更多人员的智力和心理支持，研究进展较为缓慢，研究气氛尚不浓厚，甚至实验教师的一些做法也得不到其他非实验教师的理解与支持，甚至有排斥和嘲讽。再说，改革是一个艰难的过程，需要实验教师不断地与自己旧有的观念与行为做斗争，并寻找新的发展方向，但破旧容易立新难，研究过程中难免会遭遇迷茫与困苦，如果坚持力不够，就有可能退回到了改革前的状态。因此，如何在突破点上放大、深化和提升已有的改革成果，全面推进改革将是学校在新阶段的工作重心。

第一节　全面变革的任务

那么，什么样的变革才算是全面变革呢？在“新基础教育”研究中，我们发现它至少包括如下几方面。

一、 变革主体的全员化

针对孕育期和突破期的改革只由少数领域、少数人员参与的状态，在此阶段需要学校改革由点及面，由点及线，全部领域、全体教师共同参与，包含着全域和全员双重含义。全域是指学校的变革领域不仅指向学校管理、课堂教学和班级建设这些领域，也包括学校后勤部门，因它是学校开展变革活动的重要支持条件，随着变革频度的增加和范围的扩大，对学校支持服务工作也提出了高要求。全员是指学校领导、教师和其他在校的教职员工都应进入变革状态，形成变革合力。

二、 变革生活的日常化

变革的最终目的不是只上出几节精彩的研究课或公开课，获几个奖励，争得一时的荣誉或拿到职称，这只应当被看作变革的辅助成果。相反，变革的终极目的是提高师生的在校生存质量，而决定其生活质量的是日常生活，只有日常生活品质提高了，生存质量才能真正提高。所以，变革生活应当落脚于日常生活，追求日常累积式生成与专题突破式之间的相互转化与提升，改革成果才能真正扎根日常，提升教育教学的日常生活质量，改革日常生活的基质。

三、 改革内容的系列化

在孕育和突破阶段，学校改革着眼于点的突破，那么，在此阶段则需要由点及线地进行研究，使原先只关注专题研究转向纵向年段系列的分布特征研究。比如，英语学科教学的改革研究，在突破期探索的是词汇教学专题研究，在此阶段，就需要纵向探讨词汇教学在中小学各年段的目标定位、基本学习要求、教学策略以及教学过程的基本逻辑等系列性问题。同理，班级岗位建设应探讨不同年段班级岗位建设的基本要求、方式方法、评价方式的基本特征。这样的研究有利于教师清晰教学目标结构链和方法结构链，有助于教师从更为整体的角度定位教学目标的下限与上限，并选择适应的教学方式方法。

四、 变革研究的专题深化

在突破期，专题研究是突破旧框架、实现新质的最佳改革方式，但改革者能否真正体会新实践背后的理念与精神实质，能否举一反三，将新认识迁移到其他实践，还需要做深化研究。比如，英语小学低年段的词汇教学研究，在此阶段可针对词汇与句型的关系、不同类型的词汇、词汇与语段、词汇与语篇的关系，以及词汇教学的育人价值、基本的教学过程逻辑等开展八个左右的分专题，从不同角度深化对小学低年级词汇教学的认识。

总之，这一阶段是学校改革进入全面、深入推进的重要时期。学校整体变革的思路与策略需要转变，学校制度与组织变革、教师队伍阶梯式参与、教学改革与学生工作等都将全面协调展开。

第二节 全面变革的新挑战

经过了前两个阶段的努力，现在学校变革需要步入全面变革期，将有更多的教师参与到学校变革领域，这意味着学校变革面临着新挑战。

一、 变革单位从教师个体转变为“组织”

从变革者的角度分析，全体是什么？是指那些在经验、能力、教龄、角色、动机等方面存在多种差异的一位位教师构成的群体吗？或者说是 1 + 1 + 1 = 3 吗？从“整体大于部分之和”的角度看全面变革阶段意味着学校变革将进入以组织（如学科教研组、备课组、年级组等）为单位的改革阶段。

美国系统论学者、生理心理学家沃尔特·坎农（Walter Cannon）发现：任何组织内部都具有“内稳态”，虽然组织内任何一部分的存在时刻都可能存在着变化性，但组织都会快速适应而使之得以调整[①]。就学校而言，稳定性就是教师组织具有抗干扰能力。这种抗干扰能力在改革初期可能表现为对变革新要求、新变化的抵制，即使组织中某些人有了变化，但组织本身的稳定性会对变革进行抵制，使变革回到原来的轨道。这时，变革领导人就需要思考组织变革的可

① W. 坎农. 躯体的智慧［M］. 范岳年，魏有仁，译. 北京：商务印书馆，1980：7.

能突破口。诚如马克思、恩格斯用阶级结构来表达知识与权力的关系一样，“占统治地位的思想永远是统治阶段的思想”。这样作比可能并不很恰当，但只要是有组织存在的地方就一定有与之相关的知识—权力关系，教师组织同样如此。学校总会选用业务能力强的教师做教研组长，负责教研组人的策划、组织、实施和日常教育教学的指导与监督，这些本身就是知识—权力关系的体现，教研组长的理解水平直接影响了整个教研组的认识水平，尽管每位教师都会有其个人化的理解，但并不如妨碍其组织负责人的权力性影响大。这启示我们：进入全面变革期后，一项关键任务是如何把前一阶段的骨干教师转变为各领域的变革领导人，让他们像种子一样发挥辐射作用，带领和帮助其他教师进行变革。这是在理论上的分析。

在实践中，“新基础教育”实验学校的校长们也发现这样两种情况的存在。其一，进入全面变革阶段之后，如果前一阶段成长起来的变革骨干教师同时也是学科负责人如教研组长，那么，其所在学科组织的变革速度就很快；但如果某学科虽然也有变革骨干教师，但此教师并不是组织中的负责人，则其影响力明显减小，还很可能会不断地向组织负责人和其他成员妥协。这种情况说明，需要把变革骨干教师尽可能地转变为组织负责人，使知识—权力处于同一地位，引导组织向变革要求的方向发展。其二，校长们还发现，一些组织负责人的变革惰性较大，变革很被动，原因在于受传统自上而下组织结构的影响，这些组织负责人总把自己定位在变革执行者的角色上，权力空间较小，变革的积极性受影响。这意味着，如果要调动组织负责人的变革积极性，则需要校长具备系统思维，对整个学校组织结构进行变革。

实验学校组织安排中的问题与我国学校内部组织本身的缺陷是密切相关的。其一，我国学校带有大工业时代企业管理模式的强烈色彩以及中国行政组织结构的特征。这表现在：我国学校内部管理结构由高层、中层和基层三个层次架构，每个层次都包含党、政、工三大系列的职能。其中，学校行政管理系统因是学校日常工作的基本构成而最为强大，由分布在不同层面的德育、教学和后勤总务三个条状系统组成。其二，我国学校内部组织结构以纵向权力为主，横向职能沟通为辅，上下级之间的决策与执行关系突出，左右平行部门之间的沟通合作薄弱。这种组织结构特征对学校生活的影响是：工作效率较高，容易集中人力、物力，但容易导致管理信息在传递过程中失真，形成中层管理人员的官位意识，也容易造成同一工作领域因部门之间合作与沟通不够所产生的职责重叠或无人过问的空白地带。最为重要的是，因中层和基层处于执行者的单一角色，这些层面人员的工作积极性、责任感极低，更谈不上创造性工作的开展，从而容易形成人浮于事的局面。

二、原有制度不适应学校变革的新要求

在变革突破期，学校制度有了一定的更新，目的是促进学校改革的顺利开展，这些新制度带有一定外在促进式的激励机制，比较多地围绕教师学习、撰写教学案例等方面提出要求。如科研制度要求教师每月开展一定数量的学习活动，如撰写教学札记，组织教师参加读书交流活动、科研沙龙、教学研讨活动……并对此进行考核，根据考核情况下发科研津贴，评选“金苹果”奖。

进入全面变革阶段后，学校需要建立提升性制度，给教师自主性发展提供制度支持，重点是提升学习研究制度的水平，把研究制度逐步转变为学校的常规制度，建立起系统的评价、反馈和调控机制。如在此阶段推行的“免检制”就是肯定教师的工作特色，让他们有更多的时间从事自己个性化的发展，争创品牌。

三、中层负责人变革领导力问题突显

一直以来，人们都认为影响学校变革成效的决定性力量是校长与教师。实际上，中层管理人员更是在变革中起着关键性的引领、转化和创造的作用，这些人员在学校日常工作的运行方面，不仅起着上传下达、左沟右通的作用，还直接影响着学校各项决策的落实状况，是学校各项工作得到顺利展开的中坚力量。英国的布里格斯教授（A. Briggs）曾指出一些学校领导把中层管理人员的角色看作是转换性领导力——一种能够将领导意见转换具体行为的操作性功能或行政性功能①。英国管理学研究者彼得·厄雷（P. Earley）也强调了这一看法，指出学校中层管理人员所负责的“学校日常实践活动可能不同于决策活动”，他们需要将校领导理念转换成具体的领导能力②。

但是，受企事业组织管理思想的影响，学校传统的管理模式通常把中层管理人员主要看作是执行者、命令传达者、监督者、促进者或协调者，显然，对变革中的学校而言，这种角色定位已不充分。因为中层管理人员与上下级是整体与部分的关系，两者彼此独立又相互内蕴。从学校全局而言，中层管理人员是学校决策的执行者，需要与学校决策保持一致，并主动加强与其他部门工作

① Briggs A. R. J. Academic middle managers in further education: Reflections on leadership [J]. Research in Post Compulsory Education, 2001, 6 (2): 219 - 232.

② Earley P. Middle management: The key to organisational success? [G] // Middlewood, D. and Lumby, J. Strategic management in schools and colleges. London: Paul Chapman, 1998.

的协调与统筹。从局部而言，中层管理人员是部门工作的第一负责人，他是部门的领导者、决策者、组织者与评价者，但他不能替代部门内每位成员的具体工作，部门内成员的工作需要他们自主负责。因此，进入全面变革期后另一项关键任务是如何把前一阶段的变革骨干教师转变为各领域的变革领导人，让他们像种子一样发挥辐射作用，帮助其他教师进行变革。

也就是说，这一阶段的中层负责人肩负双重角色：作为骨干教师，他需要具备的是与新型教学相关的能力，如教材解读、学生解读、教学目标的定位、教学过程的设计，以及开放式教学活动与学生的交往互动的能力等；作为领域变革领导人，他需要成为教学变革的领导人、负责人，以及教师队伍发展的引领者和促进者。这也就意味着他需要实现双重转变：一是从变革骨干教师转变为变革领域的负责人；二是从领域管理者转变为领域变革的领导者。如果说领域管理者主要角色是将上级学校领导的决策或自己的决定转达给领域内的教师成员并监督他们执行，那么，这一传统角色远远不够。现在，和学校领导想着激活他们的自主变革愿望和形成变革能力一样，他们也同样需要激发自己部门和单位内其他教师的自主变革愿望和变革能力。这时，他的角色是多元的：有时，他要发挥传统中层管理者的功能，如组织、协调、监督、评价等，大多数时候，他需要做教师们的变革伙伴，既引领他们理解变革要求，把变革的理念转化为新的教育教学实践，还需要和教师们一起商讨与变革相关的事宜，听取各方面的意见，做变革领导人的同时，主要做变革的合作伙伴。如一位中层管理人员如是说：

> 学校改变了“我是单一的某一方面的责任人”的旧角色模式，我现在认识到任何一个人在一定的位置上都具有责任人与合作者的双重身份，而且是多重身份，每种身份都对学校整体转型变革具有不可替代的责任。我现在需要承担价值引领、组织建设、工作策划与推进、发展团队与个人等基本的领导职责①。

然而，从骨干教师向变革领导人的角色转换并不容易。一方面是心态上存有顾虑。这些中层领导人会想：大家都是同事，现在让自己不仅做变革骨干，还需要领导其他教师一起发展，教师们会接纳自己吗？另一方面，传统意义上的中层管理人员似乎更容易些，只需要把学校领导的要求贯彻下去便可，但现在需要自己做领域变革的负责人，需要思考变革什么，谁参与变革，怎样组织

① 江苏常州市局前街小学．许嫣娜在叶澜教授主持的“新基础教育”研究的一次学校中层管理人员培训班上的发言［R］．常州，2008.

他们变革，怎样激发教师们的变革愿望，怎样提升他们的变革能力等问题，这样的挑战非常大。如一位中层负责人说：

> 这时，我在这个队伍中也拥有了一个新的角色：从“一线角色”转变为“数学学科负责人”。说实话，我当时的顾虑很多，原来老师们来找我研究和商议一些教学问题，是同事间的共同研究，大家都没有心理负担，但是真要一本正经地以一名指导者的身份进行这一切，我和大家在心理上都有不适应感。在数学组里我算是比较年轻的一位，也没有什么管理经验和能力。而“新基础教育”研究对学科负责人提出的要求越来越高：建设“品牌教研组”、要制定“五年发展规划”，等等。这些让我忐忑不安，备感压力和困惑①。

所以，这一时期，中层负责人变革领导力的培养问题成为这一阶段的重要任务之一。

四、教师队伍的梯度化、自主发展问题

进入全面变革阶段，不仅中层负责人的领导力被突显，教师队伍建设问题也同时呈现了出来。在研究中，我们发现这样几类问题。

一是有的学校教师没有正确认识改革研究与自己专业发展之间的关系，把改变研究看作是一种额外的负担和压力。当要开展研究活动时，先是互相推诿，接着要么采取机会均等策略，用轮流上阵的方式：这周A老师上，下周B老师上，再下周C老师上，整个队伍轮流完，基本上一年下来，一位教师可能只上一次研究课。可以想见，没有持续跟进的研究，教师的发展也失去了连续性，而且由于每位教师在教学中呈现的具体问题是有差异的，每次大家零散地谈论一些改革的思路，缺乏连续性，也不利于整个学科教学改革的整体、持续推进。要么采取年轻教师上课或部分学科骨干上研究课，其他教师旁观或无关的状态。有的学校甚至把刚入职连课堂教学秩序都尚不能把控的新教师作为改革主力。新教师适应教学实践本身的任务就非常艰巨，现在要给他们增加新的改革任务，可以想见，这样的教学改革研究课质量不会太高，每次老师们的教学可能都是问题多多，不但不利于新教师自身教学能力的尽快形成，而且会耽搁整个学科教师队伍的发展速度。

① 顾彩虹．做不怕挫折的探索者［G］//叶澜，李政涛，等．“新基础教育”研究史．北京：教育科学出版社，2009：537.

二是有的学校把改革研究看作是部分教师的专利，其他教师没有参与机会，捧红了一部分教师，却打击了其他教师。这些学校不能够为处于不同专业发展阶段和变革水平的教师搭建平台，让他们能够在不同的基础上都有前进的目标与方式，自然也不可取。

三是教师队伍无法真正形成开放互动、合作共享的关系。我们经常发现，有的教师把教学改革看作是某些承担者的责任，与已无关。当开展集体备课、试教与研讨活动时，他们总是形式主义地参与活动，不能真正投入到教学研究中去，不愿在群体中与他人分享。这样的教师不但不能贡献自己的力量，还会给群体间的真诚合作带来负面影响。事实上，以教研组或年级组为单位开展改革研究活动时，不仅需要教师之间坦诚相待，以发现问题、解决问题为研究的根本宗旨，而且需要教师之间合作分担一些责任。因为开展一次群体性的教学研究活动，涉及内容极其多样：时间、地点、录像、资料整理、课桌椅的摆放、研究活动简报的撰写，甚至活动时的茶水供应等内容。而这样看似不起眼的工作内容，实际上影响着大家开展合作研究的感觉。一项合作研究，如果团队中的每位教师都能够分担不同的责任，则能为上课的教师营造温馨的心理空间；如果一项研究，大家都不参与，凡事都由 2—3 位负责人和执教教师承担，则他们不但感觉辛苦，而且心理上也颇觉孤单，从而不利于团队的持久真诚合作。

因此，进入全面变革阶段之后，教师队伍建设面临着两大挑战：一是如何形成差异互动、全体发展的教师队伍；二是如何形成良好的团队改革研究氛围。

第三节　从“焦点”到“焦层”：管理层的整体改革

既然本阶段变革的单位、范围需要逐步从“焦点”（关键领域、关键人物、专题研究）转向面（一个领域的各方面）、层（领导层、中层、基础；价值层、行为层与思维方式层）或群（教师队伍、学科群、年级组等），那么，从本节开始，我们将分别阐述各个层面的变革。

一、 管理层变革何以突显

在此阶段，随着学校变革维度或任务的多样化，课堂教学、班队改革逐步从点向面、由点向线的系列化发展，与之相关的学校管理层面的改革要同步跟进了。除了有历史、地域、规模、学生与师资来源等客观原因以外，传统的学校管理结构和制度的弊端逐步显露出来，成为阻碍教师改革积极性和影响学校改革的“拦路虎”。学校内部管理的三层次结构、自上而下的垂直管理，使得中层和基层的管理人员处于执行者的角色，工作被动，不能够根据工作需要积极、富有创造性地进行工作。

此外，新改革发展阶段对学校制度的要求也不同了。比如，上海市普陀区洵阳路小学改革初期梳理了一些基本规章制度，用以规范学校的秩序和常规，保证基本要求的达成，包括《洵小教师一日常规》、《洵小教师师德规范》、《洵小教师应事应语忌事忌语》、《各部门工作职责》、《班主任工作职责》、《科任教师工作职责》①，等等。在突破期之后，该校又建立了一些激励制度。这些制度多是关于教师学习、撰写教学案例与论文的要求等方面。如科研制度要求教师每月进行一定数量的学习、摘抄、撰写教学札记、组织教师参加读书交流活动、科研沙龙、教学研讨活动……并对此进行考核，根据考核情况下发科研津贴，评选“金苹果”奖等。进入全面变革阶段，学校认识到需要建立的是提升性制度，给教师自主发展提供制度支持。重点是提升学习、研讨制度的水平，把研究制度逐步转变为学校的常规制度，建立起系统的评价、反馈和调控机制。如他们推出了“免检制”，就是肯定教师的工作特色，让他们有更多的时间从事自己个性化的发展，争创品牌。

此阶段，管理改革主要包括组织重构和制度更新两方面。

二、组织重构，催生发展动力

本阶段，学校转变组织结构的任务有三方面：一是要把组织发展和个体发展的决策权放给每个层次、每个组织者和个人；二是提升组织和个体的自主发展需求和能力，让每个组织和个体都处于饱满的发展状态；三是多渠道沟通组织内部上下、左右的关系，相互激活，补充支持，使学校整体呈现出创造、生成和内在发展的活力。“新基础教育”实验学校的基本经验如下。

（一）纵向减少层级，重心下移，强化扁平管理结构

纵向减少层级的目的是减少信息沟通的中间环节，使学校领导层与基层直接对话，以拓宽上下沟通的渠道，提高管理的及时性、灵活性、针对性和有效性。需要注意的，一是各学校因原有组织结构框架不同，采取的措施也不同。二是减少层级不等于取消层级，而是以转换功能的方式，保留一部分中间组织的功能的同时，减少一些功能，以便于学校领导层与基层的直接沟通。比如，

① 叶澜，等．“新基础教育”成型性研究报告集［M］．桂林：广西师范大学出版社，2009：6.

上海市七宝明强小学的做法就是把原来介于校长室和年级组、教研组之间的中层管理机构（包括教导处、总务处等）改置为咨询服务系统，建立校长与年级组的直接领导关系。

然而，只是增加学校上下层之间对话的直接性和概率，未必能够激活员工的工作积极性和创造性，因为如果领导层仍然大权在握，不给基层人员必要的自我决策、自我组织实施的权力，而只是增加了监督基层人员的概率，这样的层级减少措施非但不能激活基层人员的工作积极性和自觉性，反而可能更进一步地束缚基层人员。因此，减少层级的同时一定要保证管理权、责的重心下移。

所谓重心下移就是赋予学校中层和基层组织更多的自主决策权，把管理的重心移到较低层级，给予发展空间，真正发挥一线教师的参与积极性和创造性。这样做的另一个好处是“学校领导层可以从繁琐的日常管理事务中解脱出来，更多地考虑学校发展的关键性问题，研究重大问题的决策，促进学校主动发展”①，尤其重要的是，重心下移催生了学校的责任人系列。比如，上海市闵行实验小学经过两年的整体改革，逐渐形成了各层面推进研究工作的“第一责任人”系列：校长是学校整体发展和学校领导团队（中层以上管理人员）建设的“第一责任人”；各部门主任和分管条线的副主任是该领域教师队伍建设和研究工作策划推进的“第一责任人”；各年级的学科教研组长是教研组队伍建设和研究实践的“第一责任人”。

（二）横向撤销、合并、增补，完善组织功能

学校组织横向结构变革旨在从功能角度进行整合，以避免学校内部组织之间功能或交叉重复，或割裂，或有空白，或陈旧的现象，以形成组织本身功能完善，相互之间合作互动、合力发展的功能格局。因此，撤销不合理的部门组织、将相互割裂需要功能整合的部门组织进行合并，或增加有助于学校组织沟通与协调的组织，都是组织改革的基本内容。

当然，各学校因原初的组织结构及其功能定位不同，具体的改革措施也会不同。但整体上，有如下几方面的具体做法。

其一，撤销合并，整合功能。组织合并是指把学校内部分设的两个或两个以上的组织合并成一个新的组织，并重新命名，以实现功能的整合与增值。比如，原来我国大部分学校都是把负责教学工作的“教导处”与负责研究工作的“科研室”分立设置，从而把教学与科研两项工作割裂开来。显然，在以研究促进教学改革的今天，需要将教学与研究两项功能整合起来，实现以研究提升教学，在提升教学中增加研究能力的双重目的。于是，一些学校就采用把这两个

---

① 杨小微，李伟胜，徐冬青．“新基础教育”学校领导与管理改革指导纲要［M］．桂林：广西师范大学出版社，2009：32.

部门进行合并的办法，另立一个兼具这两项功能的部门。如有的学校称为“教学科研部”，有的学校称“课程管理研究室”，有的学校称“课程教学部”：名称虽不同，但宗旨和功能定位基本相同。再比如，上海市闵行实验小学在2004年9月将学校原有的“总务处”、“校务办公室”和“寄宿部”合并为“后勤保障部”，主要目的是实现功能整合、资源整合，提高效率，避免相互推诿的现象出现。

其二，更名赋义，转换功能。即把学校原有的某部门组织赋予其新的名称，使其具有新的角色内涵和功能职责。比如，我国学校通常都设有“德育室”，这个中层组织的名称让人理解为只负责对学生思想品德教育负责，与学生学校中的其他活动无关。显然，这个名称窄化了其功能，需要更名。于是，上海市闵行实验小学先把“德育室”更名为“德育活动室”，意在增强德育室对学生活动总体责任感，后来为了强化该部门关注学生全面整体的发展，又将“德育活动室”更名为“学生工作部”。此外，该校还把“教学科研部”更名为“课程教学部”。该校通过名称的调整，旨在强化该部门的课程规划、建设与执行的功能，实现课程、教学、科研的集聚、整合与有效利用。

其三，新增组织，丰富功能。新增组织是指学校因发展需要，设立一些新的组织，以突破某方面功能的做法。增设什么样的组织呢？

一是增设年级委员会。我国传统上的学校基层组织主要是学科教研组和备课组。虽然有班主任负责每个班级的全面工作，但缺乏针对不同年级的组织，不利于学生工作针对学生发展的年级特点开展，无法充分体现学生的发展需求。因此，在“新基础教育”学校，随着学生工作价值的彰显，纷纷增加了年级类的组织。比如，上海市闵行区七宝明强小学，是一所办学规模较大的学校，拥有两个校区，2000多名学生，近50个班级，每个年级有10多个班，这给垂直管理带来了一定的困难，需要整合不同年级的教学、管理、指导等多方面力量。于是，学校成立了“年级管理委员会”（简称“年管会”），并有《年级管理委员会的工作职责》和《绩效评价办法》两类制度作保障。事实证明，这一组织创建的价值与意义是：“在具体的工作过程中，年管会分步骤地行使职责，发挥着新的作用，整合了多项功能。例如，在开学初，各年管会联合起来，召开一次研讨会，每个年级根据自己的工作计划，介绍一个‘创意’。如一年级介绍建立年级家长委员会的打算，二年级介绍‘学科超链接’的设想，三年级介绍‘半月恳谈会’的计划，四年级提出‘给教师头脑充电、身体加油’的倡议，五年级介绍‘创造智慧型团队’的构思。研讨会展示了不同年级在主动发展中的个性，引起了思想的碰撞，擦出了火花……”①

二是增设信息类组织。随着近年学校科技化的发展，教育教学工作都离不开信息技术，这方面的工作支持与需求量日益增加，于是一些学校也纷纷成立了“信息技术部”。后来，上海市闵行区七宝明强小学认识到，信息技术部不能只姓“技术”，还应该姓“信息”，即应负责了解全校各领域在一段时间内开展的各项工作，以便于学校领导层整体把握全校工作。于是，他们把“信息技术部”更名为“信息调研部”，肩负信息技术的维修与建设工作，也肩负着全校信息的调研、收集、汇总、分析等工作。

三是一些非行政组织的增设。所谓非行政组织是相对于由学校行政层面设立的，而“由教师以研究、改进工作和自我发展为宗旨，通过自愿组合而形成的非固定、非行政意义的组织。这组织不同于以兴趣爱好为宗旨的教师社团活动，也不同于社会上的志愿者组织。它们是业务型的，但不是行政规定的教研组或年级组。这些组织在激发教师参与热情、提升主动性、发展需要与自主性方面发挥了积极的作用”②。非行政组织的类型是多样化的，名称不一，方式不一，功能不一。比如，在“新基础教育”的实验学校，他们自发地成立了“学生成长策划组”、“学校管理沙龙”、“校内项目工作站”、“科学艺术活动小组”、“读书研究会”等。此外，一些实验学校还成立了一些教师情趣性的活动小组。如江苏常州市局前街小学教工共成立了七个情趣小组：学习纺织的“经纬世界”、打乒乓的“银乓天地”、练瑜伽的“柔美殿堂”、打羽毛球的“七彩翻飞”、棋牌活动的“力争上游”、歌咏活动类的“OK 多来米”以及收藏类的“藏品阁”等。

（三）明确职责，夯实功能

组织建立起来，能否真正发挥作用，还需要进一步明确各类组织的岗位职责。下面详举江苏常州市第二实验小学关于年级组长和教研组长岗位职责的规定。

案例 5－1：年级组长岗位职责

1. 负责制订并实施本年级工作计划，做好工作总结，经常检查年级教师计划的执行情况；

① 杨小微，李伟胜，徐冬青．“新基础教育”学校领导与管理改革指导纲要［M］．桂林：广西师范大学出版社，2009：35.

② 叶澜．“新基础教育”论——关于当代中国学校变革的探究与认识［M］．北京：教育科学出版社，2006：350.

2. 负责本年级的教育教学秩序和学生的常规管理，协调年级内各任课教师之间的工作；

3. 负责做好本年内教师的调代课、请假记录等考勤工作；

4. 负责本年级学生发展课题研究及班级文化建设的指导，负责本年级组学生活动的开展；

5. 协调各职能部门开展工作，负责有关工作的落实；

6. 协助值日教师做好打扫教室、路队等学生常规管理工作；

7. 协助做好学生成绩评定，负责本年级学生的成长记录袋、综合实践活动、校本课程的实施；

8. 关心本年级教师思想、工作、生活及健康状况，发现问题应采取适当方式及时向学校领导反映并及时解决，发挥学校与教师之间的桥梁作用；

9. 做好学生家长会的准备工作（班级布置、备课等），督促班主任做好家访工作和协助做好家长来访工作；

10. 定期召开本年级组教师会议和学生代表会议，分析学生思想动态及如何采取有效措施，加强学生思想工作及良好行为的养成指导。

职责明确有利于各组织、各部门清晰责任，调动教职工的工作积极性和创造性，尤其是研究职责的介入，使各部门有了长远规划意识。“如每周三的教师例会，就由原来的领导布置工作变为学期初就由各部门共同研制规定一学期的安排，形成学校性的每月‘五个一’活动，即党支部每月一活动、工会每月一活动、课程管理研究部每月一课、每月一沙龙、学生发展研究部每月一培训。这样的例会研训结合，把集中学习与自学相结合，把专题辅导与小组讨论相结合，把学习政治理论与教育教学理论相结合，把师德师风教育与工作实际相结合。活动体现了丰富性，讲究实效性，注意点面结合，促进教师互相学习和研讨，共提高、共进步、共发展。在这过程中，分管领导的整体调控，又促进了部门之间的横向沟通，推进了团队之间的互动创新，提高了管理效率。党工团也凝成了合力，工会不再是单一的监督者，更成了学校管理中的积极参与者。”①

如此经过纵向减少层级，下移权责，横向撤销、合并、增补，明确职责，完善组织功能，学校逐步形成了上下联动、优势互补、科学有效的管理机制，唤醒了学校管理者和教师的自我意识、发展意识和合作意识，激活了学校发展的内动力。

当然，学校组织结构不是静止不动的，它需要根据学校发展需要作适当的

① 王冬娟，邵兰芳. 创：生转型之美［M］. 南京：江苏教育出版社，2007：5.

调整。比如，2004 年时，江苏常州市第二实验小学为提高职能部门的管理效率，降低了管理重心，落实二级管理，形成了二级结构图，如图 5－1 所示。但后来学校发现，由于学校规模较大，这种组织结构中虽然各部门的积极性调动起来了，但部门之间的横向沟通与合作关系并未真正建立起来；于是作了调整：或取消合并，或转换名称，或增设机构，或明确职责，形成了如下上下左右沟通与合作的学校组织结构图，如图 5－2 所示。

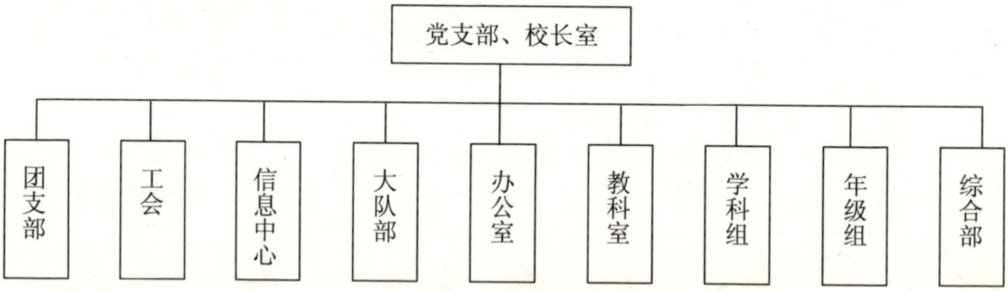

图 5－1　江苏常州市第二实验小学调整前的组织结构

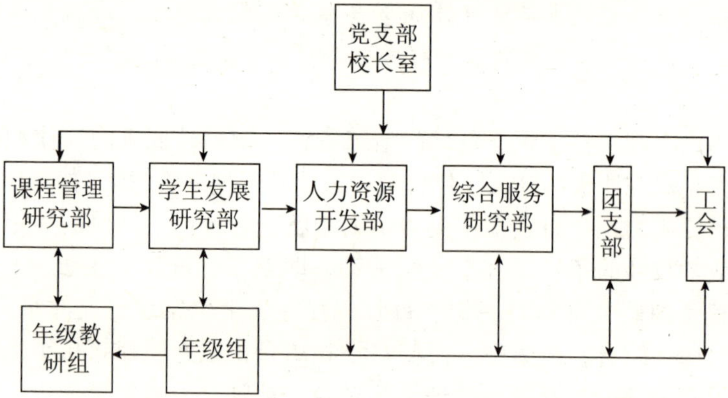

图 5－2　江苏常州市第二实验小学调整后的组织结构

三、 重建制度， 巩固变革成果

制度重建首先应指向对已有制度的清理和精简，在保留基础性的依法办学规定的前提下，改革或取消不合理的条目，发现必需但缺乏的必要保障性制度，增加有利于教师、学生和学校发展目标实现，体现尊重师生主人地位和服务于人的主动发展的新制度，继而形成体现学校基本秩序、具有层次结构性的新学校制度系统。

由于制度重建不仅与学校整体性变革相关，也与学校日常工作密切相关，所以，在重建方式上，不妨采取梳理家底，明确问题；定位方向，形成框架；

边建边改，分步建设；动态完善的推进方略。在此方面，“新基础教育”实验学校创造了学校制度改革方面相对系统的变革经验①。下面，我们分别从几个环节，结合“新基础教育”实验学校的制度建设经验具体说明学校制度重建的基本过程与方式方法②。

（一）梳理家底，明确问题

对学校发展而言，制度建设只是保障和促进学校发展的基本手段，如果学校发展中出现了不良情况，这与制度建设存在问题有一定的相关性。因此，重建学校制度的前提是分析学校发展状态，找到与制度建设相关的问题所在，再梳理已有制度，厘清问题所在。下面以上海市闵行区华坪小学为例说明。

案例5－2：学校内部制度的问题

像所有传统学校一样，华坪小学制度非常多，但它们体现的管理思路是：通过宝塔式科层结构模式，进行自上而下的垂直管理。这些制度，从制定到执行，都渗透着“管”的理念，“堵”的意图，出现了压制教师工作积极性和创造性诸多情况。表现在：

其一，只强调制度化的约束功能，缺乏对教职工工作积极性和创造性的引导功能。如教学流程管理中的备课检查、随堂听课、上汇报课等，全由学校管理层决定频率与程序，逐条打分，这无形中传递着一个信息：每个部门、每位教师的工作，必须纳入上级的轨道，多做让主管人员满意的事，才能赢得更多的认可。于是，很多老师把应付学校管理要求当做工作目的，工作缺乏主动性和创造性。为了应付学校检查，有的教师翻抄备课笔记，照搬教学随笔来应付学校写教案的要求，自我发展的欲望和动力极低。

其二，这所学校原先更多地以结果性评价的方式进行管理与监控，不注重过程性干预与调控。每个学期末，该校行政部门会依照规章，根据教师提供的材料数量、格式、规范及获奖等，对教师的工作逐一进行机械而严格的考评，给予相应的奖惩。这样的评价模式因其只关注某些结果性的、可见的成果，遗漏了对日常教育教学过程中的教师

① 华坪小学是上海市闵行区从事“新基础教育”改革研究的最持久、发展变革最大的学校之一，也是目前当地一所办学质量上乘的学校。

② 上海闵行区华坪小学．“新基础教育”研究的中期评估［R］．内部资料．上海，2006.

表现的评价，容易造成不公平、不公正的评价，也无法发挥评价应有的导向、规范和激励的功能，从而极大地影响了教师工作的积极性和创造性。而且，这种结果性评价通常由于只关注教师的业绩，导致了教师要么在教学中急功近利，违背规律，拔苗助长；要么只关注尖子学生，嫌弃学困生，师生情感疏远；要么情绪低落，怨天尤人；甚至有的教师为了突出自己的业绩，心态封闭，不愿与同事合作交流和资源共享，这对教师的健康成长和良好学校生存方式的形成都极为不利。

其三，该校原先更多的是要求各部门独立负责，缺乏学校各部门、各领域之间的组织与协调，部门之间缺乏合作与沟通。比如，教导处负责教学，科研室负责科研，当教师有区、市教学评比或上教学研讨课时，教导处全程包揽，科研室则“袖手旁观”；而逢一年一度的区科研成果评比时，科研室则下到各个组室收集老师们的论文、案例，再指导修改、润色，教导处则“事不关己”。艺术节临近，则音乐教师分身乏术，甚至占用别的学科的教学时间进行集中排练；而区运动会召开前夕，体育老师则早出晚归，突击训练……显然，这样的分割式管理模式，不但给教师们增加了多重负担，使他们常常“疲于奔命”，也使部门之间、领域之间互不了解，相互配合的能力弱，降低了工作效率。

其四，该校管理在教师队伍培养方面，通常只是关注被领导认为有潜力的少数骨干教师，常常把有限的学习机会和发展资源给予这些教师，忽略了“树木与森林”的内在关系，拉大了教师专业发展的距离，若不及时改变，不仅不能形成学校的和谐文化，而且不利于教师自身的可持续发展。

总之，当时的制度建设状态呈现出四多四少——要求多、指导少；常规多，创新少；散点多，系列少；检查多，实效少。不改革不行，学校要发展，就必须横下心来，啃啃这块硬骨头。

再如，江苏常州市第二实验小学在梳理学校制度时，也发现了存在的诸多问题：“一是制度庞杂——种类繁多，数量庞大，层次杂乱；二是制度叠加——因事而定，只加不减，不断累积；三是形同虚设——执行不力，操作不强，落后于发展；四是认识不一——会议传达，缺少民意，阻碍发展。透过这些问题，我们看到，学校很多的制度沿袭传统的做法，还有的制度散落在制定的各部门内，没有规范的制度文本，缺乏严密性和系统性。教师们在这样的制度下变得无章可循，新进教师更是无所适从。制度在一定程度上成为了解决管理问题的依据，成为了对教师‘管、压、卡’的工具，出现了只‘管’不‘理’的现象，产生了消极的作用。”①

（二）明确方向，形成制度框架

重建制度首先要明晰制度的价值所在：一是把制度功能由约束为主转向激励为主，由管理为主转向引导为主；二是制度要有利于整合各种资源，协调各种群体利益，发挥人的价值和潜能，发展人的个性。依照这样的价值方向，制度建设的基本原则也明晰了。即“新的学校管理制度，要根据学生和教师发展的需要进行重建，倡导人人都是管理者、决策者，同时又是决策的执行者；新的学校管理制度，要善于把建章立制的‘硬’管理同人文精神的‘软’管理结合起来，既‘管’且‘理’，重‘管’更重‘理’，这样才能使制度建设成为依法治校、提高管理绩效的基石。在实践中，我们立足制度的‘引领、激励、倡导’原则，针对新型学校特征，根据学校、教师的发展需求，重新建章立制”②。

制度建设的价值方向与基本原则明确后，接下来需要思考学校到底需要哪些制度，学校的整体制度框架是什么。以往，一些学校的制度形成通常不能切近学校长期、整体的发展需要：要么是学校领导外出学习、参观的过程，看到、听到、想到的一些好主意，觉得不错，就通过行政力量化为学校制度；要么因上级的某项政策要求，于是通过确立某项制度来执行；要么是为了完成某阶段的大型任务而确立了制度。这样的制度设计结果通常是脱离学校发展的实际需求，追求短期效应，常常因有名无实而无法真正发挥制度的规范、引导、激励的功能。进言之，制度建设应主要围绕学校核心工作而设立，例如：为促进学校研究可设立调研与科研制度，校本教研和教师培养制度；为促进日常教育教学工作的质量与放大日常创新的效应，可设立日常教育教学工作检查与反馈制度；为促进师生民主参与和提升责任意识，可设立民主参与、监督与问责制度；为发挥评价的激励、引导功能，可进一步修改完善考核制度；为促进学校、家庭与社区的横向沟通与合作，可设立三方共建的制度，凡此等等。也就是说，学校需要围绕自身的工作内容，有针对性地系统架构制度框架。

形成制度框架的过程，也就是学校研究自身生活需要哪些制度作支持的过程，不仅要梳理已有制度，诊断其合理性与不足，并对多余无用的制度进行删除，对必要而缺失的内容作补充，对重复的制度进行合并，对不合理的制度进行修改。

比如，上海市闵行区华坪小学在此方面就对原有的92种制度逐一进行了梳理，通过删、补、改、并，最后形成了34项制度。

---

① 王冬娟，邵兰芳．创：生转型之美［M］．南京：江苏教育出版社，2009：12.

② 同①，13.

如江苏常州市第二实验小学在此方面最初的做法是：

> 我们先按“学校基本制度、后勤保障管理制度、规范与奖惩管理制度、教育教学管理制度”的类型对正在实施的制度文本进行分类，发现有的已经名存实亡，必须删除；有的比较空泛，需要补充；有的不能适应学校主动发展的需求，必须更新；有的功能交叉，需要合并。于是，我们通过删除、增补、更新、合并等方法进行了初次调整，每类都按原有制度、修改过的制度、新增的制度进行说明①。

（三）民主参与，边破边立

“民主参与”回答的是由谁来完成学校制度的建设这一问题。按传统做法，学校制度一般是自上而下完成的：“学校领导挥手，中层管理人员动手，教师职工举手，群体参与只是摆摆形式，走走过场。”② 即制度更多体现的是领导意志，而未必真正取得了教职工的认同。因此，学校制度重建需要改变自上而下的做法，走民主参与的路线。

如江苏常州市第二实验小学的做法是：

> 2005年，我们将梳理后的制度发放到每一个工会小组，广泛听取群众意见，还通过教代会、师生座谈、调查，倾听教师最真实的心声。调查发现，教师工作量有待完善，修订后还有部分教师感觉不满意；有些特殊岗位的工作无法量化，对此要有详尽的规定，既要可操作，又要尽可能公平、合理；一些制度过于含糊，有成为空文之嫌；一些制度不为人知，遇事会造成误会；有些制度制定不够细，有些制度在不断变化的现实中已不适用，执行时困难大、意见多，甚至不了了之；规定未能形成制度，还有疏漏等。面对问题，学校尊重民意，在2006—2007年，通过“三放三收”式的教代会，修订了《章程》、《教职工聘用实施方案》、《教职工奖惩考核制度》等制度③。

这种通过民主化的制定与完善，不但使制度更贴近学校发展的实际，使所制定的制度真正服务于学校发展，发挥制度约束、引导和激励的作用，也使制

---

① 王冬娟，邵兰芳. 创：生转型之美［M］. 南京：江苏教育出版社，2009：13.

② 同①.

③ 同①，14－15.

度本身成为一个达成共识，内化为教师职工自主自觉的自我要求的过程，这样的制度才会真正具有生命力。

当然，制度是静止的，学校生活是不断变化的，尤其是改革进程中的学校生活更是变化迅速，制度就需要不断地调整以适应学校发展变化的需要。比如，在学校改革进程中，江苏常州市第二实验小学原先的教学科研制度规定，学科负责人需要参与区级和市级以上的学习与研讨活动，目的是让这些骨干教师迎接更大的挑战。后来，学校发现，在学校变革过程中，越来越多的教师有了了解教学改革新理念、新行为的强烈愿望，但又不可能每次活动全体教师都外出学习或研讨，于是，学校想到要放大外出学习骨干教师的辐射引领作用，就确立了与之相关的制度：活动申报制、外出学习研讨校内报告制、教师例会学习制、教师常规考核积分制、分层备课制等。比如，外出学习研讨校内报告制要求参加外出学习或研讨的教师，回校后作书面或口头的专题报告，将外出学习的过程体验作为资源，与校内相关教师作交流，学校为其提供交流平台。这样，不仅有助于强化外出学习教师参与活动的认真态度，学习有了一份责任意识，增强他们的现场学习力，也有助于促使其思考所见所闻，提高他们反思、提炼经验的能力，更重要的是组内成员也能够分享其收获。

（四）优化重建，动态调整

制度的动态调整与完善贯穿于学校改革与发展的全过程。比如，在 2005 年，江苏常州市第二实验小学进入整体转型性变革的阶段，与此同时，新教师大量进入，学校发现新型学校的制度应该具有系统清晰、简捷有效、底线明确、适应弹性的形态特征，建立“有序、有效、高质量”的制度体系与机制，这是确保学校综合发展水平不断提升的有力保障，也是“成事”与“成人”的基础性保证。于是，自 2005 年起，该校积极开展新型学校管理制度建设与研究的探索、创新与实践，围绕学校办学思想，树立“以人为本”的现代管理理念，坚持全面、全员、全程管理，在清晰制度的功能与对象的基础上，进一步搭建新的制度，从分析、研究学校的现存制度入手，分类梳理原有制度，按“管理与决策”、“学习与研究”、“责任与评价”等三个方面重新架构了学校制度框架，形成了促进学校、师生主动发展的新的制度文本。比如，在“管理与决策”类制度中，新增了《调代课制度》、《新教师培训制度》、《学籍管理制度》、《家长开放日制度》等，从细微处入手，以保障学校日常工作与生活的有序化与创新化。在“学习与研究”类制度中，把原来的备课、教学、作业常规合并成《教学常规管理制度》，目的是使学校的教学工作有章可循、有条不紊，并克服学校教学工作的盲目性和随意性，有助于提高教师工作的整体效能，提高教师自身素养，全面提高教学质量。为了推进学校教育教学的改革与发展，规范教科研工作，鼓励教师积极参与教育教学研究，以科研促进教师队伍建设，促进“品牌学校”的创建，又制订了《教科研考核细则》。该校制度框架如图5－3所示。

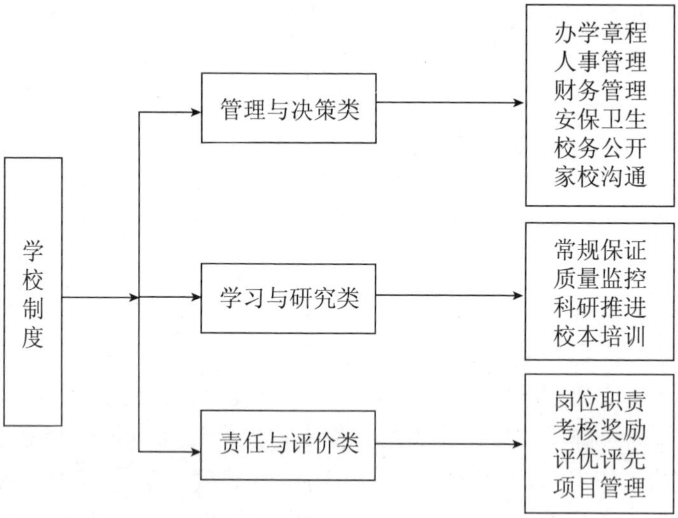

图5－3　2006年江苏常州市第二实验小学制度框架

为具体说明这些新增制度是如何发挥管理与引导、自律与他律、保障与发展、约束与激励的多重功能，促进学校、教师和学生主动健康发展的，为学校的可持续发展保驾护航的，详举一例。

案例5－3：江苏常州市第二实验小学教科研制度

【学习制度】

指导思想：

为促进全校教师真正将学习视作“日常的”、“需要的”精神营养，积极引领、营造读书氛围，推荐阅读篇目，指导速读方法，帮助教师不断更新教育教学观念，内化“新基础”理念，从而自觉运用新理念指导课堂教学实践，提高实践水平和教育质量。

具体要求：

1．理论学习分层负责

学校层面的有：校长推荐、教科室推荐的必读书目；

学科组层面的有：专题研究相关理论，新课程推进相关理论；

自我层面的有：教育教学相关书籍，提升个人素养的有关书籍。

2. 理论学习专题化

学校推荐内容指向教育教学，贴近教师实践；

学科组推荐内容直接指向当前研究，为专题研究提供方向和范例；

个人自选书目内容广泛，关注教育教学，对自我发展有一定指导意义。

3. 理论学习日常化

充分利用校园网，推行“每日一读”，用校长推荐、骨干导读等形式强化教师的学习观，丰富教师学习内容，拓展教师视野。利用团支部日常活动，用读书摘记、读书心得等形式增加“新基础”教育理论的熟识度，促进青年教师较快实现理论认识和研究实践的沟通。

4. 主要形式

自学、集体研读、网上浏览、读书笔记等。

5. 考核办法

月考核以学科组、备课组日常记录为主，考核内容包括：专题学习与情况、记录材料上交情况，记录材料质量等。学期考核以学校教科室为主，采用积分制，考核内容包括：骨干教师导读情况、其他教师自觉参与情况。

【研究反思制度】

指导思想：

为切实提高理论、专业学习的效率，提升反思实践能力，在工作中促进自觉反思，积极重建，并及时提炼和总结，形成有特色、有推广价值的经验，以深化日常研究，为自我和群体的加速度发展注入新的内涵。

具体要求：

1. 反思专题化。以专题观察记录、实践追踪记录、个案跟踪记录等形式反映教师、学生的成长过程。

2. 反思日常化。教师日常实践中的学习心得、教学反思、活动有感等均作为日记内容，及时记载，及时分享。

3. 骨干引领化。骨干教师和中层管理者主动、认真、有质量地完成工作，其他教师自主参与。

4. 反思成果。结合学科组的研讨活动，教师每月撰写一篇专题反思，中层管理干部结合管理课题研究和教育教学工作，每月撰写两篇专题反思，并将专题反思提炼总结成文，参加各级各类论文评选或发表。

5. 考核办法。每月及时上交成文的资料到指定文件夹，并将有质量的文章选送到校园网或德育网、教育网发表，并且采用积分制，纳入学期科研考核总分。

【学习汇报制度】

指导思想：为促进学校优质教育资源利用的最大化，促进教师间平等交流，语言上产生争鸣，思想上产生共鸣，引起更深层次的思想碰撞，促使学校教育教学研究不断走向深入。

具体要求：

1. 汇报对象。凡学校给予外出学习机会，参加各级各类研讨活动的教师，回校后必须进行专题汇报。

2. 汇报内容。切忌流水账，要进行有重点的描述或阐述，更希望能够结合我校特点或自身实践，对同一问题进行比较，谈谈自己的看法，提出自己的建议。

3. 汇报方式。根据参加学习内容、推广价值的不同，可选择以下方式在不同范围内进行汇报。

组织专题讲座：用 PPT 的形式简明扼要地展示参加的活动，阐述学习的主要观点。

组织校内沙龙：在年级组、学科组、全校范围内征集相关观点，组织有效探讨，实现观念层面或认识层面的共同提高。

整理活动实录：书面上交或上传到校园网，供大家共读品评。

网站投稿：撰写活动心得，对学校工作或自我实践进行深刻反思和重建，引起校园共鸣。

考核办法：采用积分制，按要求完成的纳入学期教科研考核总分，汇报有质量，并产生一定影响力或指导意义的再适当加分[①]。

最后，还需要进一步就现代学校内部管理制度的重建问题强调三点。

第一，学校制度重建的精神品质以建立有利于促进师生的主动发展，开发基层组织的活力和发展能力，保证学校信息沟通渠道的畅通，不断加强反馈，提升学校的内在发展活力为基本宗旨。

第二，学校制度重建过程既是一个民主参与、不断达成共识的过程，是全校师生观念认同与行为践行相统一的过程，更是师生创造性实践得以不断确认又以制度形式得以确认、放大、转化新日常生活的过程。

第三，学校制度运行过程是一个情理相济、促进师生合作创生学校新生活的过程。这样的制度既对学校师生有严格要求，以保证新生活的有序进行，也对师生创生新生活保驾护航，提供各种可能的空间，允许师生在制度要求的框架内创造各种新生活。

---

① 江苏常州市第二实验小学. 学校汇编资料·教师必读——制度篇［R］. 未发表. 常州，2007.

四、加强学校领导队伍建设

（一）为什么要进行校领导队伍建设

一方面，在学校改革意义上的领导，需要学校领导者能够明确为什么改革和怎么改革，包括对改革的价值方向、目标、基本策略和保障条件的领导，也包括自身的管理观念、管理角色和管理方式进行自觉的转变。而后者正是前者能否正确领导的个人条件，所以，加强学校领导队伍的建设就显得很重要。

另一方面，学校改革是理论与实践紧密结合、相互促进、生成与发展的关系，需要在实践中研究问题，清晰方向，在实践中创生新的发展空间。为此，就需要校长为首的学校领导者能够深入自身学校实践，认真研究，以实践者和研究者的姿态，去领导和推进学校的研究。同时，以自己的热情点燃全校教师的激情，营造宽松和谐、平等尊重的人性化管理氛围，有效调动全体研究者的主动性和积极性，做好改革的践行者和领路人。

（二）如何理解学校领导建设的基本任务

第一，领导角色功能的自觉转换。作为学校领导要知道管理者不等于领导者，也不会自动成为领导者，因为并非只有管理者才能承担领导的职责，领导是一种被赋予的影响力，这种影响力可以被赋予任何个人或群体。所以，学校领导不能再把自己看作是凌驾于群体之上的个体，需自觉转换，把自己看作是共同体中的一个成员，自己与教职员之间的对话也不应是传统意义上的单向度的命令与控制，而应是多向的、交互式的合作与共享。

第二，重构组织，催生多元领导的形成。可以说，凡是能够产生影响力的人都可能成为领导者，那就意味着学校组织的任何层级中都可能产生领导者，如果这些领导者能够自觉肩负起本部门、本领域的发展责任，则这样的学校将是自觉的、具有内生发展力的组织。当然，这只是一种可能性，因为在传统垂直型组织结构框架中，中层组织和基层组织负责人的领导权限极为有限，他们即便有主动发展的愿望也未必有自觉发展的空间。因此，如果要激发每个层次、每个组织负责人的领导自觉性，学校校长就应当有意识地把学校组织向扁平化、网络化方向建构，如图 5－4 所示，使组织内部或组织之间存在许多领导者，同时领导职责由多位领导者共同承担。比如，我们的实验学校除了有校长、科室部门中层负责人等传统的领导角色外，还在教师中专门培育介于正式与非正式之间的教师领导者（teacher leader），包括首席教师（leader teacher）、带教教师

(mentor teacher)、能手教师(master teacher)、项目领导人(program leader)等，意在增加不同层面、不同组际之间的领导人数目。

第三，学会和队员一起创造，在过程中累积正能量 。当学校组织重构为扁平化、网络化结构之后，学校中的组织领导角色就会变得多元起来，这时，校长就要注意两点。一是注重发挥个体领导的才智，崇尚尊重与激励的风气；领导者要成为一个创造的整体，他们相互协调、相互启迪，即领导不是为别人做事，而是与别人一起做事。二是关注团队合作行动，着力建设团队文化。也就是说，这时学校领导应着眼于处于正式或非正式领导职位的人们之间的相互作用，而并非关注他们的孤立行为。用美国学者萨乔万尼(Sergiovanni T.)的话来说，校长“作为领导者的领导者，他们要通过团队建设、领导发展、分享式决策以及努力构建团队精神的价值来达成”①。他关注领导与其下属，尤其是资深教师、学科带头人、项目开发者、能手教师等交互作用中的相互依赖所产生的累积性能量，使学校组织内部人员的能力最大化。

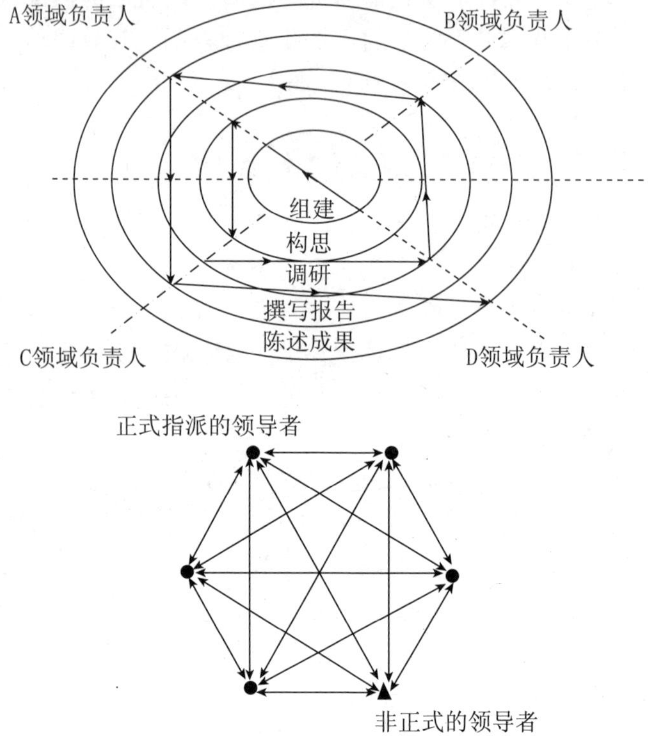

图5-4　扁平化、网状化的组织关系

① 托马斯·J. 萨乔万尼. 道德领导：抵及学校改善的核心［M］. 冯大鸣，译. 上海：华东师范大学出版社，2003：144.

（三）怎样进行学校领导队伍建设

对学校领导而言，一是通过学习，转变学校管理的价值观念，关注“成事”与“成人”的统一，“在成事中成人，以成人促成事”。二是通过行动，转变角色，从领导者转变为责任人与合作者。“作为第一责任人的校长，不是一切工作的责任人，他主要应在学校整体发展的方向、目标、路径、组织、制度等一系列关涉全局的方面承担责任。”“在整体范围内的各部分工作，应由分管校长负责决策。将管理的权力重心下降并作合理分布，也是校长要承担的责任，是各层次建立责任人和合作者关系都须奉行的原则。每个人都应成为自己承担工作的第一责任人，而不是对他人负责、执行他人的旨意。认识到这一点，就可能使每一项工作都呈现出责任人的智慧与风格、创造与活力。”① 萨乔万尼提出，校长的第一要务并不是直接改进课堂教学和学生的表现，而是树立目标、培育文化、发展具有共享价值观的学习共同体，然后通过分布于组织中各个工作团队的领导“流”，来改进课堂教学和学生的表现。

江苏淮阴第一师范附属小学的校长说：“进入全面改革阶段，我们进一步关注‘成事与成人’的双重目标，充分挖掘‘事’的育人价值与发展价值。加强骨干教师与教师梯队建设，关注教师发展的点点滴滴，并积极搭建平台促成教师间的交流，努力唤醒教师的专业自觉，促进教师的角色重建，提升教师追求真实的发展。”②

学校领导力的建设还体现在中层负责人领导力的培养上。

五、着眼中层，提升组织发展力

（一）中层负责人的重要性

一直以来，人们都认为影响学校变革成效的决定性力量是校长与教师。实际上，中层管理人员更是在变革中起着关键性的引领、转化和创造的作用，这些人员在学校日常工作的运行方面，不仅起着上传下达、左沟右通的作用，直接影响着学校各项决策的落实状况，还是学校各项工作得到顺利展开的中坚力量。英国的布里格斯（Briggs）曾指出一些学校领导把中层管理人员的角色看作

---

① 叶澜．“新基础教育”论——关于学校变革的探究与认识［M］．北京：教育科学出版社，2006：340.

② 江苏淮阴第一师范附属小学．“新基础教育”中期评估报告［R］．内部资料．淮安，2011.

是转换性领导力，即一种能够将领导意见转换具体行为的操作性功能或行政性功能①。英国管理学研究者厄雷也进一步强调了这一看法，指出他们所负责的“学校日常实践活动可能不同于决策活动”——其需要将领导理念转换成具体的领导能力②。

然而，受企业事业组织管理思想的影响，学校传统的管理模式中通常把层管理人员主要看作被动执行的“传声筒”、自作主张的“二老板”、消极理解的“夹板气”。显然，对变革中的学校而言，这种角色定位已不充分。因为中层管理人员与上下级是整体与部分的关系，两者彼此独立又相互内蕴。从学校全局而言，中层管理人员是学校决策的执行者，需要与学校决策保持一致，并主动加强与其他部门、条件工作的协调与统筹。从局部而言，中层管理人员是部门工作的第一负责人，他是部门的领导者、决策者、组织者与评价者，但他不能替代部门内每位成员的具体工作，部门内成员的工作需要他们自主负责。

（二）赋权中层负责人

如果要中层负责人真正发挥作用，学校就不仅要赋予他们责任，更要赋予他们必要的决策权、组织权、监督和评价权，从而让他们真正在责任与权力的平衡中感受到自身的责任感和力量感。如果学校领导只是把部门或领域发展的责任下移给中层负责人，这时，他们会感受自己的责任重大，但因为没有独立的决策权、组织实施权和监督评价权，他们就很可能无法真正施展自己的想法，影响其在部门中的领导形象。所以，作为学校变革的第一领导人，校长一定要赋权予中层负责人。如江苏常州市第二实验小学的王冬娟校长说：

> 十多年的学校变革让我深切地体会到，成功的学校变革一定要将学校管理权重心下移到每一位中层管理人员，把自觉变革、自我创造、自主发展的时空还给中层管理人员。我校的实践证明，这不仅变革了中层管理人员的思维方式，提升了中层管理团队的研究品位，还促进了成事与成人的积极互动。比如，他们在我校每月的行政工作例会上，主持会议的中层既是例会的策划者，又是问题解决的推进者，更是策略的创生者，其他中层不再是倾听者和旁观者，而是合作者、互动者

---

① Briggs A. R. J. Academic middle managers in further education: Reflections on leadership [J]. Research in Post Compulsory Education, 2001, 6 (2): 219－232.

② Earley P. Middle management: they key to organisational success? [G] // Middlewood, D. and Lumby, J. Strategic management in schools and colleges. London: Paul Chapman, 1998.

和共创者①。

（三）中层负责人领导力的培养策略

那么，中层负责人的变革领导力包括哪些方面呢？我们发现，除中层负责人视自己为变革主体，有远见、有冒险精神但不鲁莽、能领悟核心价值观并以之指导自己的行为、行动前能够深思熟虑、信任他们并对他们的需求具有敏感性、善于从经验中学习领导品质②外，他们的变革领导力一般包括这样几方面：变革价值的引领力，变革发展状态的分析力、诊断力和决策力，问题研究力，活动策划力以及教育教学研究中的变革指导力等。

"新基础教育"实验学校围绕这几方面，创新了许多载体，探索出了一些较有价值的经验。

第一，创新培训载体。如江苏常州市第二实验小学提出了"工作即研究"、"管理即创造"的培训理念，聚焦学校发展中的问题，开展各类在岗研修活动，主要分两类。

一是学期中的在岗研修活动。即每个月分若干管理问题按周开研讨会，最后一周就本月研究的状况进行总结，并就下一步研究的思路做交流，会议上其他学校领导和中层负责人提出意见和建议。例如，某年的9月，三位中层负责人轮流主持三次管理类研讨活动，第四周由校长主持进行总结与规划，如表5－1所示。

表5－1　9月主题例会安排

月份		问题	策略	主持人
…	…	…	…	…
9月	1	如何变差异为资源推进"全实深"	学科"走进异域"	孙敏
	2	怎样发挥"评价表"的自培功能	"两表合一、对比内化"	高鸣鸿
	3	开放活动中的调课问题	调课"三原则"	潘慧黎
	4	总结与规划		王冬娟
…	…			

二是在暑期开展集中研修活动。这种研修活动采取"长程二段"的方法：第一段由学校领导对中层领导进行培训，另一段由中层领导对其职责范围内其他责任人的培训，如课程部长培训教研组长、备课组长等。

---

① 江苏常州市第二实验小学．王冬娟在叶澜教授主持的"新基础教育"研究学校中层管理人员培训班上的发言［R］．常州，2008.

② Lussier, R. N., Achua, C. F. Leadership: Theory, application and skill building［M］. Cincinnati, OH: South－Western College, 2001.

2008 年“赢在中层”暑期管理者培训活动方案

指导思想：2008 年将是学校发展史上的又一个新的里程碑。十年“新基础教育”研究使学校呈现出新型学校的整体形态与特质：价值提升、重心下移、结构开放、过程互动和动力内化，学校的教育教学、师生言行举止、各类教育产品等体现出从内容到形式的和谐之美。为此，我们需以只争朝夕的姿态、精致的管理、精良的队伍和精美的成果迎接总结性评估。

研修主题：科学配置 · 优化资源

研究内容及安排（见下表）：

时间	主题	内容	方式	主持人
8.1	使命与责任	上午：专题报告 ——学校管理机制与创新策略（惠书记）	专题报告	王冬娟
		下午：它山之石 ——在精致管理中享受自我实现的幸福（学科代表、年级组长、备课组长等不同管理层代表的智慧分享）	大会交流	
8.2	学习与研究	上午：专题学习 ——叶校长作“冲刺阶段”工作总目标与普查后要求的报告 ——人物专访：马云精彩报告	学习研讨 在线视频	叶伟锋
		下午：专题研讨 ——各部门负责人交流“新基础教育”成型性研究成果、精品提炼、呈现方式、打造策略等的设想，共同研讨	交流切磋	
8.4	策划与行动	上午：行动策划 ——教师资源的合理配置与开发利用（2008 年课程设置、课务安排、兴趣小组等）	专题研讨	朱丽萍
		下午：特色研讨 ——“4 + 1”课题组在行动	现场编辑	

注：①前三次为针对生成性问题的专题研讨（自主申报），第四次为总结与部署；②主题式行政例会做到“三个点”：突破点、深化点、增长点。

第二，创新实践载体。通常，我国学校的行政例会是学校领导定期开碰头会，商讨学校近期的重要事项，决策决定之后告知下级执行。这样的行政例会不足之处是学校领导作决策时，听不到中层或基层的声音，所作的决策很可能不切合实际，没有针对性或缺乏可行性，中层或基层易产生抱怨之声，最终使决策得不到落实，而真正的问题也没有得到及时解决。所以，有的学校开始破除这种行政例会的方式，扩大参与对象的范围，尤其在有重大事项时（如校庆活动）召开联席会议，让相关部门的负责人参会。会上校长准备会议的主题和内容，召开联席会议时，再向各领域、各部门布置工作的内容，要求各中层干部领取任务回去认真做事便可。这样的联席会议方式的不足之处在于：联席会议虽然有利于各部门之间进行沟通与协作，但当某项工作与自己所在部门无关时，部分中层负责人就会游离在会议之外，或无所事事，不能为其他部门的发展主动献计献策；而且这样的联席方式因为主要是校长布置任务，中层干部领取任务，在实践中中层仍然主要停于执行角色，不能够根据情境变化主动地转化与提升，责任意识不强。

于是，江苏常州第二实验小学为增进校内各部门之间的及时沟通、合作与协调，以及部门负责人之间的相互学习与激励，改革了行政例会，建立了“双周部门联席会制”和“每月学生发展联席会制”以及“行政调研制”，把联席会议改成“主题式联席行政例会”，如图 5－5 所示。主题仍然由校长提出，但会前要求相关部门作主题发言的准备。比如，校长提出的主题是“如何变差异为资源，促进学校变革走向全体、扎实和深入”，围绕这一问题，学校相关部门的中层干部会前作准备，提出自己对此问题的看法，在联席会议上再作交流。联席会议的形式也作了改变：首先，相关部门内的责任之间先作 5 分钟讨论与交流，如教导主任与各学科教研组长作交流；然后各部门中层负责人分别就同一主题结合本部门的工作情况谈思路，这过程中其他部门负责人进行点评；最后，分管校长要及时进行点评，点评不是简单地将发言内容浓缩，而是要“聚焦”和“融合”。即“聚焦”就是对其分管领域的经验和问题进行提炼，必要时做出肯定性回应；“融合”就是站在全局的角度分析经验与问题的成因，以便营造“军功章上有我的一角”、“问题中有我的一份责任”的氛围，从而将局部的经验转化为推进面上工作的能量，把局部的问题引起大家的关注并形成集思广益解决问题的合力。如有一次家长开放日，有一个班的电视机出现故障，这个问题事实上应该由后勤部协作解决，这时，学校客观归因，以便后续工作中形成自觉协助的合力。会后，学校要求各部门负责人根据联席会议的启发、他人的意见和建议及时做出调整。

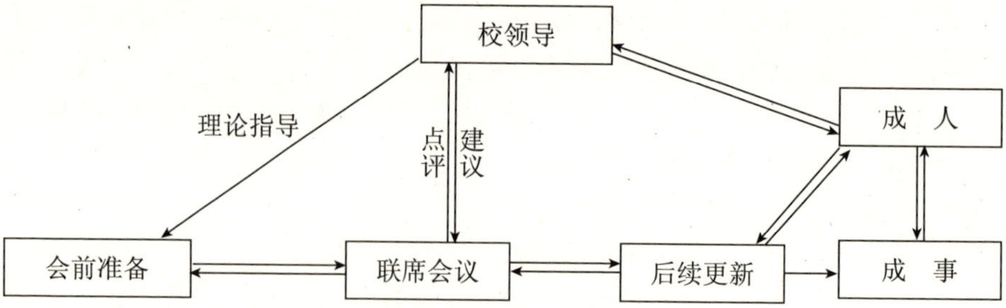

图 5－5 行政联席会议制

案例 5－4：行政联席会议制度

为了保证联席会议的质量，常州市第二实验小学还就此制定了相关要求，如：

不开无准备之会（会前必准备）。

会前准备三前移——议题前移，让与会者提前思考。如果议题讨论的是某项工作方案，则要将方案附在后面提前发给与会者，以便会议时直入主题。学习前移，与会者认真学习相关资料和方案，提出自己的观点供讨论。调查前移，对会议相关问题做必要的会前调查。

现场准备三到位——设备到位（音响）、环境到位（横幅、席卡等）、服务到位。

会议目标要具体——一开始就宣布目标，做到围绕中心不跑题，重点研讨有突破。

会议作风要严谨——规定何时开就何时开。会议主持者应该比一般成员提前到会。与会议主题无关人员不参加，否则会浪费很多时间。

会议议题要精练——学校在安排例会议题时一般都进行整合，但从不同的层面或角度来参与。做到统分结合、整合融通，将要交流和研讨的话题集中到一个核心主题上来思考与策划。如形成性测试后的教师例会——这样既可以拓展教师的视野，又立足人的生命成长的角度去思考与策划；既克服了唯分数现象，又激发了教师在多角度研究学生的基础上针对本学科学习特点进行再设计和再创造的热情。

时间选择要讲究——因一般安排在下午比较容易拖会，学校将行政例会放到上午 3、4 两节课，以使每个人的发言都有一定的时间控制。

内容总结要及时——行政例会因每个人都分管着一个领域，会出现因与己无关而开小差的现象。为此，学校设立了“5 分钟点评制”，即中层交流结束，分管校长要及时进行点评，而这个点评不是简单地将发言内容浓缩，而是要“聚焦”和“融合”。

不难看出，这一会议制度对促进中层干部的成长极富意义。从“成事”的角度看，通过对“核心问题”的分析、诊断和改进，学校实现了从一个节点到另一个节点的发展。从“成人”的角度看，它能够促使每位中层负责人沉下心对某个问题作深入调查和分析，真正在教育理论与变革实践之间建立内在的关联和呼应，从而形成从点状的、局部的到综合、关系的复杂思维，提升实践智慧。

案例5－5：启动管理类课题，让中层负责人学会在研究中提升解决问题的能力

常州市第二实验小学要求各领域中层负责人直面本部门发展中的问题，首先把问题提炼成课题次表，如“课堂学习新规则的实践与研究”、“常州二实小教科研考核细则研究”等；接着制订研究方案，开展跟踪式研究，边工作边探索。另外，研究会过程中定期开展专题研究，寻求突破，并把探索经验转化为进一步工作的资源。研究课题如下表所示。

姓名	课题名称
王某某	管理重建：在变革实践的过程中提升核心领导力
叶某某	全员参与，共创洁美“家园”
孙某	强化骨干引领，深化“新基础”“全实深”研究
张某	课堂学习新规则的实践与研究
郭某某	常州二实小学生日常行为规范的研究
高某某	常州二实小教科研考核细则研究
马某某	提升学校信息化基础建设和运用研究水平，创建常州市信息技术特色学校
潘某某	改善学生术科课堂教学常规，提高术科课堂效益的策略研究
潘某某	关于维护教学秩序，规范工作常规的探索
袁某某	让我们的老师运动起来
朱某某	学校教师参加市优秀教师五级梯队评选情况的研究

第三，创新评价载体。在践行“前有策划设计、中有组织指导、后有反思

总结”的管理要求下，特别增设“责任人”与“合作者”履行职责的自评与他评。

学校还组织“身边的责任人与合作者”专题演讲会，在年度“校园十大感人故事评选”中不仅有出类拔萃的责任人，更有默默无闻的合作者，营造了“敢于责任、善于合作”、“合作是更高境界的责任”的良好氛围。

第四节　从“焦点”到“焦群”：教师队伍的团队化、梯度化发展

一、 全面提升基层负责人的策划力、 组织力与评价反馈力

一方面，随着学校变革群体的扩大，学校领导与每个变革教师个体之间的直接互动的频率就可能越来越低；当这样的群体达到一定的规模时，在孕育期与突破期校长与教师的一对一交流概率已不可能持续。另一个方面，如果每周组织一次全学科或是全校性的大型研讨活动也是不现实的，因这样的组织成本太高，不仅有课程安排上的困难，一一通知到每位参与者的联络时间就会很长，还因场所、相关设备的准备等要花费大量的精力。所以，这时的学校管理的单位就需要进一步降低重心，加强基层组织建设。所以，全面提升基层负责人的领导力也成为改革的任务之一。

基层负责人领导力的提升，策略有许多种，简介如下。

（一） 赋权基层负责人， 培养第一责任人意识

一是下移策划权，让基层领导（如教研组长、备课组长、某项目负责人）策划组内的师生发展、文化建设、工作考核等工作，管理教研组的日常教学，开展专题研究。比如，在“新基础教育”的实验学校里，每学期开学前或开学初，学校领导先召开负责人联席会议，确定本学期的重要大事和主要目标后，基层负责人便开始根据学校的总要求考虑本领域或本部门的学期计划。一些基层负责人为了把工作做得更扎实出色，一般会采取先召开本组教师座谈会，相互交流本学期重点工作的看法，然后提出本部门的学期工作计划供组内教师提出意见和建议；多次上下反复几遍后，学期工作计划初稿才会形成。之后，基层负责人把学期工作计划提交学校领导和本领域的华东师范大学的改革指导研究负责人，这些人再就计划的制订作出修改，最后才得以尘埃落定。

由此可见，诚如校长在变革孕育期通过制订学校发展规划方案清晰了学校改革的整体蓝图一样，这里教师制订学期工作计划与总结，同样是基层负责人清晰本单位发展现实、发展问题和发展潜力，清晰发展目标和发展策略的过程，这样的过程虽然较为曲折，比较耗时，却是培养他们诊断问题、分析问题和解决问题的能力是个极好机会。比如，一位教研组长如此说：

> 走上教研组长的岗位，意味着一种新的责任。我需要把学校工作和学科发展特点相结合，对每一学期的活动进行整体定位和策划，把学生的发展、教师发展、教研组建设的发展放在首位，把每一次的活动都看成磨砺自身发展的一块基石，使我们组的全体成员在日常教研中有真实的成长。

二是下移一定的评价权。即学校可以改变通常由学校行政部门单方面评价教研组或备课组的发展，采取自评、组长评、家长评、学生评和学校综合评定等方式。这样的评价既有助于促进被评价者的自我反省与改进，也赋予基层负责人一定的权威性。

（二） 培养基层负责人的组织力

随着全面变革的到来，学校会增加改革频率，要求教师们几乎每周都有全学科或全年级参与的专题研究活动，这样的研究活动牵涉的人、事与内容都较为多样，就需要基层负责人既能提高研究工作的效率，又能促进大家合作共研的氛围。前者涉及的是如何策划一次研究活动的流程问题，后者涉及的是研究活动的分工合作的问题。

活动的流程设计工作对基层负责人的策划力和组织力极具锻炼价值。在组织背景下，流程是指完成工作的方式（运作流程）以及对工作予以支持的方式（管理流程）。流程系统是针对某一特定活动的所有事件的有序流动过程。作为基层负责人要能够对每次教研活动的研究主题、什么时候研究、研究内容有哪些、由谁来承担这些研究任务、达成什么效果、需要什么样的支持等都要十分清晰。比如案例 5 -6 中，基层负责策划了一个下午的两个半小时里，不同时间段里的活动内容、活动顺序、活动时间以及活动承担者，将这次教研活动的流程很清晰地设计了出来。

同样，活动的分工合作的安排也有助于发展基层负责人的组织力、沟通和协调的能力。如案例 5 -6 表下方所示，这次研究活动涉及主持、拍照、录像、新闻报道、人员接待、研究资料整理、学生管理等各项工作，基层负责人对这些工作一一作了安排，不仅提高了工作效率，也有助于增进团队合作共享氛围的形成。如果只是几个人负责这项工作，则无疑会加重他们的工作负荷，而且其他未参与分担研究工作的教师还可能因怀疑自己不被信任而产生消极情绪。

案例 5-6：教研组合作研究活动安排表

单元整体设计下的英语故事教学探究

“新基础教育”四年级主题教研

日期：2013 年 6 月 9 日　13：00—15：15

地点：××××

安排表：

时间	内容	责任人
13：00—13：05	校本研修介绍	英语学科教导主任
13：05—13：15	说课	备课组长
13：15—13：50	上课 4B M4U1 Period 3 The Piper of Hamelin	骨干教师
14：00—14：05	备课组讨论	全体教师
14：05—14：15	反思	上课教师
14：15—14：30	教师代表评课	各年级组教师代表
14：30—15：15	组外点评	校际骨干教师或大学专家

备注：

①主持：穆老师（教研组长）

②拍照：吴老师

③全程录像：高老师

④信息稿：蒋老师

⑤专家点评整理：谢老师

⑥专家接待（倒水）：季老师

⑦带班：顾老师、黄老师（13：10 四年级 2 班的学生带好书和铅笔盒在二楼数字教室门口安静等候）

⑧送班：王老师

⑨研讨桌椅摆放：全体英语老师

⑩审稿：杨老师

再进一步分析这张表格，它蕴含两类不同的教师合作研究机制：从13：00到15：15，教师之间是一种深层的智慧性合作关系，可称为协同研究，大家都围绕研究目标进行共同思考与对话，共同创作一节有创意的教学。表格中备注部分安排的也是一种合作，这种合作虽未必有创新性的产品，但它是完成协同研究的必要条件。这两种合作的完成，都与基层负责人的组织策划力密切相关，从而使复杂的研究工作变得协同、合作而共享，而不是少数人承担工作，变成他们的一种负担。

（三）在教研活动中培养中层负责人的业务指导力

在基层研究活动中，基层负责人不仅要负责设计研究流程和分工方案，还要承担起变革的指导人或引领人。如在“新基础教育”实验学校中，基层负责人大多是业务能手和变革骨干教师，他们在日常的教育教学研究活动中需要参与到教师们的备课活动、听课和评课活动中去，既参与研究教学，也要研究教师们对教学变革的把握状态，并想办法提升教师们对新教学的理解力。正如案例5－7“新基础教育”实验学校的一位基层负责人所说。

案例5－7：一位基层负责人的自我努力

为了把现场学习资源最大化地利用起来，学科组中我和同行教师经常用不同的方式——现实实录、经典摘录、专题研究材料整理、学习汇报、专题研讨理性分析等，来实现对教师的“同步自培”。为了培训他人，消化吸收是前提，而为了使信息损耗减到最小，我找来几本笔记对照学习，努力还原，并把适用本阶段本学科的重要信息加以强化学习。同时，我带头承担研究课，以身试教，做“先行者”、“开拓者”。无论哪个专题、哪个课型，我都参与全过程的研究，即便是对学生分析、教材分析的书面表达，我也与老师们一起斟酌、推敲、完善。

研讨现场的组织、调控、总结也是培训我的重要舞台。倾听教师发言，现场捕捉、放大有价值信息，整合不同教师呈现出的同类信息，理清不同信息之间的内在逻辑，都是对我综合素养的考验和锤炼。从开始的“应接不暇”到逐渐“驾轻就熟”，得益于无数现场学习①。

① 高鸣鸿．我变了什么？［G］//叶澜，李政涛，等．“新基础教育”研究史．北京：教育科学出版社，2009：492．

二、 着眼基层组织，多元促进教师队伍发展

我们知道，教师队伍构成是丰富多样的，存在年龄、资历、态度、能力等多方面差异。面对差异，学校通常是简单地统一布置工作要求，简单地拔高就低，或单纯重视教师的专业培养和发展，无视教师的个性差异。这样的做法自然无法真正触及教师内在的发展需求，更无法激发教师参与变革的愿望。

面对差异，“新基础教育”实验学校的领导和中层管理者也曾深深地苦恼、担忧，并将它作为一个发展中的主要问题求教于叶澜。叶澜告诉他们：“尼亚加拉大瀑布之所以壮观，之所以给人美的震撼，就是因为它有落差，落差就是动力，差异也是资源，有差异的教研组，有差异发展的人，都是宝贵的资源，正视差异，善用差异，是对管理者的挑战。”此番话点醒了校长们，使他们认识到，可把教师个体和群体的水平差异看作发展的资源，在流动中激活，推动队伍的整体发展。于是，他们立足差异，盘点差异，在差异资源的开发、利用上做文章，以获得学校、教师发展的双赢。

（一）多角度解读差异，梳理差异资源

用好差异，前提是了解差异。为了发挥差异在教研组建设中的积极作用，“新基础教育”的某学校采取了各种方法，从不同角度梳理了教师队伍的发展状况。

一是从年龄、性别、学历、教龄、职称、荣誉称号的角度，结合参加“新基础教育”的年限整体梳理各教研组教师队伍发展状况。表 5－2 是某校 2004 年 9 月各学科组教师队伍发展状况汇总表。

表 5－2　某校 2004 年 9 月各学科组基本情况汇总

比率 项目 组别	中级以上职称比率	市级以上荣誉称号比率	本科以上学历比率	十年以上教龄比率	第一梯队人数比率
语文组	74.2%	22.6%	64.5%	51.6%	22.6%
数学组	78.9%	47.4%	63.2%	63.2%	36.8%
英语组	28.6%	28.6%	57.1%	28.6%	28.6%
综合组	50.0%	21.4%	28.6%	85.7%	21.4%

显然，根据这些差异资源的初步分析，各教研组长就能较清晰地了解本学科的优势和发展方向，为制订符合本学科教师队伍的计划提供了重要的事实依据；学校领导也能够对各学科教研组发展状况、组际差异及形成差异的主要原

因有了比较直观而整体的认识。

二是分析骨干教师在本学科的年段分布状况。结果发现，有的教研组骨干教师大多集中在中高年级，低年级骨干教师比例较少，不利于低年级教师队伍的整体成长，也不利于低年段学生学业水平的整体提高。表5－3是语文教研组某校第二学期对教师年段分布结构的分析，便发现了这一情况。

表5－3　某校2004年9月语文教研组教师梯队建设基本情况汇总

年级组	第一梯队教师（人）	第二梯队教师（人）	第三梯队教师（人）
一年级	0	3	2
二年级	0	3	2
三年级	1	2	3
四年级	1	2	2
五年级	1	2	1
六年级	2	2	1

三是用问卷调查、个别访谈、撰写成长反思等形式对教研组教师发展状态进行全面分析的基础上，着重分析了每一类教师的发展困难、发展内需，以及近期自我发展的可能目标和途径。表5－4是某校英语教研组教师发展状况分析：

表5－4　某校2004年9月英语教研组教师梯队发展基本情况汇总

梯队	人员名单	状态分析	发展目标	需解决的困难
一（2人）	教师A 教师B	已经成为实验骨干教师，多次在“新基础教育”活动中上研究课。能比较深地理解理念，而且学会用“新基础教育”理念作为工具来分析自己和别人的课堂教学，乐意在组内发挥引领作用	争取成为本市小学英语学科带头人，并成为共同体中的骨干教师，对共同体的发展做出更多努力	时间、精力如何合理的分配；观念如何保持与时俱进；如何不断突破、超越自己原有的框框；如何发挥更大的引领作用，等等
二（2人）	教师C 教师D	已经涉足实验，处于理论与实验的磨合阶段。对“新基础教育”理念在实践中的形态还不够清晰，不能把对“新基础教育”理念的认识完全内化为自己的实践行为	通过不断学习和实践，争取成为本市小学英语骨干教师。能积极有效地参加实验共同体的活动，成为研究的主力军	面临生育关，如何兼顾教学发展；如何做到理论与实践相辅相成、相互促进；如何更好地发挥组内中坚力量的作用，等等

续表

梯队	人员名单	状态分析	发展目标	需解决的困难
三（4人）	教师E，F，G，H	均为近两年的新教师，刚开始接触和学习“新基础教育”理论，对如何在英语学科教学中实践“新基础教育”理念还缺乏经验	争取成为本市小学英语教学新秀或能手。在日常的教学研究活动中多思考勤实践，结合自身特点创出自己的教学特色	如何更深入地了解职业内涵、了解学科特性、了解学生；如何根据自己的特点，更快、更准确地切入“新基础教育”研究领域，等等

（二）构建梯度、动态发展的教师队伍

通过如上对教师发展状况的研究与分析，学校就会发现，诸多因素都在影响着教师的变革态度和投入度：

• 当队伍之间形成梯队，发展目标的定位之间有了高低差别时，目标定位高的教师受到激励，目标定位低的教师则形成了潜在压力，不再为现状而觉得心安理得，差异就会变成动力，促进教师在不同基础上直面变革；

• 当真正投入变革并感受到变革的挑战，变革产生积极变化，职业发展就会激发教师的内在需求，自主研究的动力得以形成；

• 当教研组的研究氛围、研究方式、人际关系都处于友善、科学的发展状态时，教师的变革心态也会随之积极起来。

根据这些发现，一些“新基础教育”实验学校便确定了促进教师队伍整体发展的基本策略。

1. 制定各梯队教师的发展方向 、发展途径和职责要求，如表5－5所示。

表5－5 某校英语教师队伍各梯队的发展方向、途径和职责表

各级梯队	发展方向	发展途径	职责
第一梯队	提高课题策划、研究的水平和课堂教学能力	通过读书提高理论修养、领衔参与各项小课题研究	开放自己的课堂，领衔本年级的小课题研究，带动年级组内第二、三梯队的教师进步
第二梯队	提高自己的课堂教学水平	深入骨干教师的课堂听课、学习，积极参与本年级小课题的研究过程	指导第三梯队中新教师的成长

续表

各级梯队	发展方向	发展途径	职责
第三梯队	能适应教师生活，逐步独立地上好每一堂课	走进第一、二梯队教师的课堂，认真学习、参与研究，努力提高自身的基本功	做合格的教师

这些做法都是打破了传统上按教师资历或教龄划分教师队伍的框架，综合考虑了教师参与变革的愿望、能力和潜力等状态，重新调整教师队伍，将之分为一、二、三或更多级别的梯队，对每个梯队提出不同的发展目标和策略，并给予不同的发展平台和相应的奖励措施，从而在梯队之间形成了差异发展的动力。变革过程中，学校还可根据教师的实际表现做动态调整，如果第二、三梯队教师表现出色，成长较快，可提前进入第一梯队；同样，如果第一梯队教师不努力，表现不佳，则可调至第二、三梯队，从而形成动态调整、差异激励的发展格局。

2. 尊重差异，促进教师教学的个性化发展。教师之间的差异是丰富多样的，有的是个性差异，有的是水平差异；教师团队之间同样也存在丰富的差异，有类型差异、水平差异和文化差异，所有这些都为教师队伍发展提供了丰富的资源。这里举江苏常州市第二实验小学在此方面富有创造性的做法。

案例 5－8：尊重个性差异，凸显优势，带动整体转型

我校语文组人才济济，但个性鲜明：动辄剑拔弩张者有之、随性自由散漫者有之、含蓄温文尔雅者有之。细细分析，激进者虽易伤和气，但有着强烈的上进心和好胜心，具有挑战精神；散漫者虽遇事拖沓，但有着敏锐的观察力和感受力，具有创造精神；含蓄者虽不够大胆，但踏实细致，具有实干精神。这些长处都是研究所需要的，而又确实不可能集聚于一身，而发挥出任何一项长处到极致，就必然对其思维方式产生冲击，带动其整体转型。

潘××老师就是典型之一，她有着较为丰厚的文学功底，遇事有主见，工作有创意，因而也自视较高，不善踏实做实践、反思、积累等具体工作，凭小聪明应付。但她的班级管理极有特色，她用开放的心态宽容学生的成长，给学生充分自主选择和创造的空间。于是我们把她树为典型，带领全体教师在她的班队课上一次一次感受她的激情、肯定她的进步、激励她的努力。她一开始采取“安全自护”的立场，经过叶老师和专家组老师的指点，她逐渐认同“新基础教育”，并自觉地运用“新基础教育”的理念创新班级文化建设。过去的一年，她对

> 自己提出了新的挑战，大胆实践语文专题研究，一堂“林冲棒打洪教头”教学，“打”出了“新基础教育”研究的坚定信念，“打”出了自我发展的一方新天地，不仅如此，她还积极鼓励同伴参加日常实践研究，承担“新基础教育”研究课。在常州市骨干教师评选课堂教学能力考核中，她上了一节成功的思品课，回到学校，她迫不及待地向年级里的老师传经送宝，请他们当学生，将自己的设计意图和创新之处、遗憾之笔一一绘声绘色地描绘了一遍，面对其他教师的疑问，她一一耐心解释。这种开放的心态、积极的实践、自觉的引领成了潘××的新形象和新魅力①。

（三）加强基层组织的教研职能，促进教师队伍合作发展

教研组和备课组是我国学校内部组织的基层单位，也是学校整体变革的组织细胞，更是教师专业发展的基本平台，因此，它们的建设状况很大程度上直接影响着学校日常教育教学的质量。但是，在传统学校管理功能定位下，教研组通常只发挥着事务性功能，按上级要求完成必要的教学研究、作业批发、考试测评，教师文化活动等相关职能，整个职业定位在“做成事”，不注重组内教师的发展，更不注重自身的文化建设，无法为组内的每个成员营造适宜其专业成长的文化氛围。但在学校变革过程中，教研组、备课组等职能就需要转化，走出传统事务型组织的框架，向学习研究型组织转变。具体而言，教研组需要完成四种职能转化。其一，将课程内容教学化，将静态、抽象的课程转化为具体的课堂教学活动，转化为教师可进行、学生可参与的教学目标、内容与活动。二是开展系列研究，使不同年级教师在系列研究中清晰本学科的教学要求、目标、重点和基本策略。三是将研究活动日常化，包括研究性备课、听课、上课、说课和评课等。四是将研究行为规范化或制度化，努力促进研究与工作的内在沟通，以研究提升工作质量，在工作中开展研究；并促进不同梯队教师参与研究，在研究中分享、合作与协同共进，为整个组织的发展完善贡献智慧。

转变教研组的职能，首先想到的就是转变教研组活动安排的方式，安排方式的不同，组内成员的发展机会、发展成效就可能有很大的区别。已有的教研组活动常常呈现出随机化和表层化特点，过分关注活动的外在效果。比如，有些教研组有时会安排教师共同学习理论，就随机选取某本书或某篇文章，读读就算完成了任务，而没有深思：为什么读这本书，读完之后应当如何与实践相

---

① 江苏常州市第二实验小学．“新基础教育”成型性研究总结材料［R］．内部资料．常州，2009.

结合，教师的收获如何。

教研组活动方式的安排涉及两个维度，一是参与人员安排的方式，二是活动流程方式。在传统“成事”目标取向下，基层组织很少考虑人员安排问题，即便考虑到人员安排，也常常以提高办事效率为标准。所以，“新基础教育”实验学校的基层负责人就探索出了许多新办法努力改变现状。例如：

案例5－9：改革基础教研活动，推动各梯队教师发展

我们在差异资源的引领下开展教研活动，有两个重要目标：一是怎样在活动过程中使不同层次的教师形成合力，相互促进；二是怎样借助一次研讨活动为学科组内部不同层次的教师提供帮助，使之能更快地发展。

为此，在研究中，我们既对每个梯队的教师提出发展要求，给予发展机会，也注意突出骨干教师的引领作用，骨干教师发扬风格，在研究中争当探路人、领头雁，为第二、第三梯队的老师提供观摩和学习的参照，然后把展示、研讨、专家指点的机会让给第二梯队的老师，让他们得到真实的体验、具体的指导和重建的机会。随着研究的深入，我们还对各梯队教师提出了更为具体的分层要求：在学习环节，第一梯队教师可自主选择学习内容，第二梯队教师接受规定性学习，第三梯队教师普及“新基础教育”基本理论；在实践研究环节，第一梯队教师侧重策划、指导，第二梯队教师把研究和反思重建的深度作为自己的要求，第三梯队教师主动学习、模仿、反思和创造。

如我们在“新基础”优秀课例打造的专题研究活动中，各教研组的活动就是分两个层次进行，首先是备课组内，各年级备课组在组长的领衔研究和组织研讨基础上，以培养与锻炼第二、第三梯队教师为目的，进行了各具特色的探索：数学组以教材解读和教学语言的锤炼为重点，根据各备课组人数较少，各组有一位骨干教师引领的特点，确定一位本学期重点培养的第二梯队教师，使其反复实践、逐步改进；而语文组根据各备课组研究的核心问题和年级学生能力训练的重点，制订了相应的研究专题，并根据备课组人数较多，需要发展的教师较多这一特点，开展了全员参与式的“集体学习—集体备课—课堂实践—评课议课—教学重建—课堂再实践—教学再重建”一系列研究实践活动。在历时两个月的活动中，每个学科每个备课组都充分发挥了自主性和创造性，围绕主题，积极认真地组织了一系列的研究实践活动，并向教研组推荐了一节备课组优秀课，承担对象均为第二梯队的教师。

第二梯队教师除了在各备课组的课型研究中接受锻炼，发挥作用外，各教研组还为他们创造了集中锻炼的机会——基本功比赛：在规定时间（90分钟）内解读教材、学生和设计教学过程，用10分钟时间进行说课；30分钟进行评课；隔夜给教材，不提供任何参考资料，第二天进行课堂教学。整个过程中，教师积极准备，在活动前分头行动，有的读书，有的请教，有的自我反思、总结自己日常的教学，有的咀嚼自己以往的学习笔记；活动中经受了考验，练了胆气、展现了素养；活动后在观看自己的录像和其他人的录像过程中比较发现自己的优势和问题，学习别人的长处，实实在在地找到了自己的生长点。有的老师这样说：这次活动的组织目的并不仅仅在于切磋武艺，确切地说这更是一次研讨，一次思想洗礼①。

（四）建立队员对话平台，激发教师队伍的发展动力

发展需要动力，而科学的评价制度与机制有助于激发动力。我们在学校管理上积极探索教研组团队建设的评价制度与机制，如评选学习型教研组、采取不同的方式支持与鼓励教研组做出成绩、以群体的发展来衡量个人的成功等。

1. 评选学习型教研组，促进教研组团队间的互学相长。“新基础教育”一些实验学校每学期都会开展学习型教研组的评选活动，制定相关的评比细则，进行全校教师的打分评选活动，力求将评选活动组织成为教研组建设与发展的经验交流会。教研组以各自独特的形式与内容交流一学期来的经验与成果，分析不足，并提出进一步的构想。这样的交流活动逐步改进了教研组建设与发展状态，并通过具体形象的介绍加以推广，在经验共享的基础上逐步完善。

比如，某校数学教研组在研究小学数学计算价值这一课题结题之后，并没有因为课题结题而结束，而是继续运用成功经验，在计算教学中沿用成功的教学课例，少走了很多弯路。这是教研组对教学资源、人力资源有效利用的成功案例。在评选学习型教研组时该组介绍了成功经验，语文教研组很受启发，提出了“散点式教研与聚合式教研”相融合的教研模式，很好地沟通了各年段的研究，促进了组与组之间的相互了解。

2. 以群体提升为导向，在肯定群体发展中肯定个人。优秀教研组一定是锐意进取，不满足于现状的教研组，也是良性竞争合作的教研组。如何处理群体合作与个体竞争之间的张力关系，如何在肯定群体中肯定个体，也是基层组织建设应注意处理的问题。

---

① 孙敏. 在“异域”的滋养下枝繁叶茂［R］. 专题总结材料. 常州，2012.

所以，学校应努力创造群体发展的支持性环境，使教研组内形成相互理解、信任、欣赏和支持的氛围，让教师心情愉快地工作。学校还应在肯定教研组整体的基础上肯定个人的成长发展，避免教师形成以自我为中心的观念，不利于群体发展。如有的实验学校每学期都进行学习型教研组的评比，被评上的教研组中的每个成员都享有一定的奖励津贴。同样，日常的研讨课、评优课，也都强调教研组是否共同参与和研究。

对于教研组团队而言，要用好上述原则和策略，需要一个渐进的过程。它为教研组自主研究能力的提升提供了一个可行的方向，团队领导可由此逐步学会站在更高层面整体策划本组的研究活动，团队成员可以通过更系统地学习与研究超越具体教学行为，在教学设计与教学思想等更高层次上整合理论与实践，最终促进教研组向更自主、自觉的水平发展。

第五节　从“焦点”到“焦链”：教学与学生工作改革的系列化推进

进入全面变革期，各年级、各学科的教师都成为变革者，这为课堂教学改革和学生工作改革从点走向面提供了人员上的支持，既可使不同年段教师可以协同作战，纵向开展同类教学的递进研究，理解同一类教学在不同年段的定位，也有助于每个年级的教师在纵向比较中清晰自身教育教学的核心任务、关键策略，以及底线要求和可能空间，从而为教育教学研究从关注一节课或某一年段一类课研究转向系列专题研究提供了可能性。同时，同一年级教师也可以协同作战，分工合作，开展同一年级或年段不同专题及其关联的研究。

一、以课型为抓手，开展系列专题研究

所谓专题研究，就是以专题方式把教材中相关内容的教学进行集中研究，以探讨这些内容之间的内在联系、教学内容前后分布的逻辑结构以及不同教学内容的过程结构和基本策略等。如小学数学中“度量概念教学的专题研究”，其相关的长度概念、面积概念和体积概念等内容，尽管不在一个单元内，甚至也不在一个年级内，但是把它们以专题形式进行集中研究的好处是，可以帮助教师发现这些看似不相关其实却有着非常密切的内在结构关系，通过对蕴藏其中的育人资源的开发来实现这些内容教学的具体价值；可以帮助教师认识和掌握这些相关内容教学过程结构的展开逻辑，通过对教学中异同之处的比较来沟通

与实现结构化教学的目的[1]。

"新基础教育"推进专题研究的基本方式是以课型为对象开展研究。那么，什么是课型呢?

> "型"有两种意思：一是种类、类型，另一种是样式、模型。故此，可以将"课型"理解为课的类型或课的模型。每一类课型都具有独特的教学目标、基本规律和过程结构特征。在某课型课堂教学中，只有符合该课型的目标、基本特征和教学基本规律才能收到预期的效果。例如，练习课的目的是帮助学生将新授课（单课）的知识点（新句型、语法点或语音知识等）做进一步梳理归纳，让学生在练习、自悟的基础上总结规律，加以操练、巩固，并迁移运用。这样的课堂因强调学生的能力培养，要求从指挥者转变为观摩者和评价者，学生是练习和活动的主动者。但如果教师不能很好地定位课型，将巩固课上成新授课，教师讲得很多，学生想得少、练得少，师生活动比例失调，那么就难以达到练习和巩固的效果[2]。

基于此，"新基础教育"的语、数、外学科都梳理并研究了一系列课型。比如，语文教学研究了识字教学课型、阅读教学课型、写作教学课型、听说教学课型、课外阅读教学课型、综合活动课型等。"在上述每一种大课型中，又可以分为更细化具体的课型，如识字教学课型中，至少可以分化出自学交流检查达标型、汉字文化学习欣赏型、随课文分散识字型、汉字归类记忆型等不同类课型，相应也会有不同的教学过程结构。"[3] 数学教学的课型分为数运算教学、图型类教学、数量关系类教学等。英语教学研究也分为若干课型，如词汇教学、句型教学、阅读教学、写作教学、听力教学、社会文化教学、复习教学、练习教学等。这些课型研究基本上代表了中小学各学段教学课的基本类型，"具有两大功能：一是具体表达理论的功能，即教学模式能以简化的形式表达一种教学思想或理论，便于教师掌握和运用；二是理论向实践转化的功能，即课型可以提供达到教学目标的条件和程序的指导，可以帮助实现预见预期的教学结果，

---

① 吴亚萍."新基础教育"成型性研究数学教学改革报告［G］//叶澜，等."新基础教育"成型性研究报告集.桂林：广西师范大学出版社，2009：106.

② 卜玉华."新基础教育"外语教学改革指导纲要［M］.桂林：广西师范大学出版社，2009：156.

③ 李政涛，吴玉如."新基础教育"语文教学改革指导纲要［M］.桂林：广西师范大学出版社，2009：100.

可以使教学成为一个系统，可以改进教学过程、方法和结果。课型有利于教师驾驭教材，调控课堂，也有利于学生摸索和掌握有效的学习方法和规律，对优化课堂教学，提高课堂教学效率有着重要的意义。”①

我们围绕课型所开展的专题研究，共有三种方式。

第一种方式是采取“长程研究”。即学校中同一年级组的几位教师，因教学进度基本相同，这时就可以形成联合、长程教研的方式：大家共同备课，形成初步教学方案；接着由其中一位教师试教，大家听课评课，修改完善教学方案；骨干教师再试教，以便使教学方案能够更完整地呈现出来……如此以往，大家都能够对教学目标、教学策略的选择，教学过程的组织、学生中的课堂反应状态等有了较为清晰的认识。

第二种方式是“专题关联研究”。即就同一主题的前后相关或相续的教学开展研究。比如，在说明类英语语篇教学中：第一课时主要进行说明类语篇的阅读教学，让学生掌握语篇内容及其框架结构；第二课时是基于此语篇学习的基础上，进行作文教学，使同类内容的两节教学构成“学结构—用结构”的关系。这样的研究方式能够帮助教师改变教学的随意性、教学内容的点状化、割裂化问题，提供教师整体综合考虑和研究教学的意识与能力。

第三种方式是“同一内容的目标异构研究”。比如，同一内容的复习课既可以上成知识梳理课、拓展延伸课，也可以上成听力训练课或口语表达课；同一篇英语课既可以研究如何进行语篇听力教学，也可以思考如何培养学生的阅读能力。这样的专题研究有助于教师清晰教学内容不等于教学目标，同一内容因目标定位不同，教学的过程路径和基本的方式方法也应有所差别。

通过这样的研究方式，我们对中小学语、数、外等学科的相关内容进行了系列化的研究，教师对“新基础教育”理念在学科中的转化有了清晰的认识，能较清晰地把握各类课型的育人价值及其实践策略之间的关系，也对如何开展专题研究有了丰富体验。如下例上海市洵阳路小学在类结构教学（即课型教学）方面的研究可说明这点。

---

① 卜玉华.“新基础教育”外语教学改革指导纲要［M］. 桂林：广西师范大学出版社，2009：157.

案例5-10：上海洵阳路小学的类结构教学的探索[1]

我们以国家课程为蓝本，以统一制定的确定性的教学内容为基础，以学生成长需要研究为重点，对学科教学提出了基于结构视角反思，力图打破传统的思维瓶颈，使教师重新认识“教”与“学”的关系，将“教学”作为一个基本的分析单位，以“整体意识”统领教学设计，学习从整体把握小学阶段五年的教学，摸索其整体内部的复杂结构，以实现教师思维方式的整体转型。

我们将这种“聚类”研究称之为“类结构教学”，并以科学的方式研究教学的内容结构、方法结构和过程结构。

A. 教学内容结构的研究。在整体结构意识的引导下，我们对现用教材内容按照学生认知、能力等方面的发展规律和需要，进行了重组加工，形成了教学内容的纵向系列和横向系列，开发了系列课型，并以科学的方式研究教学的内容结构、方法结构和过程结构的内在统一关系。

教学内容结构方面，我们对现用教材内容按照学生认知、能力等方面的发展规律和需要进行重组加工，对教学内容做纵向系列和横向系列的转化与重构，开发了系列课型。如小学语文学科纵向系列研究，每个年级段都有一个主课型，每一类课型都是基于教材研究，以教材为依据进行的重组。如下表所示：

年　级	课　型
一年级	听说训练类结构
二年级	故事创作类结构
三年级	句群训练类结构
四年级	写人记事文类结构
五年级	作文教学类结构

① 此材料为2012年上海洵阳路小学“新基础教育”扎根研究阶段的总结材料。略做修改。

上海教材小学语文五年级第一学期写作方法类结构：课文整理

写作方法类型	情景交融类	场面描写类	细节刻画类	修辞手法类	前后呼应类
课文	《快乐的杉树林》 《采菁台的苇》 《开国大典》 《林海》 《桂林山水》 《繁星》 《烟台的海》	《飞夺泸定桥》 《开国大典》 《图书馆里的小镜头》 《镜泊湖奇观》	《寻找幸福星》 《一个中国孩子的呼声》 《飞夺泸定桥》 《开国大典》 《母鸡》 《斯塔迪的藏书》	《坐在最后一排》 《林海》 《桂林山水》 《繁星》 《镜泊湖奇观》	《快乐的杉树林》 《一个中国孩子的呼声》 《林海》 《无言的爱》 《母鸡》 《读书再读书》 《图书馆里的小镜头》 《桂林山水》 《烟台的海》 《伟大的友谊》

B. 教学方法结构和过程结构的研究。我们以类课型研究为突破口，既研究同一类课型的方法结构，也尝试寻找不同类课型方法结构之间的异同。其目的一方面是帮助教师在实践中学习和掌握一类课的教学方法；另一方面帮助学生掌握一类课的学习方法，形成自主学习的能力。如我们探索了小学阶段的四类数学教学课型。

上海市小学教材中的四种数学课型总结

教学内容	教学方法	教学过程结构
数运算类	融合渗透	口头为主渗透笔算和简算：了解类型—理解算理、算法—灵活运用 笔算为主渗透估算和简算：了解类型—理解笔算结构—灵活运算 简算为主渗透估算：判断—灵活选择方法—验算结果 估算为主渗透简算：了解类型—比较沟通—法则运用
定律、性质、公式类	规律探究	提出问题—发现猜想—验证猜想—归纳概括
平面图形面积计算类	转化探究	掌握未知变已知的转化方法 找到转化前后的关系 利用转化前后关系推出结论

续表

教学内容	教学方法	教学过程结构
概念、复合应用及图形测量类	整体感悟	概念教学：材料感知—观察比较—归纳提炼—抽象命名 复合应用题：感悟内在关系—形成过程—变换路径 图形测量：知道图形计算的一般方法—对不同物体的特征建立敏感—寻找不同物体的共同点—了解内在联系，建立整体认识

我们越来越认识到类结构教学研究的价值：

一是研究结构教学，是让学生也形成学习方法的结构，形成结构性的思维，为其当下和今后的自主学习、终身学习能力的形成奠定基础；

二是教师的教学观念、思维方式乃至思维品质发生了整体性的转型和提升呈现出整体式、动态式、类型式和关系式的思维方式；

三是课堂教学的改进，不再是某一局部或某一点的改进，而是整体结构性的突破，由此带来的有效教学的特征，就不是局部性的有效，而是整体性的有效是以结构的形成、转型、发展和突破为基础的有效①。

二、 专题研究的日常化推进

由于专题研究阶段主要是由各年级骨干教师承担，时间也只是集中在某些时日，由部分教师参与研究，大部分教师尚不了解或没有全程参与研究，无法全面认识各类专题研究的成果，更无法做到全体教师日常化开展新型课堂教学实践，因此，经过专题研究之后，学校便可进入到日常化推进阶段。

日常化推进的主要策略是依据学期教学进度依次研究，把日常教学研究化，变日常课为研究课，提升日常教学的质量。事实也表明，经过这个阶段，骨干教师的日常研究意识得到了强化 ，新教学观念和实践较好地扎根在学校实践的土壤中。

（一） 制造 “变革节点”， 增进全面变革的力度

经过实践推进，学校各领域变革已经走过了一半的历程，学校中也呈现出了新型教育教学的积极成效和创造了许多新经验，同时，学校各部门负责人之间、教师之间的发展速度和水平也出现了不平衡。于是，为了增强变革的力度，

① 上海普陀区洵阳路小学．“新基础教育”扎根研究总结材料［R］．内部资料．上海，2012．

增进学校内部学科之间、教师之间的彼此学习和共同促进局面的进一步形成，实验学校提出进入全面变革阶段，具体目标表达为“全实深”。“全”指语、数、外等基础性学科教师全员参与，其他学科全部进入，起始年级全力推进，学校各项改革全面协调；“实”指骨干教师研究日常化，学生发展整体质量显著化；“深”指学科专题研究和学生发展专题研究深入开展，创新教育教学实践。

为此，我们还有意识地制定了一些“变革节点”，以推动变革向“全实深”方向发展，其中主要是进行中期评估和普查活动，分述如下。

（二）开展中期评估，加强变革力度

节点之一是进行变革中期阶段的评估，简称“中期评估”。中期评估的目的在于整体把握教育教学改革情况，总结和提升典型经验，形成阶段性成果并进行总结推广；通过评估选出一批优秀责任人、教师和研究群体，强化中坚力量，提升骨干力量的研究自觉性和研究能力；发现学校变革中存在的问题，为确定下一阶段的重点研究任务和策略提供事实依据。

评估需要有评估指标，为此华师大“新基础教育”的课题组研究人员，根据前期研究的认识，制定了课堂教学设计、实施、反思重建方面的评价表、教研组队伍建设评价表、学生工作与班级主题活动评价表，以及学校领导与管理评价表等，从而为评估学校变革状况提供了基本的参照系。

接着，我们成立了评估小组，评估小组成员由华师大课题组指导教师，区教研员或教育部门的领导人、各实验学校同学科骨干教师组成。评估一般在上午开始时，按语、数、外、班级活动和音、体、美等学科并行开展课，各领域不同梯队最好的教师分别上三节课，评估小组成员分组听课。下午听完课后分组讨论：“第一项内容是评价上午的课。由任课教师说课、反思、重建，教研组成员先评课，评价组成员再评课，过程中任课教师可以做补充说明和表达不同意见。任课教师听完多种评价后再做‘二度’反思与重建，以呈现从评价中学习、吸取和再思考的能力。第二项内容是教研组、年级组报告两年来的研究工作，组内建设和教师或班主任的发展状态。两项活动结束后，评价组在晚上进行汇总形成现场评估的评分。”①

中期评估当日的活动安排，如表5－6、表5－7所示。

---

① 叶澜．“新基础教育”成型性研究（2004—2009）结题报告［G］//叶澜，李政涛，等．“新基础教育”研究史．北京：教育科学出版社，2009：108.

表 5－6　上海市闵行区“新基础教育”中期评估活动安排

（2013 年 10 月某日）上午

学校：某中学　　　　　　　总负责人：

学科	节次、时间	课题、内容	地点	执教者	负责人
语文	第一节：8：20—9：00	《给女儿的信》	九（2）班	× ×	× ×
	第二节：9：10—9：50	《社戏》第二课时	七（3）班	× ×	
	第三节：10：05—10：45	《破阵子 为陈同甫赋壮词以寄》	八（3）班	× ×	
数学	第一节：8：20—9：00	《分数计算中的规律》	六（3）班	× ×	× ×
	第二节：9：10—9：50	《因式分解的概念与简单二项式的分解》	七（1）班	× ×	
	第三节：10：05—10：45	《二次函数的概念》	九（3）班	× ×	
英语	第一节：8：20—9：00	Look it up—Disney, Walt	八（1）班	× ×	× ×
	第二节：9：10—9：50	What would you like to be?	六（2）班	× ×	
	第三节：10：05—10：45	Choosing a new flat—At home	七（3）班	× ×	
物理 化学 生物	第一节：8：20—9：00	《测量复习》	八（2）班	× ×	× ×
	第二节：9：10—9：50	《消化系统、呼吸系统在维持内环境稳定中的作用》	八（4）班	× ×	
政治 地理 历史	第一节：8：20—9：00	《尊敬老师是人类的美德》	六（1）班	× ×	× ×
	第二节：9：10—9：50	《气温分布》	七（4）班	× ×	
	第三节：10：05—10：45	《阿拉伯帝国》	八（2）班	× ×	
音乐 体育 美术	第一节：8：20—9：00	《多姿的梨园》	音乐室	× ×	× ×
	第二节：9：10—9：50	《具象与抽象》	七（5）班	× ×	
	第三节：10：05—10：45	《实心球体能》	操　场	× ×	
班级 活动	第一节：8：20—9：00	《用感恩点亮心灯》	八（3）班	× ×	× ×
	第二节：9：10—9：50	《让诚信伴我同行》	七（2）班	× ×	
	第三节：10：05—10：45	《梦在心中，路在脚下》	九（2）班	× ×	

续表

学科	节次、时间	课题、内容	地点	执教者	负责人
语文			小会议室（综合楼底楼）	×	×
数学			数字化教室（信息楼底楼）	×	×
英语			校务会议室（行政楼二楼）	×	×
班队	第四节：10：55—11：35	说课评课	电子阅览室（综合楼二楼）	×	×
理化生			体操房（信息楼底楼）	×	×
政史地			四楼会议室（教学楼四楼）	×	×
音体美			美术室（信息楼二楼）	×	×

表 5－7　上海市闵行区“新基础教育”中期评估活动安排
（2013 年 10 月某日）下午

学校：某中学　　　　　　　总负责人：

时间	内容		地点	主持人
	座谈会	对象		
13：00—14：30	华师大课题组人员主持	语文学科教师	小会议室（综合楼底楼）	×　×
		数学学科教师	数字化教室（信息楼底楼）	×　×
		英语学科教师	校务会议室（行政楼二楼）	×　×
		综合学科教师	四楼会议室（教学楼四楼）	×　×
		班主任	电子阅览室（综合楼二楼）	×　×
		学生	体操房（信息楼底楼）	×　×

续表

<table>
<tr><th rowspan="2">时间</th><th colspan="2">内容</th><th rowspan="2">地点</th><th rowspan="2">主持人</th></tr>
<tr><th>座谈会</th><th>对象</th></tr>
<tr><td>14：30—16：00</td><td colspan="2">校长汇报及管理团队答辩活动</td><td rowspan="3">会议室</td><td>× ×</td></tr>
<tr><td>16：00—16：30</td><td colspan="2">各评估小组集体讨论并评分</td><td>× ×</td></tr>
<tr><td>16：30—17：30</td><td colspan="2">评估组成员集中，各评估小组汇报，汇总学校总评分</td><td>× ×</td></tr>
<tr><td>备注</td><td colspan="4">1. 评估组成员休息室：会议室
2. 评估组成员用餐地点：会议室</td></tr>
</table>

中期评估的特点体现在两点。其一，强化对人的评价。“无论在学校管理、教研组建设、学生工作等领域都有关于带头人的评价、关于教师的评价、关于团队的评价。‘人’包括两个维度：一是个体意义的人，包括对带头人、骨干教师的评价；二是群体意义的人。个体和群体两方面力量的增加是整个学校改革做到‘全·实·深’的重要保证。”其二，“集中评估过程中，执教教师的说课评课研讨活动增加了二次反思与重建的要求。被评教师的现场学习与反思重建能力，是今后年级组、教研组检验教研活动是否有效的重要方式，教研组长、校长都要关注和帮助教师善于从现场研究中学习。”①

中期评估之后，许多教师都认为中期评估活动深深地触动了他们，使他们的发展出现了具有新质的变化。如一位英语教师这样说：

> 它使我顿悟了“新基础教育”外语教学的精髓，帮助我找到了新的发展空间。在前期研究中，虽然我的教学能力提升较大，却总觉得要真正体现“新基础教育”外语教学的课堂还缺那么一点。到底缺在哪里却又找不到，是中期评估帮助我找到了问题的症结②。

一位学校中层管理人员说：

> 单说收到中期评估的20份自评表，对我们就是一次震撼。从来没有哪个评估需要学校像这样全方位地进行自查反馈。因此从带领教师

① 张向众，叶澜．“新基础教育”成型性研究评价专题报告［G］//叶澜，等．“新基础教育”成型性研究报告集．桂林：广西师范大学出版社．2009：204.

② 蔡琼燕．挑战生成新自我［G］//叶澜，李政涛，等．“新基础教育”研究史．北京：教育科学出版社，2009：551.

解读每一张表格，到收上来一张张查阅，再针对问题指导教师修改，从标点到数据再到文字表述一一核对完善，花了整整两个月的工夫。但这工夫花得值得，那就是使我第一次站在全局的角度，全面了解学校各领域的基本状态和发展态势①。

从学校层面看，经过中期评估之后，学校全面变革也取得了重要的阶段性进展，基本达到了学校转型性变革初见成效和新型学校整体框架呈现的预期目的。

它表现在：变革实践逐步走向日常化和制度化，新的质量观日益清晰并在实践中体现，大部分学校不仅与自己过去相比有很大进步，而且已经在同类学校中处于发展的领先地位。更为深刻的是学校领导、教师、学生的精神面貌和生存状态也出现了重要的新质……积极进取和自主追求，已经成为发展的内在需求，随着"新基础教育"改革"全・实・深"的推进日益增强……敢于直面真实问题、不断拓展发展空间的创业精神，焕发了师生的生命活力；转变思维方式和形成认识学校教育新的理论参照系，已经成为学校领导提升创建新型学校领导力的深层次发展目标②。

（三）开展普查活动，促进全员变革日常化

由于中期评估仍然只是一部分教师参与了上课，其他教师虽然也参与了评估的相关工作，但没有在上课与二度反思的意义上参与。所以，为了进一步推动全体教师参与变革以及变革的日常化，大约一个学期之后，实验学校开始进入变革的第二个节点活动："普查"。所谓普查，即是要求学校全体教师都接受变革状态的检验。其总目标是：了解学校全面变革的推进情况，发现新进展和新问题，尤其是突出的、富有创造性的经验与成果。并进一步提升教师自主、持续开展改革的自觉意识与办学水平。

这样，在学校外部推力的作用下，教师们不能再抱有逃避或与己无关的侥幸心理，人人都要接受检验时，学校变革氛围更易于形成了。一位教师事后这样说：

---

① 孙敏. 责任展胸怀，实践出智慧［G］//叶澜，李政涛，等. "新基础教育"研究史. 北京：教育科学出版社，2009：530.

② 叶澜. "新基础教育"成型性研究（2004—2009）结题报告［G］//叶澜，李政涛，等. "新基础教育"研究史. 北京：教育科学出版社，2009：110.

我原先一直把自己当作旁观者，总觉得变革这件事太麻烦。但这次普查活动把我推到了前台，我不得不拿着书本仔细研究变革的精神与要求，不得不一次次地在日常课堂上研究怎样变自己的课。逐渐地，我发现其实我变的不仅是课，而且是我自己。原先我的课很沉闷，孩子们的注意力总不在状态，我总是怪孩子们不好。现在，我的课转变了，孩子们也就变了，我才意识到是自己的教学有问题。我觉得只有自己行动了，才会思考自己①。

可以看出，普查活动的最大效果是激发了最后一部分教师的变革需求，使他们感受和体验到变革艰辛的同时也充满着成长的快乐！

三、 基本成效

（一） 学生成长与教学目标的年段特征清晰化

学生立场是“新基础教育”在教学改革中始终坚持的核心立场和新主题，它在整个改革过程中始终发挥着新参照系的作用，引导着教师如何追求学生生命成长的价值，并以学生生命的主动健康成长为标准引导着教学的设计、实施和质量评价。“新基础教育”教学的学生立场体现在多方面，而且随着变革的推进也在逐步深化。

首先，体现在教师们如何认识和研究学生方面。在准备期和突破期，教师所理解的学生立场主要是能否结合具体的教学内容思考学生的现实基础、可能学习困难以及发展可能性等，要求教师能够在教学设计、教学实施和教学评价等环节充分考虑到这几方面。

随着研究的深入，在全面发展期，教师们又进一步认识到如果要真正理解学生的成长需要，还需要在“年段意义”整体把握学生的发展特征，就加强了这方面的研究。从点状理解学生的成长状态到年段意义上理解学生的成长，这是一种质的跨越，意义重大。

这说明教师们已经突破了知识论框架，而在学生成长需求的框架下，开始从生命成长与教育实践互动的意义上认识学生成长的内在特质；前者是把知识掌握作为教育教学的目标和标准，后者是把生命成长作为教育的目标和重要依据，知识只是实现生命成长的手段，所以，这是一种学生立场形成的开始。而

① 教师访谈资料。

且，对年段学生成长特质的整体把握，也有助于突破教学目标的碎片化设计，从整体上纵向把握学生成长、教育目标、内容以及策略间的匹配关系和年段纵向递进关系。

这里以上海市闵行区汽轮小学关于小学“数量关系”教学的研究为例具体说明之①。

“数量关系”教学是小学数学教学的重要内容，具有基础性地位。小学阶段以数量关系的算术运用为主，并涉及简单的方程应用。数量关系的算术运用主要包括简单数量关系的运用、复合数量关系的运用以及特殊数量关系的运用。教师们希望知道：

- 在不同年段，教学内容是如何分布的？与之相应的教学目标如何定位？教学策略是什么？
- 不同年段的学生在掌握教学目标时会遭遇何种困难？
- 相应的教学策略是什么？

围绕这三个问题，该校教师依据学生认识能力和年龄特点，对“数量关系”的教学内容进行了梳理和分析，如表5－8所示。

表5－8　小学数学“数量关系”教学的年段核心任务分布

年段	核心任务
一、二年级	学生能够掌握最简单的也是最为基本的四种数量关系问题的结构
二、三、四年级	要求学生能够了解复合数量关系问题的形成过程，把握复合数量关系问题的结构，能够实现一步简单数量关系问题与两步复合数量关系问题之间的互相转换
四、五年级	要求学生能够掌握特殊数量关系问题的结构，并能够通过等量关系的方程运用解决这些特殊数量关系的问题

由于这些数量关系之间具有可类比的结构关系存在，教师们采用了“教结构—用结构”长程两段式教学策略，对整个教学年段进行了系统的规划和设计，如表5－9所示。

① 上海闵行区汽轮小学．“新基础教育”扎根研究总结报告［R］．内部资料．上海2012.

表 5-9　小学“数量关系”教学内容、目标与策略年段分布

年级	教学内容	教学目标	教学策略
一、二年级	四种简单数量关系	掌握每种简单数量关系的三种变式	整体感悟
三年级	部总复合数量关系	能对一个条件按四种方向进行变换，能按性别、大小、颜色、种类把总量分成各个部分量	教结构 整体感悟
	份总复合数量关系	体悟份总是部总的特殊情况。知道变换中可根据需要增加第三种事物	迁移结构
四年级	相差复合数量关系	学会在变式中增加第三种事物。知道变换中可从两个角度进行变换，能掌握其中的一种	迁移结构
	倍数复合数量关系	形成变换路径和思维策略的整体认识。能选择一个条件、根据四个方向、从一个角度进行变换	迁移结构
	特殊数量关系的简单运用	整体认识三个数量之间的内在关系，即已知三个数量中的两个数量条件，可求第三个数量问题（知二求三）	迁移结构
五年级	特殊数量关系的复杂运用	发现、把握和灵活运用购物问题、工程问题和行程问题中的数量关系	迁移结构

接着，教师们又分析了学生可能会存在的学习困难，并进行了系统规划和长程设计，把四个年段、四个不同内容进行集中教学，引导学生整体感悟部总、份总、相差、倍数数量关系中三个数量之间的内在关系，创设情境帮助学生利用数量关系解决实际问题，并掌握已知三个数量中的两个数量就可以求出第三个数量的思想方法。每一次的集中教学，虽然总目标是一样的，但是在不同阶段学生有不同的困难，教师们根据学生不同阶段的困难设计了递进的教学目标和教学设计，得到了阶段性的突破，具体设计如表 5-10 所示。

表 5-10　“简单数量”关系教学长段的结构化设计

内容	简单部总数量关系	简单份总数量关系	简单相差数量关系	简单倍数数量关系	系统复习整理
年级	一年级下册	二年级上册	二年级下册	二年级下册	二年级下册
策略	教结构	用结构	用结构	用结构	用结构

续表

内容	简单部总数量关系	简单份总数量关系	简单相差数量关系	简单倍数数量关系	系统复习整理
总目标	引导学生整体感悟数量关系中三个数量之间的内在关系，创设情境帮助学生学会利用数量关系解决实际问题，并掌握已知三个数量中的两个数量就可以求出第三个数量的思想方法。经历从大量具体情境中提炼出其本质属性的抽象过程				
学生困难	①用语言表达情境比较单一，局限于“左边…右边…一共…”的形式 ②说图意、写算式、说理由（学习方法结构）三个步骤割裂，不关联	①整体意识不强，面对具体情境，还缺乏整体表述三种变式的主动意识，满足于说出求总量的第一变式 ②编制求每份数、份数的问题时，表述机械，不流畅 ③不会发现份总和部总间的类比关系	①受思维定势的影响，习惯从总量与部分量的关系分析和表达图意，不能主动发现两个量之间的比较关系 ②拘泥于用“…比…多（少）…”的形式表达相差关系	缺乏主动沟通的意识和能力。不能发现倍数关系和相差关系之间存在类比关系	用割裂的视角来认识四种简单的数量关系，不能发现它们之间内在的共性关系
递进目标	①能用丰富的语言表达具体情境 ②知道已知三个数量中的两个数量就可以求出第三个数量 ③学会用三种变式表达同一个具体情境	①面对情境，能从整体出发自觉地用三种变式说图意 ②能体悟份总是部总的特殊情况	①知道可以从两个数的比较关系分析和表达图意 ②能用不同的形式表达相差关系	能体悟倍数关系是相差关系的特殊情况	通过对知识的举例式整理，沟通内在关系，形成整体结构化的认识

续表

内容	简单部总数量关系	简单份总数量关系	简单相差数量关系	简单倍数数量关系	系统复习整理
针对性设计	①选择丰富的素材（时间序列情境、活动场面情境等），过程中及时打开学生的视角，丰富表达 ②重心下移，尽可能多地提供同桌合作、表达、倾听、复述的时间，落实督促检查机制，不断要求完成三个步骤的连续动作 ③放慢教学速度，把握学习的方法结构，沟通三种变式之间内在联系	①通过语言渗透，激发学生主动类比迁移简单部总关系的学习，能自觉地用三种变式来说图意 ②捕捉表述中的典型资源，在比较中让学生经历表述的机械呆板到流畅自然的过程体验 ③创设情境，在寻找与部总关系的区别和联系中发现类比关系	①用有机化的语言及时打开学生的观察视野，打破部总关系的思维定势，体会同一情境可从部总关系或相差关系角度理解使得对具体情境的分析与表达实现从总量与部分量的关系到两个量之间的比较关系的转化 ②过程中启发学生用不同的方式表达两个数量之间的相差关系	通过过程中老师的多次语言渗透以及专门的比较沟通环节，发现相差关系和倍数关系的区别和联系，知道当较大数中如果包含几个较小数时，是特殊的相差关系，也就是倍数关系	提供简单数量关系整理表，以部总关系的整理为例，对学生进行整理思路和方法的指导，让学生根据每一种关系的变式一，写出另外的两个变式，整体感悟四种简单数量关系都有三种变式，都具有相同的本质特征：已知三个数量中的两个数量就可以求出第三个数量

这项研究向我们表明该校教学研究进展的状况：其一，教师们不仅教学结构意识清晰，而且能够较系统地把握教学的目标结构和递进关系；其二，教师能够通过研究，处理好知识递进逻辑与学生心智发展逻辑之间的关系，使两种逻辑处于相互匹配的状态，学生发展特征成为知识目标定位的依据；其三，教师能够较好地处理目标与策略的关系，并以“教结构—用结构”为核心推进策略，引导学生从“学习新知识，掌握新策略”，转向“运用新策略，学习新知识”，最终养成自主学习的能力。也就是说，这样的教学已走出了单纯知识论或认识论的框架，能够从生命成长的高度思考教学问题。

（二）新型课堂教学的内在特质彰显

前面已经说过，“新基础教育”课堂教学最内核的追求是开放，促进孩子们的自主学习意识和能力，然而实现这一课堂却需要若干条件，课堂教学变革研究便是围绕如何建构新型课堂教学而展开。在此阶段，教师进行了纵向、集中、高频度的研究，新型课堂教学的内在生成条件逐渐清晰化和系统化。这里，我们择取“课堂教学中的开放原则”进行剖析。

前章已经交代过，为了打破当代传统课堂教学封闭、重心高，教师和优秀生替代大部分学生思考的状况，“新基础教育”把开放作为课堂教学改革的第一突破口，但教学开放问题却是一个较为复杂的实践问题。对于习惯于追求方法的教师而言，一开始，他们常常会把开放当作某种固定的方法，如有的教师认为给学生一个开放性问题，这就是开放；有的教师认为开放就是给学生思考的时间；有的教师认为开放就是让学生自己学习，教师不干涉。显然，这些都把开放问题理解简单了。但经过本阶段研究，一部分骨干教师对此问题的认识开始全面而系统了，对与此原则相关的一系列问题认识清晰起来：为何开放？什么是开放？怎样开放？什么时候开放？向哪里开放？开放到什么程度？其中最富有意义的开放是课堂教学中教师的动态开放、有向开放。比如，江苏常州市局前街小学的姜明红老师这样反思：

> 首先，问题的来源不同了。以前的教学中，问题都是我提出来的，而现在的问题是由学生提出来的。学生在阅读这一篇文章时，大概会有哪些问题，我自己根据日常教学中积累的经验，做一些估摸，做好充分预设。尽管无法穷尽或者真正做到百分之百地准确把握，但是自己依然能够做到：问题要从学生中来。
>
> 其次，问题的产生是开放的。这些问题有的是在预习中产生，有的是在学习过程中产生。比如最后一个教学环节，本来是学生讨论自己对“爱之链”的理解，方式可以用图示法画一画、说一说或者用一段哲理性的语言来简要表述。在其他班级教师执教过程中，呈现出的资源较为丰富，学生在理解“爱之链”的过程中也提升了表达能力。但是，在今天的教学中，我发现自己的学生理解能力较强，对“爱之链”的理解不是障碍点，他们对这篇小小说的情节设计很感兴趣，他们发现了这篇小小说独特的情节魅力。为什么结尾偏偏要设计成这样的巧合呢？乔依帮助了老妇人，老妇人又帮助一名女店主，而这名女店主恰恰是乔依的妻子。所以，我随机调整了最后一个教学环节的问题，让这个问题既吻合本篇文章的学习需要，又吻合我这个班级学生的学习特点。事实上，学生在讨论中不仅兴趣盎然，而且在讨论这一问题中，既真正理解了“爱之链”的内涵，又体会到情节设计在主题表达、人物形象塑造中的作用。“善良的人付出无私的爱，无私的爱也

一定会回到善良的人身上。”这是孩子们的朴素表达。

再次，问题的质量不同了。以前教学这篇文章时，因为害怕课堂教学过程中出现意外，尤其是公开状态下的课，所以自己设计的问题环环相扣，呈现出教学设计的文本性内在“精致美”和“结构美”。问题的接入点不是很大，不是很敢开放，基本上是按照文脉逐段学习的。今天的教学，我则是不断引导学生将他们自己提出的小问题作整理，形成开放的大问题。让不同层次的学生都能参与讨论，并形成自己的认识。教学过程中讨论的核心问题是：“乔依是一个怎样的人?”这是着眼于整篇文章的视角切入的大问题。这个问题既具有挑战性，又能充当牛鼻子，发挥价值共振的作用①。

显然，这种变化已经不再是某一方法或技巧的点状变化，而是整体变化，说明该教师的“新基础教育”语文教学理念和实践形态已经在一定程度上整体成型了。

（三）学生立场的清晰化和魅力化

与以往教学改革的着眼点不同，“新基础教育”在引导教师们从事教学改革时特别强调学生立场，即要求教师眼中不能只有知识（教什么）和方法（如何教），更要有学生（他的基础、潜力怎么样，需要什么样的知识与方法）。也就是说，学生的发展状态是教师从事教育教学的重要立场、依据和归宿，对学生发展的具体研究是教师在从事教学改革时必做的功课。比如，江苏常州第二实验小学在回顾这一阶段关于儿童成长需求的研究时说：

确立儿童立场，首先必须走近儿童，关注并正确解读学生的成长需求，了解他们的所思所想、所作所为，了解他们内心的愿望和烦恼。我们在华师大“新基础教育”研究专家组的指导下，通过观察记录、问卷调查、个别访谈、专题研讨等形式，采集了来自日常实践的大量信息，系统梳理了不同年龄阶段学生的发展特征和存在问题②。

这一新的视角使教学工作突然变得富有挑战且有魅力起来。教师们开始发

① 姜明红. 走进春天［G］//叶澜，李政涛，等. “新基础教育”研究史. 北京：教育科学出版社，2009：501－502.

② 江苏常州市第二实验小学. 确立儿童立场，促进学生主动健康发展［R］. 内部材料. 常州，2006.

现，真正基于学生成长的教学会充满着不确定性，同样的教学内容，面对不同的班级，目标定位就会有所区别，在A班的教学目标定位较高，在B班可能就需要降低；现在，学生立场还会让教师看到教学中学生生命成长的差异性即丰富性，面对同样的任务，学生的反应居然如此丰富：有的学生反应是教师预想到的，有的则超出了教师的预想，本以为学生应该已经掌握的，可能学生尚处于一知半解状态；本以为学生可能会困难的，但事实可能相反；互动中，A学生的发言可能并不完美，但他表达的风格可能非常有趣，甚至很有创意，能够激起同学们的想象；教师自己本不经意的一句话，可能会引起课堂中学生的一片赞赏声……也就是说，教师们开始享受教学的同时，也开始思考教学的本质问题了。

案例5－11：教学中的学生立场

在《月光启蒙》的教学中，文章中有这样的一句话："黄河留给家乡的故道不长五谷，却长歌谣。"学生提出质疑。在充分品味了歌谣的美妙后，有一处师生对话是这样展开的：

教师："那歌谣怎么会长呢？"

一个学生："我认为，这些歌谣是母亲从外婆那里学的，外婆又从她妈妈那里学的。这样一代代传下来。"

教师："你的意思是说这些歌谣是流传下来的，那文章为什么不用'流传歌谣'呢？"

学生："那里的人生活虽然清苦，可他们依然生活得很有滋味。他们在劳动的时候，或者劳动结束之后就一起编歌谣，唱歌谣，歌谣里有他们对生活的向往。"

教师："噢，原来他们的生活是这些歌谣的摇篮。歌谣是从他们的心里长出来的。"

学生："这样的话，我认为五谷是生长出来的，歌谣是孕育出来的。这个'长'是孕育的意思。"

教师："孕育，多么好的一个词，歌谣顿时有了生命。她的母亲就是黄河故道边的人民，他们用自己的双手创造了生活，并用自己对生活的美好追求孕育了一首又一首歌谣……"

课后，这位执教教师这样说："我真切地体会到，教学就是教师与学生在对话中不断地用生命点燃生命的过程；学生最初的疑问让我清晰了教学重心，而我的追问则激发了学生的思考不断深入；学生之间的对话与碰撞则点亮了他们对生活的理解。这样的课堂真是充满着生命魅力，我第一次开始欣赏起学生来，第一次觉得生命成长的精彩，觉得孩子们是那么可爱！那么让人惊讶！”①

余论：发展期的三个基本认识

一、“全面变革” 为何不是 “成型变革”

在本章，我们始终没有把全面变革说成是成型变革，主要是基于以下两方面的思考。

第一，从变革任务而言，全面变革阶段主要的关注焦点是如何让学校在各层面都进行变革，并让全体教师都参与到变革中去，并实现变革的日常化。也就是说全层化、全员化、全程化（日常化）是这个时期的关键词或关键任务。全层化是指学校组织层、制度层、领导和教师队伍层、教育教学实践层等都进行交互式、生成式的变革；全员化是指从学校领导、中层干部、基层负责人到每一位教师，都成为变革者，成为变革过程中的责任人和合作者；全程化是指将变革从前两个阶段的以某时进行“点”的变革转向时时进行日常化的变革，将变革贯穿于学校日常生活的全过程。所以，就此而言，学校变革仍然更多地是在要素意义的改革，只是这种要素的单位是“层”、“队”、“系列”，是系统性要素，也是学校整体的基本单位，而且要素之间是有机关联、相互生成的关系，它不同于课程改革，课程只是教育教学活动的成分，而不能作为学校的基本单位。但是，即便是系统要素式变革，我们仍然不能称为成型性变革，这是因为成型变革虽然要以系统要素变革为基础，或者说系统要素变革是学校整体变革的必经阶段，但由于系统要素之间毕竟还是松散的关系，甚至是不协调相冲突的关系，这样，学校整体的精神气质或文化个性、部分之间的有机协调机制、内动力的充溢性等并未真正形成。所以，我们称这一阶段的变革为全面变革而非转型变革，称学校发展为“全面发展”而非“成型发展”。

第二，从变革力量或基本追求而言，转型成功后的学校最基本的特质之一是学校具有内生发展力，即学校发展虽然离不开地方政府、社会的物力、政策、智力等外部支持，但其发展的真正力量是教职员工们的自觉发展意识和变革自我、优化自我的发展能力。比如，在成型阶段的教师不但有自觉变革和发展教

① 姜明红. 走进春天［G］//叶澜，李政涛，等. “新基础教育”研究史. 北京：教育科学出版社，2010：499.

育教学的意识，而且具有变革教育教学的“新基本功”：有基于学生立场的价值引领之功，有面向实践的诊断之功、决策之功、实践改进之功等。根据上文分析可知，全面变革期的学校力量仍然主要依靠外部推力，或只是一部分领导和教师具有自觉发展的意识和能力，大部分教师尚未真正进入自觉变革的状态。

二、学校变革的复杂性特征及其意味

回顾这几章我们对学校内部变革路径的描述，可以看出，其变革的基本逻辑首先是从局部的、局限于若干个人的，甚至是点的突破开始；然后，在学校组织重组、制度重建、教师梯队调整和权力结构重新分配等一系列有利条件下，开始扩散、发展、传播，并形成一种日益强大的产生新的学校生活的倾向。

然而，我们这是对学校变革整体趋势的把握，并不是把学校变革理解为直线式的必然发展过程，因为它会经历动摇、分歧、停滞，乃至倒退，过程中的不确定性是学校变革中的正常态，从旧系统转向新系统本身就是从有序到混沌再到有序的过程，也是解构与重组相统一的过程。在这个过程中，学校组织、制度、领导、中层、基层、教师队伍以及教育教学活动的变革并不是先后的变革关系，而是共时发生作用的；也不能简单地认为组织、制度、领导变革是教师、活动等变革的前提条件或动因，而应把它们看作是处于相互锁定的网络关系之间，相互碰撞、交叠变化，并伴随着随机因素和不确定性，包含着进步、退步、进展和断裂。也就是说，学校变革是一个有序与无序之间不断动态重组的过程，它同时遵从决定论和偶然论，变革中的不确定性与偶然性是其重要构成。如莫兰说：

> 因此重要的是不要做一个平常意义上的现实主义者（使自己适应直接的现实），也不要做一个平常意义上的非现实主义者（使自己逃避直接的现实），重要的是做一个复杂意义上的现实主义者：认识到现实的不确定性，知道在现实中存在着看不见的可能性①。

这对改革者的启示意义在于：

> 并不是说要一意孤行或逆流而上，而是辨识多种“流”的走向；而是及时发现在价值与观念引导下人们在尝试性实践中所出现的新现

① 埃德加·莫兰. 复杂性理论与教育［M］. 陈一壮，译. 北京：北京大学出版社，2004：67－68.

象、新经验、新问题、新困惑；而是贴地式的倾听、观察与思索，不再把已经形成的理论和假设、策划看作是一成不变、必须遵循的；而是期待着变化，善于从变化着的外部世界中做出调整，不断形成新的判断和策略。这是对创造心态和创造能力的强烈呼唤，也是人内在创造活力释放的最好实践①。

这是其一。

其二，自然现象的演化因偶然性、不确定性因素而出现创造性、新质性的发展，但学校变革不是自然现象。作为改革者，要实现变革，不能只期待偶然性事件的出现，而是要去创造新事件，并有意识地采取多种措施去强化、放大新事件的影响范围和影响程度，使之扩大到整个系统，最终完成系统意义上的发展。“新基础教育”实验学校变革在全面变革阶段所开展的“中期评估”，就是一种新事件，正是这种新事件推动了学校变革步入全面发展阶段。也可以说，学校变革过程是一个个事件的不断制造与生成过程，这些事件创造了差别性、独特性和新质性，生命自觉的产生正因这些事件的推动才有可能。

三、 处理好整体改革与局部改革的关系

在学校系统的不同层面、不同子系统上，都在进行着整体性的转型变革，它们在具体内容上相关但又很不相同。对这个问题的分析需要从两个角度展开。

首先，从学校系统上下层级关系看，处理的是学校内部顶层改革、中层改革与基层改革的关系。学校顶层改革是指由学校领导决策的，涉及学校办学理念、指导思想、制度框架、基本条件等一系列关系到学校整体性的改革，是以学校整体为基本单位的改革。学校中层改革是指由学校课程与教学部、校务部、学生发展部、后勤服务部以及工会等中层部门的组织关系、分工合作、职责权限等方面的改革；学校基层改革是指那些开展日常教育实践的教育组织，主要是学科教学为主要业务的教研组与备课组，以学生工作为核心的年级组等。以生命体作喻，学校顶层犹如整个生命体的气质、性格、理想，以及骨骼、肌肉或血液系统，而学校中层则类似身体中联结系统的各中枢如心脏、肺、胃、肝、脾等，基层则类似身体各系统中的一个个组织、基质或细胞。

在顶层、中层与基层的关系上，常常出现两种思想方法上的误区：第一种是过度关注顶层改革而忽视中层与基层改革，想当然地以为只要宏观改革好了，

① 叶澜. 个人思想笔记式的15年研究回望［G］//叶澜，李政涛，等. “新基础教育”研究史. 北京：教育科学出版社，2009：200.

微观也就自然好了；第二种是过度关注基层改革而忽视顶层改革，无法使基层改革的成果转化为学校的新传统、新成果而得以稳定、扩大或提升。也就是说，找不到学校宏观改革与微观改革的“关键接口”。在以学校整体转型为基本任务的今天，学校三个层面的共变性、支持性变革是必然取向，既需要“重建学校宏观发展的微观基础”，激活学校中层和基层每个成员的积极性与创造性，真正改变学校发展的基质，让每个细胞充满生命活力，也需要“重构学校微观发展的宏观基础”，彰显学校作为整体的影响力、引领力与支撑力。只有真正在学校各层面激活发展主体，上下同心，学校才能够真正实现内涵式的整体转型性发展，学校发展的内生力才能够真正形成。虽然这条路走起来不会很顺利，也不会很快，但这个发展方向与目标始终要坚持！

其次，从学校系统内部各子系统的关系看，既有实的关系，也有虚的关系。所谓实的关系，犹如人体的血液、骨骼、肌肉等8大系统之间的关系，真正决定人的生命能否存活的系统是血液系统与呼吸系统，这两个系统是关键系统，当然其他系统也缺一不可，是指学校的管理、教学、学生工作以及后勤服务等各系统之间的内在关系中，决定学校能否成为学校的是教学与学生工作系统，即学校所有的工作都要以这两个系统的优化改革为中心展开，其他系统则为这两个系统的优化发展提供支持与服务。同样犹如人不仅有生理性生命，还需要有精神生命，孩子之所以需要上学，需要有追求，就是在于丰富他的精神生命，使之呈现出他应有的独特气质和能力。所谓虚的关系，是指学校各系统之间尽管要各司其职并相互合作，但整体上他们又着有相似的理想、价值取向、处世态度、教育教学观念以及行事风格，只有这样，学校才会彰显出自己的整体气质，只有这样，即使在动态不居的生活浪潮中，偶遇风险，学校的个性稳定性、可持续发展性也不会轻易丢失；只有这样，学校才不会因进出几位教师、增减某项设备，或改变一两个制度而失去整体自我，因为理想、精神、气质、能力能够让他在风浪中坚定方向和进行自育。学校改革只有在这样的层面上追求与定位，整体转型才有可能，尽管路途可能较为艰难！

第六章
成型期：变革力的整体融通

前面所阐述的主要是在学校变革的内部路径上一路走来所遭遇的问题、困难、挑战以及相应的变革策略。这样的变革思路并不是有意识地回避外部环境或来自学校生态的各种挑战，而是为了强调在复杂的学校生境中，学校作为一个自主发展的组织体自身可能的作为空间。事实上，学校发展是不可能脱离其所处的内外生境，也无须回避生境的复杂挑战，何况我们所追求的新型学校的内在特质之一便是要求其具有结构开放性，能够与其所处的生境之间构成相互滋养的关系。所以，经过全面变革之后，我们就在思考一个重要的学校发展问题：在复杂的生境中，学校变革已经有的成果能够得以在自身的学校土壤中扎根下去、持续发展下去，并有可能不断开花、结果、创新自我而不迷失方向吗？这便是本章我们所要阐述的核心主题。

第一节　新任务与新境界

上一章已经分析过，全面发展之所以不等于成型性发展，原因在于：一是全面发展阶段主要是系统要素式变革，要素间的有机协调关系尚未形成；二是学校发展的力量仍然主要是外力推动，内部自主发展力尚不充分。所以，全面发展阶段之后，如何增进学校各要素间的有机协调，如何进一步提升学校发展的内部自觉，便成为新的任务。

一、学校变革文化的清晰、提炼与放大

在前几个阶段的变革过程，我们基本上没有谈论学校文化的问题，不谈论不等于我们没有创设新文化。这是出于以下两方面的原因。

其一，学校文化是学校多年代代传递下来并体现于学校生活中的全部理论、观念、原则、规范、仪式、惯性、习俗与行为方式的总和，这些共同的遗产也体现在人的思维方式、生活方式、行动策略、人际交往以及学科文化等方面。当然，在文化的代际传递过程中，能够成为学校主要文化的通常是那些具有连续性、一贯性、被制度化和具有一定自主性的文化。自主性是学校文化的最为内核的特征，它不会轻易被改造，也非短时间内能够改造的。比如，我国近代学校注重知识传递型的教学和集权式管理，记忆、理解、传递便是教学文化的核心特征；命令与执行是管理文化的特征。这样的核心特征在当代变革中成为被变革的对象，也是学校变革中最大的阻碍，我们在前面变革阶段中所进行的变革，本身即是在改变学校文化。

其二，对待学校文化本身不像课程、教学、教师、学生或设备等学校生活的具体要素一样可具体对待，它要以这些要素及其关系的更新为载体，每个载体都负载着它，这些载体不变化，新的文化不可能产生出来，所以，当载体更新之后，新的文化便也内蕴于其中。

基于如上原因，我们在本章才开始讨论学校文化问题，不是它不重要，而是新文化的生成需要一个持续过程，有了相对清晰的、稳定的内涵时，谈论新型文化建设才具备一定的基础。否则，我们就可能采取当代许多企业、机关或学校所运用的技术取向的文化建设路径，在学校中贴几幅画、题上几句至理名言、摆放一些石头和花草，以为有了这些，学校就具有了新文化。很显然，这犹如一个人把自己化妆成某个名人的模样，他也不可能就是个名人，因为在精

神气质、文化内涵以及行为举止上，他并不是那个人。所以，学校新文化的核心特质并不在外部，而在学校各类主体的价值观念、行为举止和生活方面，正是这些方面会时时地伴随着我们，并引导着我们的行动方式。

学校文化不是一个被动的发生、发展过程，它同样需要我们有意识地建设，成为学校发展的内在动力。当代教育改革学者迈克尔·富兰说：

> 道德目标是能够对学生的生活产生重要影响的因素，也是我们进行持续性复杂教育改革的关键动因。我们之所以需要有激情，需要有更高的道德目标，是因为我们进行改革的尝试规模宏大，必须有其道德上的价值①。

富兰还进一步引用彼得·布洛克（Peter Block）的话，强调道德目标对于教育变革的重要性：

> 我的看法是，我们都是这一文化的一分子，而这一文化总是轻易屈服于所谓可行的、符合实际的要求……在这一过程中，我们牺牲了内心真正的追求。我们常常发现我们会向自己的疑虑屈服，停留在我们已知的或者能够学会的操作方式上，而不去追求对于我们来说最重要的东西，也不具有行动所必要的开拓精神和紧迫感②。

因此，在新的发展阶段，如何进一步彰显学校新文化，如何把新文化建设成为学校进一步自主发展的内在精神力量，将是这一阶段的基本任务之一。

二、激活基层，沟通宏观与微观、中心与边缘

经过前期变革，学校领导层、中层和基层负责人的责任意识与领导能力有了一定的提升，但仅仅是激活责任人是不够的，学校生活的真正改变与每个人都息息相关，每个人成为所在领域或岗位的责任人，自觉担负起发展的主体意识，方能够真正把学校办成一个充满生命活力的地方，我们的孩子才能充分享受到教育的温暖阳光而健康成长。因此，本阶段变革的任务之一便是进一步激活基层细胞，将学校共通的价值追求与发展精神融入每个个体的生命成长中去，

---

① 迈克尔·富兰. 变革的力量：深度变革［M］. 中央教育科学研究所，加拿大多伦多国际学院组织翻译. 北京：教育科学出版社，2004：26.

② 同①，28.

真正会通宏观与微观、整体与局部、顶层与基层。

基层被激活的主要标志是，教师个体不再被动地进行改革，而是能够因情因地主动思考和研究问题。比如，一位小学班主任这样说：

> 我是位普通的教师，一向行事低调，并不奢求做个名教师。前两年改革时，我大多是被动应付学校的要求，学校说要进行班干部轮换我就轮换。现在，我发现我变了，眼里有学生了，也开始主动研究学生了。比如，我发现今年所带的四年级学生，他们开始有独立自主的意识了，内心世界也变得丰富起来，情感逐步向深沉细腻发展，这些可以从他们的周记中表现出来。许多学生在周记中提到自己的烦恼。烦恼主要集中在课业负担重（大部分是家长布置的课余作业），没有自己的时间和空间。我就想：应该如何疏导学生的烦恼呢？是否可以通过班级活动，让学生自己解决呢？于是，我通过对学生和家长的问卷调查，展开前期研究。我发现同是一个班级的学生，对于如何安排自己的时间，怎样有效地学习差别很大，有的孩子已经有一套比较科学合理的方法，让自己能够学习、活动两不耽误，而有的学生学习到很晚也完不成学习任务，更别提休息玩耍了。针对这种情况，我尝试让学生自己发现问题，通过同伴的相互学习，利用团队的智慧解决实际问题，找到合适的方法，更好地安排、利用时间，从而提高学习效率。同时在解决问题的过程中提升学生交往、合作的能力。最后，在“雏鹰争章”——“惜时章”的自评、互评、家长评等评价的过程中逐步改变不良习惯，通过一段时间的实践，学会珍惜时间的策略和方法①。

不难想见，如果学校的大多数教师或每位教师都能够像这位班主任这样有自主的研究意识和研究能力，并付之于主动研究的行动时，学校的自生力才真正扎根到自己的生活深处。

三、 软化边界，融通领域之间、层级之间的关系

在前期变革阶段，我们采取的是从核心和关键环节入手突破的策略，关注领导者、骨干教师、专题研究、关键班级等的变革与发展；全面发展阶段将变革焦点转向了系统要素，如组织、制度、队伍、核心领域等的全面发展。这些关键点、关键面的变革与发展为学校走向系统发展打下了必要而扎实的基础，

---

① 上海市闵行区七宝明强小学郭亚熙老师的访谈资料。

但这些点与面的变革与发展具有本位指向、中心点式发展特点，不容易开放自我，与其他领域之间难以形成开放互学、有机互动的关系，很可能使每个领域因只关注自身的发展而形成割裂、封闭、孤立的关系。其实，从儿童健康成长的角度而言，这些都是儿童成长的资源，相互之间需要进一步整合、协作。比如，全面发展阶段主要以课型为抓手开展的专题研究，虽然在课型研究的意义上基本实现了全覆盖，但课型只是日常教育教学生活中一个个核心环节，并不是全部，所以，虽然教师能够上好一节节课型，但未必能够有机整体地把握一个单元教学的课；换言之，要真正把变革精神扎到日常每一天的教学和学生每一天的生活中，需要把点状研究融会贯通，形成更整体、更高位、更细致的变革局面。再如，在前期变革阶段，为突破“关键点”和强化学科或年级的特殊性，研究性变革主要局限在点上或领域内部，缺乏点与面、领域之间的彼此沟通，使学校各领域的发展边界过硬，不利于彼此学习、沟通与滋养。因此，如何软化边界在个性中融入共性，形成我中有你，你中有我，互鉴互学的融通发展格局便成为此阶段发展的任务之一。

四、 研究创造，转化外与内、显性与隐性、他人与自我的价值

学校变革最终要变到哪里才算成功呢？首先，要化入每个人心里。其次，化入日常教育教学的新基本功中。只有理念变成教师的习惯和新基本功时，理念才能生根，才能对日常教育教学发生作用。在日常教育教学过程中，教师的工作不仅仅是知识的传递，还有价值的引领，需要教师的实践创生。教师的实践创生是以新基本功为保证的创生，这样的创生就会有“新质”。最后，是要变成师生在校的日常生存方式。有一位校长提到，要将“新基础”与自己的教育人生融化在一起。师生的生存方式简单说就是“怎么活”：是死活，拼着命活，为名利活，还是为了新一代的发展，为了自己的生命价值和职业价值的实现而奋斗、努力、思考、创造。当到了这样的水平，学校就成了“活水”，不仅有章可循，而且不断更新、创造灵动，这样的学校不仅个体充满着生命活力，整个学校也充满着生命活力。

综上所述，此阶段变革需要超越全面变革期系统要素式的思维框架，以“关系”为关注点思考学校各要素之间的相互转化、生成、融通、整合等之间的关系，推进学校在有机、系统、灵活、开放、共生等意义上发展，从而使学校发展的魂体与神韵达到有机的圆融状态。只有这样，学校才不至于在部分、个体和局部越来越走向自主的同时，走向整体分裂；而是需要在自主中走向协调与有机。

第二节 在机制建设中实现系统成型

一、 机制建设对于系统成型的意义

那么，什么样的变革能够促进“关系”的形成呢？其实，在前期变革阶段，我们已经初步探索了一些“关系”问题，如学校组织中部门间的分工与合作关系，教师队伍中群体与群体、梯队与梯队、点与面的关系，学科内部知识结构关系、目标转换关系，课堂教学中的环节递进关系，等等。但如上变革任务的分析告诉我们，还需要在系统的意义上做更为整体的思考，还有哪些关系呢？比如：

- 学校发展决策过程中要解决如何实现上下层级间的沟通关系以便于学校整体一盘棋地发展？
- 学校实践过程如何实现个体自主负责与群体合作发展的共赢局面？
- 如何在常规保障的同时拓展新局面？
- 如何实现人的内在自主发展与外部评价反馈之间的交互关系？

显然，当下学校发展的状态要求学校领导人对这些问题的思考与把握能透过要素、在实体中把握关系、建构关系和转换关系，而这种动态变化的关系即学校运行的机制。什么是机制呢？有《现代汉语词典》对“机制”一词的解释是：本义是“机器的构造和工作原理”或“机体的构造、功能和相互关系”，引申义为“一个工作系统的组织或部分之间相互作用的过程与方式”①。就学校变革中的运行机制而言，指的是学校系统各构成要素（组织、部门、个体）相互之间的角色及其功能交往关系的总称。比如，我们在变革孕育期谈到，教研活动确立了“前移后续”制度，因研讨时间长，能够促进实验教师每个的教学环节都进行深入思考。其活动程序如图 6－1 所示。

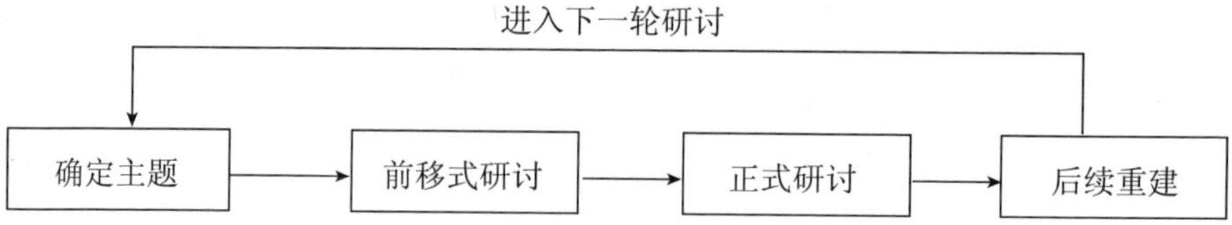

图 6－1 “新基础教育”前移后续式教研活动程序

① 中国社会科学院语言研究所词典编辑室. 现代汉语词典［M］. 第五版. 北京：商务印书馆，2005：628.

这时，我们尚不能称这种“前移后续式”研讨活动或制度为机制，因为在孕育期，参与实验教师人数较少，尚不涉及不同教师之间的合作关系问题。但在全面发展期之后，不同梯队的教师均参与进学校变革之中，这样的问题就被提了出来：什么样的机制才能够既能发挥每位教师的主动性，又能让不同梯队的教师之间相互学习；让每位教师既是责任人，又是合作者，以提高研讨的质量呢？在变革研究的过程中，部分“新基础教育”实验学校就对每个研究环节做了改造，如图 6－2 所示。

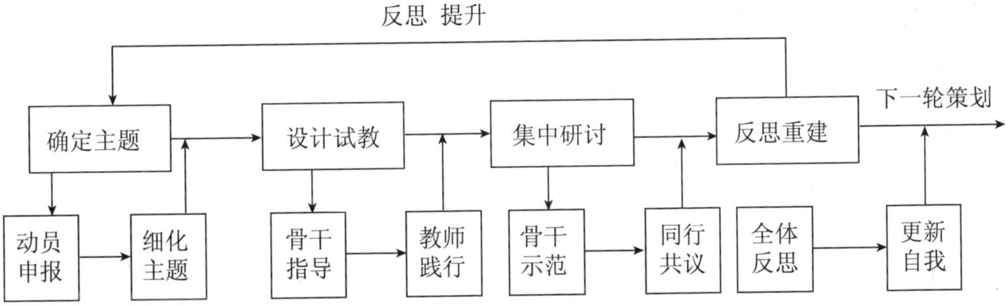

图 6－2　“新基础教育”教师合作教研活动程序

相较图 6－1 的研讨流程图，图 6－2 便是个机制图，因为这个合作研讨活动中，不同主体参与不同活动环节，承担着不同的角色，既是责任人又是合作者，使研究活动呈现出动态、合作、共研的精神气质。而且，不同环节的教师角色可以动态调节，仅以教学设计和试教环节为例，可以是“一人备课，一人试教”，或是“集体备课，一人试教”；可以是“集体备课，多人试教”，也可以是“多案多课”……总之，教师们可以根据需要动态调整，从而使整个研讨活动便处于灵活充满生机的状态。

正是基于这样的认识，“新基础教育”课题组希望实验学校能够展开对学校机制建设的研究，要求：

- 具有学校发展规划及重大决策，让全体成员知情、参与的民主机制；
- 具有研究推进基地学校建设和鼓励创新的动力机制；
- 具有监督执行和适时调整的保障机制；
- 具有协调校内外力量，推进学校发展的集聚辐射机制①。

在此方向引导下，实验学校纷纷展开了探索，并为此创造了许多适合本校的四类运行机制，分别是：

- 校长负责与民主参与的决策机制；
- 分工负责与协作推进的实施机制；

① 杨小微．当代学校变革中运行机制的探讨［J］．教育研究与实验，2008（2）．

- 常规保障与研究创新的发展机制；
- 评价激励与反馈回环的信息沟通机制。

四种机制总体上构成了学校系统运行的内在脉络，犹如人体各系统：治校机制是以大脑总指挥为核心的神经系统，负责决策、判断、总调控的功能；实施机制犹如人的运动系统，负责行动与实施；发展机制犹如人体的消化系统、呼吸系统、内分泌和生殖系统等的总称，通过改革实现着除旧革新的功能；而信息沟通机制则类似于人体的循环系统，负责信息的沟通与传达。四大机制的关系也决非线性的先决策，再实施，再发展，然后是评价反馈这样的简单，而每个机制都是一个充满生命力的活动系统，如图 6－3 所示。

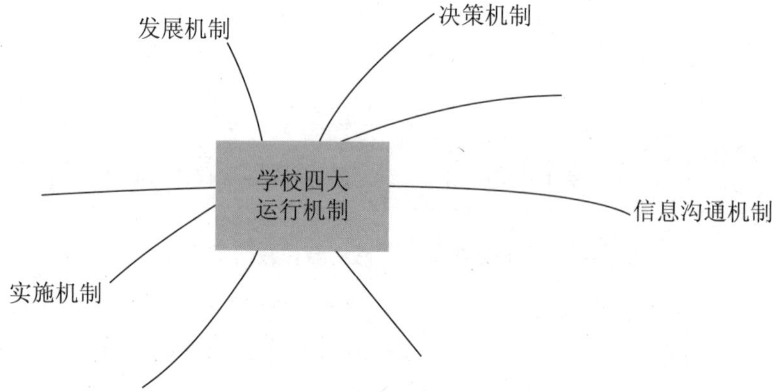

图 6－3　学校四大运行机制关系

二、 决策机制

在传统的学校权力结构关系、角色分配关系中，校长作为一校之长，是学校发展的总领导、总负责人和总决策者，其他人是执行者。显然，这种角色与权力分配关系因抑制了领导层以下中层和基层人员的积极性而成为当代学校变革普遍批判的对象，因此，改变决策过程中校长一言堂的家长制状况，使更多的学校中层和基层人员参与决策，以利于上下达成共识，凝聚人心局面的形成便成为当代学校变革的内容之一，所以，决策机制的变革与构建就成为必需。

由于一项决策常常涉及学校各方的责任和利益的调整，如果一项决策考虑不周全或不能够赢得各方的理解与支持，常常会使学校发展偏向或无法真正实施。所以，一项好的决策需要广泛听取意见，让更多的人参与思考、建议和建言，这就是民主决策的要求。但由于民主意识和能力的形成也需要一个过程，习惯于长期被动生活的人们，在民主面前未必会正确运用民主，还很可能把民主当作实现私己利益的工具，造成决策的偏狭、短浅、片面或低效，所以，这时，需要领导人整体把关，放窄参与面或参与权限。但当越来越多的人能够对待民主，能够对民主局面的形成负责的时候，民主的参与面和参与权限便可以放宽了。所以说，民主决策机制的形成过程也是一个建立、修正、调整、完善的动态发展过程，它主要与谁参与决策以及决策者的能力相关。

“新基础教育”实验学校围绕民主决策的机制问题进行了多方探索，创造了一些经验。比如，江苏常州市第二实验小学为了扩大民主参与决策局面的形成，根据学校决策内容的性质设置不同的决策平台、参与对象和决策方式：对于学校发展规划、课程研制和教师岗位聘用等重大决策，学校采取暑期集中讨论，全体教师参与，自下而上与自上而下相结合的方式，达到上下沟通的目的；对于诸如各类活动方案研制、项目实施计划等过程性管理决策，则采取主题行政例会的方式，让中层以上人员参与讨论，会议上讨论通过，从而形成了“校长负责与民主参与”的决策机制。但不久后，学校发现这样的决策机制仍然存在着一些问题：由于暑期集中决策时，教职员工参与民主决策的对象宽泛，各种意见不一，一项决策的形成要上上下下经过多次反复，学校领导为了平衡各方意见，常常采取折中的办法而放低决策的初衷，最终影响着决策的质量；而过程性管理决策基本由中层参与，往往又导致决策缺乏教师立场，尤其重要的问题在于，不管是学校全局性决策的最终决断权，还是某部门的决断权，全部由校长一个人承担，分管副校长和中层干部基本上只是参与决策，但不愿承担决断权。不承担决断权的部门领导就不是一个真正的责任人，就不会全身心地投入工作；再说，校长需要负责学校发展的全局性问题，对于领域性、部门性的局部问题，他不可能一一清晰，这时，就需要部门领导人负起研究本部门发展状况并做出决策的责任。否则，学校工作怎么可以保证质量呢?

于是，为进一步完善决策机制，提升民主决策的品质，学校提出了“领导负责、多元参与”的决策建设思路，一是将“主题式行政例会”更新为“主题开放式行政例会”，让例会向着主题相关领域的责任人和团队成员开放；二是修改决策过程：决策责任人申报主题→相关人员提前准备→现场研讨形成决策→推进决策逐步完善，从而形成了新型决策机制。

比如，制订“教师绩效工资分配方案”时，因此项方案涉及的条线、岗位不同，人员的待遇就会有所区分，要求参与的对象较宽，但为了提高决策的效率，又不可能全体都参与，于是学校便采取了代表制的方式，除了中层以上人员外，还让班主任、学科教师、后勤人员等代表参与方案的讨论与制订。再如，“教职工岗位设置和实施方案研制”的行政例会由人力资源部部长和工会主席策划主持，邀请不同梯队、不同岗位、不同年龄的教师代表参加，将基层声音融入顶层决策，在上级的共性要求下形成了“纵向看发展、横向比贡献”这一内含学校价值观、具有校本特色的实施方案，在教代会上全票通过。还如，“学生校服征订实施方案”的主题例会由校长策划主持，不仅邀请年级组长参加，还邀请了家长理事会成员（特别是服饰专业人士）、校服设计制作单位的相关设计人员，以及学生工作负责人、班主任、校长与家长等。会上，大家围绕校服展开了多方面的对话，就服装的材料质量、款式、校服使用细节等谈了自己的看法，不仅有效地提升了决策的科学性和有效性，还大大降低了会议频率，优化了管理节律，使学校纠结多年的难题转化为学校、家长和学生的共同愿景。

决策机制的修改与完善产生了积极效果，该校校长说：

> “领导负责与多元参与的决策机制”实现了两大转变。对管理而言，变尊重话语人格为尊重专业思想；对教师而言，变决策质疑者为决策贡献者，进而在推进决策的过程中成为决策的自觉拥护者和宣传者。相对于前期的“校长负责与民主参与的治校机制”，这里的领导实现了从校长到每一个责任领域第一责任人的下移，而参与者也实现了从中层到基层、从校内到校外的拓展。事实上，这样的决策机制已从学校管理的中观层面扎根到学科质量调研决策、少代会决策等微观领域，赋予学校在多领域、多层面、多角色对话中达成理解、达成共识的管理思路……①

三、 实施机制

在系统转型期，实施机制需要回答四个问题：

- 如何保障一项活动开展所需要的责任人和合作者都能够分工明确又友好合作？
- 如何清晰某项事件的完成必须经过的步骤，以提高效率？
- 如何构建和激活每个“节点”事件或角色，以提高学校生活的日常质量？
- 何种考核方式能够激励参与人员，使其在实施中具有较高的积极性、主动性和创造性？

这四个问题显然是涉及实施中的人员关系、实施过程、关节点、动力以及质量问题等。下面分述之。

① 王冬娟. “新基础教育”扎根性研究结题报告 · 系统成型在机制，改革深处是文化[R]. 内部资料. 常州，2012.

（一）分工负责与协作推进

起初，实验学校在考虑变革实施时，主要思考了两大问题：一是实施本身是多角色参与完成的过程，实施者之间如何分工与合作呢？二是如何设计工作流程以提高质效并发挥参与者的积极性呢？围绕这两大问题，实验学校也做了多方面的探索，积累了以下一些经验。

1. 在角色分工与转换中实现合作，主要有以下两种形式。一是在分工负责中完成合作。一项工作的完成常常涉及多项具体事务，如果由一人或少数几人去做，不但会降低工作的整体质量和效率，也会增加承担者的负担，而未参与人员则因没有参与工作而缺乏参与意识，形成不了责任共担的氛围。因此，分工负责是工作实施中的一种必需方式。比如，教师们在开展教研活动中，需要有人主持、有人介绍研究主题、有人上课、有人评课、有人录像、有人记录活动内容、有人撰写新闻稿、有人负责会务茶水和食品供应，等等。这时，就需要分工负责，协作推进。

二是在角色转换中实现合作。一项工作的完成，需要参与者和相关人员实现多重角色的转换：对本职工作，自己是第一责任人，负责工作的决策、组织、协调、实施等工作；对相关联的其他工作，自己是合作者，有义务从大局出发，给予他人必要的配合、让步、帮助等工作。比如，某语文学科某日要开展学科教研活动，某教师需要参与这项活动，这时就需要有其他教师代其执教，否则，班级中的学生们就会没有教师，然而，这时一个现实问题便浮现出来：谁来代其执教呢？这时，如果其他学科教师都持不配合的态度，那么学生的上课时间就无法得到保障，还有可能出现人身安全等问题。这就需要语文学科责任人与课程教学部负责人、相关学科教师协商决定，其他学科教师也应从大局出发，给予必要的配合与帮助。只有这样，语文学科教师才能够专心地开展教学研究。这时，其他学科教师便既是合作者，也是责任人。同样，当数学学科开展活动，需要语文学科教师配合时，语文学科教师既是合作者也是责任人。只有这样，学科教研工作才能够在大家的彼此负责与合作的情况下得以进行。比如，江苏常州第二实验小学在此方面探索出了较好的分工与合作的机制，如图 6 – 4 所示[①]。

① 王冬娟，邵兰芳. 创：生转型之美［M］. 南京：江苏教育出版社，2009：19.

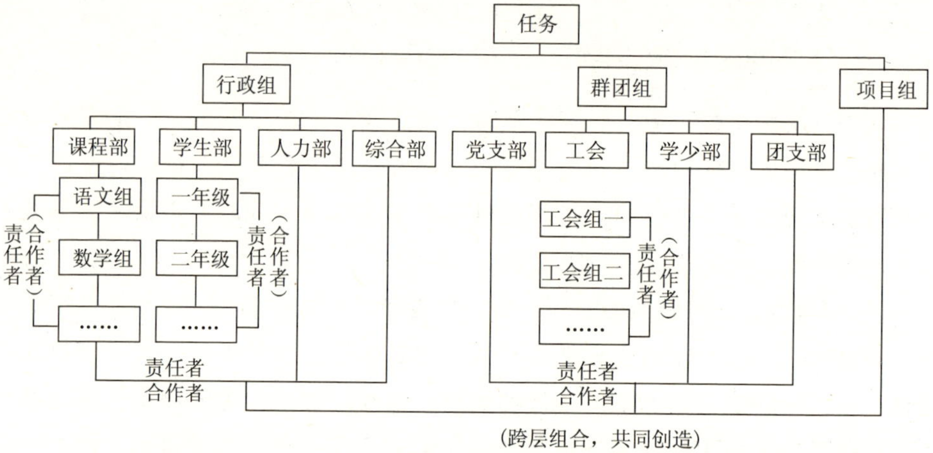

图 6－4　行政部门与项目组之间的分工合作推进工作

2. 以成事为中心，清晰运作流程。分工负责的任务清晰后，事件的发展总有一个先后顺序，这就涉及事情的运作流程问题，只有流程清晰了，大家相互之间的分工与合作才能够有序。如图 6－5 是江苏常州第二实验小学在 20 周年校庆活动中的工作流程图，有效地激活了各层面的参与积极性，也推进了各领域之间的合作关系，全校一盘棋，把校庆工作变成了人人参与、共同合作的工作①。

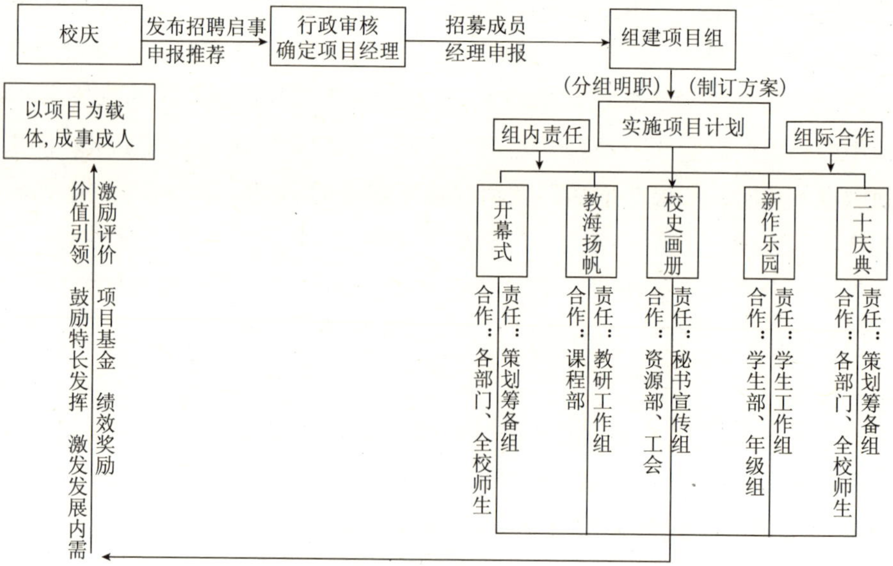

图 6－5　江苏常州第二实验小学在 20 周年校庆活动中的工作流程

① 王冬娟，邵兰芳. 创：生转型之美［M］. 南京：江苏教育出版社，2009：19.

（二）夯实节点，加强能力建设

仅仅有人合作参与、流程清晰并不能保证实施高质量。我们经常发现，学校各项工作的推进过程中，虽然有分工、有合作，但工作质量常常上不去，基层教师高质量、自觉完成工作的意识和能力尚不充分，领导团队中最基层的备课组长还没有形成在“日常研究”与“质量提高”之间建立起实质性意义关联的责任自觉。事实上，日常研究的成效直接影响着教学质量的提高，质量的提高又反过来制约着研究的方向和品质。因此，要使研究真正扎根于每一位教师每一天的研究和创新中，需要建立“夯实节点”与“提升质量”相互促进的实施机制。具体策略有以下两点。

第一，调整基层组织中的“节点角色”，加强功能建设，优化“机制链”。如果把学校看成一个复杂的组织体，那么，它内部就由若干大大小小的组织单位构成，每个组织单位都是学校组织体的细胞，只有每个细胞的活力被充分调动起来，学校才能够真正焕发出生命活力。所以，我们的实验学校便在中层、基层采取重组、增加、合并等措施使每个组织的节点性角色都凸显出来。比如，江苏常州市第二实验小学的做法是：

案例 6－1：重组“组织节点”，优化运行机制

学校将教研组长和备课组长两个岗位合并升格为“年级教研组长”，音、美、科等学科备课组长岗位升格为学科教研组长岗位，组织竞聘上岗，激活了基层组织细胞“潜在”的积极性和创造性。与此同时，在原有学科部长为“学科发展第一责任人”、年级组长为年级“学生发展第一责任人”的基础上，增加了年级教研组长为“年级教学质量第一责任人”的内容，从而使管理者逐步形成将“日常研究”与“质量提高”置于同一分析单位进行思考和策划的思维习惯和行为自觉，建立了学科建设教研组是“神”、年级组为“形”，校务管理年级组是“经”、教研组为“纬”，以及年级组、教研组合力推进的质量管理新秩序①。

再如，上海闵行区七宝明强小学的做法更加细微，除了夯实中层、基层的节点角色外，他们还进一步分解基层组织，如打破传统的学科教研组、备课组，

---

① 王冬娟. “新基础教育”扎根性研究结题报告·系统成型在机制，改革深处是文化［R］. 内部资料. 常州，2012.

根据教师组建了许多“小教研组”，这样的“小教研组”不但增加了“节点角色”，还因灵活而能够根据发展需求动态跟进、调整，从而使日常生活更为有序、有质量。

案例 6 -2：增设“小教研组”，增加组织节点

这是以重心下移、资源共享、团队共进为目的的专题式互动校本教研。各年级小教研组围绕大课题都确立小课题，每学期以自报的形式领衔一次学科大组教研活动，小教研组成员人人参与，或上研究课，或主持教研，或汇报阶段研究成果，或课后点评，分工合作，创造性地展示教研组近期开展的小课题、课型等专题式研究，其他年级小教研组教师派代表点评，最后邀请骨干教师围绕专题做总结式主评，核心推进研究，在高位引领中，使活动更上一个层次。

小教研组领衔式专题教研，在充分发挥组长和组内骨干的引领、辐射作用的同时，让更多的普通老师成为教研活动的主角，进一步展示了“互动课堂、效率课堂”的成功实践，实现了小教研组研究品质的提升。这一教研形式的改变让我们看到了每一位老师的参与和进步，深深地感觉到每一个人其实隐藏着巨大的潜能，也许给予一丝的火花生命便会绽放出异样的光彩，但这异样的光彩一定是你在参与的过程中才会被点燃和绽放的①。

第二，加强“关节点”的能力建设，增强关节角色或关键事件的功能，以提高工作的品质。比如，“新基础教育”的一些实验学校加强了微观组织的日常生活机制建设。在此阶段，教师们发现，他们原先教学变革的关注点是教学设计、课堂教学以及后续教学的反思与重建等环节；但只是这些环节的高质量并不充分，因为与学生学习质量相关的环节还有作业的布置与批改、学生辅导、单元测试质量等，这些环节也需要研究。因此，这一阶段，教师们的研究范围在不断地细化和贴近学生的学习生活。一些实验学校要求教师在日常备课、作业布置与批改、课前准备、课堂效率、学生辅导、形成性检测等常规工作中贯彻落实做到三前移：学习前移、指导前移、检查前移。为了让日常备课把握住核心目标、作业布置站稳学生立场、学生辅导立足理趣相融，各教研组又以开放的心态直面问题，剖析问题，解决问题，使得教学常规从自律认真走向科学高效。

---

① 上海闵行区七宝明强小学. “新基础教育”扎根性研究教学工作总结报告［R］. 内部资料. 上海，2012.

四、发展机制

显然，学校是一个不断变化更新的发展系统，不但因学生一届届地毕业离开，而且每年教师队伍也会因退休、调动退出的教师与新入职教师的加入而处于动态变化的状态。对于变革中的学校而言，这种变化更新的速度、节奏更加明显。这便提出了一个问题：如何在学校基础性力量（如教师队伍或领导干部）的变动中保持学校的可持续发展，让新增人员更快地熟悉已有的成果，另一方面又能够拓展新的发展空间，形成两者互为基础、共存互长的关系呢？

回答这一问题首先要明确常规保障对于学校稳定、持续发展的意义。我们在变革时通常不会注意某些东西保留下来对于发展的重要性，反而还可能以为凡是传统的、过去的东西都是应该摒弃的。其实，已有的东西并不完全是变革之敌，它们本来无所谓好或坏。我们判断某样东西是否有价值，主要应看它有多大价值。比如，明确的目标、有助于激发师生积极性的制度、良好的校风、积极进取的学校传统、已有的优秀经验等都是学校变革的重要基础，自然需要保持下来；而那些没有生机的文化、压抑人积极性的集权式管理风格、扼杀革新意向的行为、阻挠正向价值的风气、无序的思维方式等都是需要摒弃的。所以，这需要变革者提高自己的评断力与价值追求。

另外，常规保障也是学校变革与创新的内在需求。比如，前几个阶段的改革发展研究，学校已经积累了一些研究成果。那么，如何在新的阶段巩固已有的研究成果，并将之放大，让新入职教师、新加入变革队伍的教师从对变革成果掌握不牢固、认识不深入、创新能力不强转向较牢固地理解、掌握和内化已有的研究成果呢？如何激发教师参与研究的热情，在研究中推进变革呢？“新基础教育”实验学校的做法多种多样，其中两种做法值得借鉴。

一种是推出一定的制度，推动教师参与学习、研究和创新，如日记制度、学习制度、汇报制度、申报制度、考核制度。比如，江苏常州第二实验小学制定的制度之一是“外出学习汇报制度”。为了促进学校优质教育资源利用的最大化，促进教师间平等交流，语言上产生争鸣，思想上产生共鸣，引起更深层次的思想碰撞，促使学校教育教学研究水平不断走向深入，学校要求凡学校给予外出学习机会，参加各级各类研讨活动的教师，回校后必须进行专题汇报；根据参加学习内容，推广价值的不同，可选择这样的方式在不同范围内进行汇报：组织专题讲座：用 PPT 的形式简明扼要地展示参加活动，阐述学习的主要观点；或组织校内沙龙：在年级组、学科组、全校范围内征集相关观点，组织有效探讨，实现观念层面或认识层面的共同提高；或进行整体活动实录，以书面形式上交或上传到校园网，供大家共读品评；或网站投稿：撰写活动心得，对学校工作或自我实践进行深刻的反思和重建，引起校园争鸣。同时，学校以积分制的方式进行考评，按要求完成的纳入学期教科研考核总分，汇报有质量，产生一定的影响力或指导意义的再适当加分。可见，这一制度推出的意义不仅在于提高了外出学习教师的学习质量，促使其学习过程中的主动思考、学习的积极思考，也使个体学习资源放大，辐射到其他教师，有助于教师队伍的整体进步。

这些制度推出一段时间之后，学校研究氛围变得更加浓厚起来：

> 教师们在学校的统一安排下，定期学习“新基础教育”相关理论，并开始关注自己日常的课堂实践，用一个个鲜活的故事诉说着自己的发现、学生的成长。外出参观学习的也承担了学习归来进行汇报的义务，将听到的、看到的传达到学科组，研究的氛围进一步浓厚了起来。在此基础上，课程部推出的“每月一课”制度，每周例会也从事务性的工作布置转变为研究的聚焦、交流的平台①。

另一种是采取差异推进的多元创生策略。课型研究是“新基础教育”教育教学研究的切入点之一。在前期研究阶段，实验学校已经探索了一系列课型：一类是较成熟的课型，另一类是初具形态，但尚不成熟的课型。在系统转型期，一方面，需要把已有的成熟课型扎根在日常的教学生活中去，并让新加入研究的教师尽快学习已有的研究成果，实践跨越式发展；另一方面，还需要进一步研究初具形态的课型，使之走向成熟，从而使一部分发展较成熟的教师在新的研究任务中实现新的突破性发展。

比如，上海闵行实验小学在进入系统成型阶段之前，数学学科已在“数概念”、“数运算”、“形计算”等课型研究上有了一定的实践成果，教师也在努力创建数学课堂新形态的过程中积极改变着思维方式。在系统成型阶段，他们努力将这些成熟课型扎根日常课堂，使已有课型的研究成果更深入人心，实现普及推广，同时也借鉴其研究的思维方式，进一步完善课型研究的成果。

他们在“成熟课型普及化”方面的做法是：依托具体课例实施“1+1+1”工程，即“听一节、评一节、重建一节”的研讨方式开展实践研究，其具体要求也在过程中不断转变和提升：开学初，进行“数概念”课型研究，由骨干教师先行上示范课→组员模仿上重建课；学期中，在研究“数运算”课型研究时，由骨干教师先行解读教学目标与思路→组员教师进行课堂实践→骨干教师评课。学期末，进行“形计算”课型研究时，由组员教师自学并上课→骨干教师进行全方位点评和指导。就这样，教师梯队在整个学期中的不同时间点，遵循骨干

---

① 王冬娟，邵兰芳．创：生转型之美［M］．南京：江苏教育出版社，2009：33.

教师由扶到放的引导方式，使教师在“接力”中各自实现了自己的发展：骨干教师进一步提高了指导力，第二梯队教师进一步深化对研究成果和变革理念的认识，新教师则由陌生逐步转向了熟悉。

他们在“未成熟课型精品化”方面的做法是：该校在前期变革阶段已对“形概念”、“数量关系”等课型有了初步探究，在该阶段他们希望形成更系统、更完善的研究成果。他们先组织全体教师学习这些课型的内涵与目标，课型的整体结构与思路，了解前期变革阶段教师已有的研究经验和存在的问题，并依据学生发展的实际，形成解决问题的初步思路；再由骨干教师上研讨课，形成对该课型进一步的认识；最后由骨干教师与新青教师进行几次重建，并及时总结有效做法，最终形成了这两类课型的精品课研究成果。整个研究过程，大家一起经历、一起研磨，没有替代只有自主思考，一起研究一起成长。

由此可见，在学校变革过程中，常规保证对于学校变革与发展有着重要意义，“变”要以“部分不变”为前提，而且，不是所有的变都必然会推动发展，有的变化可能还会阻碍发展，所以，经常变化或变化无序的学校，其发展就可能处于混乱。比如，当代一些地方学校的师资大量流动、校舍的搬迁或扩建、校长的高频度更替等，都会冲击着学校发展的内稳态，打乱学校已有的正常秩序。当然，如果一所学校只场所变了，规模相对扩大或缩小了，教师少部分流动了，那么，也未必会伤害学校发展的稳定性，因为只要校长还在，只要制度还在，只要原有的规范还在，维持学校稳定性的基本结构基本未动，那么，学校发展的内稳态就仍然存在。所以，在“新基础教育”的学校变革过程中，实验学校都比较注重建立常规，以保障学校发展的内稳态。

其实制度也好，新的变革策略也好，都是在学校变革发展中根据需要而创生出来的，其实本身便是创新的内容。所以，常规保障与研究创新之间是互蕴互生的关系，也是学校得以持续发展的必要机制。

五、　动力机制

诚如上文所分析的，保证组织功能中各类主体之间角色耦合的前提是设置必要的规范，促使主体在约束中参与合作教研。但仅有规范、制度、习俗等外力约束，也未必一定能保障教师参与的主动状态，这是因为常态生活中的人对自己的行动具有最终决定权，外在约束毕竟无法与主体的内在需求一致，当不一致的时候，主体就不会主动投入。所以，从逻辑上讲，学校如要激发教师的工作积极性、主动性和创造性，还需要探讨什么因素有助于提升主体的内在自觉而非迫于外部压力。这个问题其实直接关涉学校的可持续发展问题。

“新基础教育”的一所实验学校这样回顾他们学校评价方式的变革：

案例6-3：学校评价方式改革

在研究中，随着管理重心进一步下移，在“成事”中“成人”的理念让我们重新审视我们日常的考核工作。我们看到前面的教育教学考核，更为关注“管”好教师、把“事”做好，却没有将“发展教师”作为目标。现代管理的真谛在于发挥人的价值，发掘人的潜能，发展人的个性，最大限度地发挥人的积极性、主动性和创造性。所以，针对这一症结，我们开始探索：如何让教师以平和开放的心态看待考核，走出应付考核的被动局面，使考核工作成为教师对自我工作的指导，促进教师自我反思的有力途径？如何让教师从被动走向主动？

在改进考核方式、促进教师进一步创造时，我们作了如下新的尝试。(1) 确立两项基本原则：人人都是考核者，人人都是被考核者；关注日常课堂教学。(2) 优化考核的操作程序：复杂问题简单化，简单问题不复杂化——考核程序简单可操作；考核必须公平公正——考核时间由考核教师自定。(3) 明确考核的目的，提升教师的教学能力——考核结果必须对被考核者公开；关注教师的日常教学——被考核人员随机产生。这就形成了新的全员（包括管理人员）参与考核与被动考核的思路。

立足于这些考核思路，我们推出了新一轮的学科教育教学考核方式。(1) 各学科在期初就整体规划并做好与考核相应的前期准备工作，依据优势互补的原则将教师合理分组，每个小组由2—3人组成。(2) 考核工作每月都要进行，依据学科人员的多少来确定每月考核的次数。语、数组每月一般安排五个考核小组，每个考核小组的成员依据自身的工作实际，互相协商，确定考核时间，于当天早晨抽签随机产生被考核教师名单。(3) 具体考核时，采用听随堂课及查阅相关内容的方式，课后与被考核教师沟通交流考核情况，并提出今后改进的建议。

工作多年的谈老师真挚地说：“别的教师来听我的考核课的时候，帮助我分析我的优势和不足，并提出了建议，让我清晰地知道还需要在哪些方面继续努力，尽管我已经是一位老教师。我去考核其他老师的时候，也同样向他提出建议，同时总是带着欣赏的眼光，抱着学习的态度，我们平等地沟通与交流。在考核过程中，我真的学到了很多。”①

---

① 杨小微，李伟胜，徐冬青．“新基础教育”学校领导与管理改革指导纲要［M］．桂林：广西师范大学出版社，2009：79-80.

当看到这个例子时，我想到了赫兹伯格所进行的一项“什么样的工作能够增强人的内部动机”的研究。他们发现能够增进人的内部动机的工作所具有的特征是：

- 考虑到发现、探索、多样性和挑战性；
- 提供高度投入和高度认同的任务；
- 能够使人认为工作是重要而有意义的；
- 考虑到积极地参与，强调有关将工作中的人们凝聚在一起的宽广目的和价值观方面的一致；
- 准许工作者自己决定宽广目的之下的种种工作结果；
- 鼓励自治和自我决断；
- 让人们拥有自己行为的“原创”感，而不是受外力摆布的“走卒”；
- 促进有能力、能控制的感觉，并增强功效感①。

也就是说，实验学校的评价方式已经打破了传统上依靠外部奖赏或惩罚的方式，他们已意识到仅有外部评价会给教师造成控制感，影响他们的内在积极性，阻碍教师成为自我管理者和自我激励者。因此，他们努力转换方式，让每位教师都成为自我监督者和相互监督者。这种自我监督的动力不是因为外部的奖励或惩罚，而是因为“美好的东西使人们去做”，是教师对教育教学内在欢乐的责任认知与自觉追求。在这里，一方面，教师作为评价者获得了积极的反馈，这种反馈即形成了一种积极力量促进他投入有意义的工作之中；另一方面，基层组织中个体间的相互考核其实已经转变成了相互学习与督促，信任、开放、互助、自主成长的团队文化已在教师对话中形成，这种团队文化又反作用于个人，个人接受到正能量的激励，进而再作用于新文化，于是，团队文化与个人之间便构成了相互生成的激励关系，如图 6 – 6 所示。

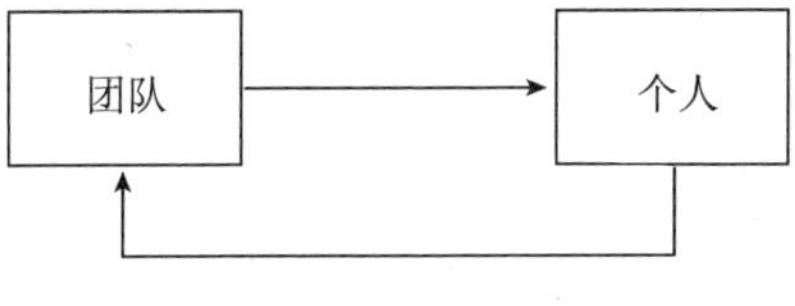

图 6 – 6　个人与团队间循环回路式的激励关系

莫兰曾从方法论的意义上解释了这种互生现象的内在机理：

> 要设想认识社会学，不仅要设想认识的社会根基，设想认识和社会的互动作用，而且尤其要设想一个循环回路，在这个循环回路中，

① 托马斯·J. 萨乔万尼. 道德领导：抵及学校改善的核心［M］. 冯大鸣，译. 上海：上海教育出版社，2002：33.

认识是社会文化现实的产物和生产者，社会文化现实本身就具有一种认知维度。处在某种文化中的人们通过他们的认识模式来生产文化，文化又生产他们的认识模式①。

另外，学校作为一个复杂系统，随着学校各层面、部门、领域、基层组织、团队或个人的自主性越来越强，创造性和积极性越来越高，学校生活的变化速度就会越来越快，这时，就更加需要学校及时了解方方面面的发展变化情况，便于学校整盘棋协调统一、动态有序。那么，如何实现这一目标呢？请看如下做法：

案例 6－4：一校三区，信息反馈沟通机制的探索

2008 年 9 月，因区域义务教育均衡发展的需求，上海闵行实验小学在政府的统筹下又开办了一个新的“景城校区”，从而使办学规模变为了“一校三区”。老子所言，“一生二，二生三，三生万物……”学校管理运行从一个校区拓展为三个校区，其复杂程度不是两个校区所能比拟的。学校管理的新挑战更加复杂：一是两个新校区：春城校区和景城校区，办学规模是从一年级逐级招生、扩大校区规模。2009 学年和 2010 学年两个校区每年分别要增加 6 个教学班，增加约 20 名教师；2012 学年，春城校区的办学原则上达到饱和状态，景城校区还将继续增加 4 个教学班约 13 名教师。二是管理层级增加，信息传递复杂；随之带来的可能便是各类矛盾的增加与各类信息传递的分层消减或是阻碍。三是思想更加多元，需求更加多样。校长这样回顾说：

“三校区办学中，我们明显感受到很多行政性事务的增加，这些事务的增加很多是由于三校区办学的复杂性带来的，往往原来只需要几天、几个小时甚至几分钟解决的事情，现在由于校区分散、教职工人数众多、管理层级增加，事务量成倍增加，程序和环节更为复杂，也造成了校长、书记、部门主任等统管层级的管理者精力极大分散，对教育教学业务投入精力明显不够。大家都明显感受到特别需要一个从中协调、处理行政性事务的岗位或部门，将三校区一些事务性工作剥离出来，使校区、教育教学业务部门能专心业务推进。”

于是，2009 年下半年，学校成立了“党政办公室”，主要职能是

---

① 埃德加·莫兰. 方法：思想观念［M］. 秦海鹰，译. 北京：北京大学出版社，2002：12.

协助校长书记处理党政工作、接收上级部门的各类信息、对外发布各类信息、处理人事档案工作等。此部门的成立，在一定程度上减轻了校长书记的政务压力，从工作内容来看，能对部门间、校区间起到一定的协调作用。但是此部门的自身发展和业务部门、校区发展的问题关注不多，同时也带来了学校部分领导管理人员脱离各校区的实际发展情况做决策，决策常常缺乏针对性。

于是，经过充分的商讨，学校于2010年将“党政办公室”更名为“管理发展中心”，在处理行政事务的同时，增加了“发展”职能，这一发展重在“人”即教师发展和“事”即教育教学研究的发展。这一职能在原有的职责范围基础上，将“教师发展”这一工作从原本由某位校区副校长负责转到由管理发展中心统一策划。同时将原本在“课程教学部”的科研主任调整到管理发展中心，这样的调整使“科研”有了全局性的管理，就不仅仅只是课程教学范围内的工作，其管理的视野拓宽到了教育教学甚至整个办学领域；同时站在“管理发展中心”这样的层面，对科研工作的定位，也不仅仅只是对具体科研项目的管理，更是学校校级层面科研引领下的办学发展方向前瞻性的探索，使得办学发展研究不再是校长个人思考确定的问题了，而是基于一种教育政策、环境分析下更科学的定位；这一职责的纳入也更好地打通了与教师发展的关联，实现了“成事成人”的统一，即“科研”不仅仅只是“成事”——学科发展的路径，更重要的是教师成长发展的路径。这样的职能调整，使管理发展中心这一部门在同校区、部门协调沟通的过程中，能始终紧紧地扎根于教育教学实践的土壤，其行政职能的履行也就能在凸显教育教学需求的前提下进行①。

我们可用图表现“管理发展中心”在三校区的发展中的反馈、协调、管理枢纽的作用，如图 6－7 所示。

从这里可以看出，管理发展中心在学校信息的上下沟通、左右协调方面发挥了至关重要的作用。以各校区各年级学科教研组为单位，每月要将组内教师有创意的工作或爱生奉献等

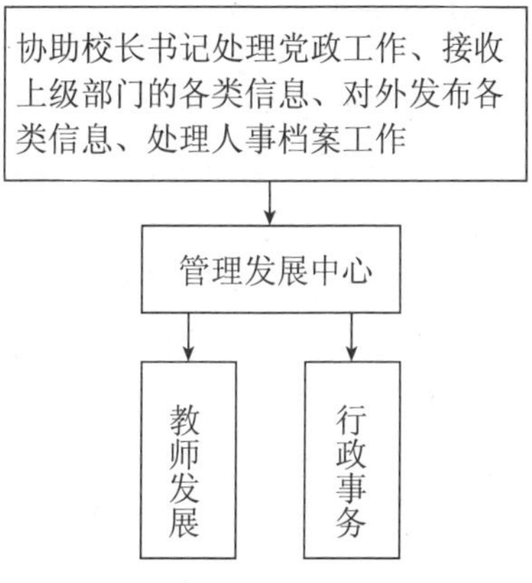

图 6－7　学校发展管理中心的中枢调节地位

① 上海闵行区实验小学．在坚守与创生中实现成长．“新基础教育”扎根性研究总结报告［R］．内部资料．上海，2012．

事例，由组长或组员以简单的文字填写在学校下发的“创意工作棒”或“教育人生录”的推荐单上，并上交校管理发展中心。管理发展中心每月及时梳理推荐单，每1—2个月发布“创意工作棒”或“教育人生录”榜单，特别好的工作创意会通过各种渠道及时得到宣传介绍，特别感人的教育事迹会派专人采访撰写与宣传。与此同时，为更加充分地了解各方面信息、听取多方面的意见，管理发展中心还牵头建立了阶段性的问卷调查与访谈机制。主要的问卷对象为教师、学生、家长，内容涉及学校领导管理、课程教学、学生活动、学生安全、家校联系等。

第三节　新型学校基本形态

通过以上描述可知，进入系统成型期，学校在原有变革的基础上，主要致力于三方面：注重学校系统每个组织或细胞的发展；注重组织系统的整体有机、融通关系的形成；注重学校各要素自主性、创造性的发挥。那么，经过如上机制建设，其变革成效到底如何呢？这里结合“新基础教育”实验学校的发展状态做简要描述。

一、　教学活动和学生工作的生命立场进一步彰显

（一）教学实践中的学生立场

就我国教育教学的实践境脉而言，一位教师的教学变革实践一般包括：教学设计、上课和反思重建各环节。经过几年变革阶段，我们发现，“新基础教育”实验学校大部分骨干教师在各个环节上的学生立场都有了很好的体现。

1. 在教学设计时有学生立场。经过了几年的积淀，教师们基本上都能做到这样几点：教学目标设计得科学合理，可达成性高，对学生的分析准确，尽可能地对当下学生的实际认知水平和真实需求有准确的判断。在教学过程设计上，注重开放，重视给学生充分思考和交流的空间。为切实有效地提高课堂教学效率，他们充分考虑学生的学习需求，追求多维、灵活、开放、动态的“弹性”预设，使学生原有的知识经验、能力水平和个性特点都成为教学时生成资源的有效构成。所以，许多教师在走进教室授课时，手里都有一份相对成熟的教学设计。

2. 在上课时有学生立场。显然，教学设计方案中体现学生立场，上课时未

必能够体现，这同样需要教师把动态发展的学生放在心上。因为课堂上的孩子是活生生的一个个人。进了课堂以后，你很快就会发现，任何一个看似完美的教案在实际操作起来的时候，就会有很多需要修改完善的地方。于是，教师在课上对原有的教学设计进行动态调整就显得非常重要。这对教师提出了极高要求，要求做好日常化的研究，处理好课堂上的每一个环节。这里，我们通过一位教师的回忆来说明这一变化。

案例6－5：根据学生发展需求，动态、递进式设计教学

一年级下学期的第一单元有这样四篇课文，分别是《春天在哪里》、《闹花灯》、《春雨沙沙》和《一粒种子》。在这个单元中，希望培养孩子逐步养成边听边思的良好习惯，读懂每一句话。对于学生来说，读懂每一句话的策略就是借助句中的关键词。

在教授第一篇课文时，我要求学生听完录音后在课文中用小三角标出描写春天在哪里的表示地点的词语，即“枝头上、草地上、竹林里、田野里”。要求刚说出去，就发现教师课前的预设不够准确，有一部分学生在听录音的过程中根本就不知道该画什么，怎么画。于是，我把录音停下来，做了一个示范，告诉学生，第一小节中画出“竹林里”三个字即可。有了教师的示范后，学生的听、思、划就有效率了，再加上这篇课文的四个自然段呈并列关系，每个自然段的第一句话都点明了春天来到了哪里。学生通过这项训练，初步掌握了圈划关键词语来读懂句子的方法。

到了第二篇课文《闹花灯》，我继续在课上让学生练习借圈划关键词来读懂句子的学习方法。即让学生听完课文录音后，圈划出作者介绍了哪几种花灯。可喜的是，这项能力训练在前一节课上有指导，有后续的训练，因此达成了较好的效果，学生很快就借助圈划读懂了作者一共介绍了三种花灯：鸽子灯、兔子灯和龙灯。

到第三篇课文《春雨沙沙》的教授时，我根据当下学生的学习情况，对一周前就设定好的单元目标和一周前就制订的具体教学设计方案进行动态调整，让学生在借助关键词来读懂句子这一方面的能力有了提升。课上，我要求学生边听课文，边圈划出这幅美丽的春天图画中有哪些景物。由于前两课中进行了系列训练，再加上有了个体学习和同桌互动的学习环节后，学生圈划词语的正确率和完整度有了保证。教学活动进行的同时，我就思考，除了让学生掌握按要求边听边思边圈划词语外，是否还能做更多？于是，我及时做了调整，将学生交流的词语有意识地分行罗列在黑板上：

燕子

柳叶 桃花

小河（鱼儿）

山坡（农民 娃娃）

然后，我让学生学做“福尔摩斯”来“尝试探秘”，猜猜老师为什么这样来板书。结果，一石激起千层浪，学生的思维被激发了。他们通过讨论，发现原来同一行的词语所描述的景物都是有关联的，所以它们出现在一个句子中；更可喜的是他们发现，原来句子和句子之间也是有关系的。学生开始关注到句与句之间的关联，这是意外收获，超出了我的预设。

在实际的授课过程中，我对自己提出了更高的要求：每时每刻，都要做到耳朵认真地倾听，思维敏捷地跟进，然后及时地对教学设计进行调整，尽快地在教学行为中进行反馈①。

3. 在教学互动中有学生立场。课堂教学并不只是师生、生生之间的认知性对话，也是心理交流，更是尊重与关爱情意的传达。在此过程中，学生在教学中所接受的各方面信息当回归到自己身上时，他们关注的是：“我在此时此境中是一个受老师、同学们欢迎、尊重和关心的学生吗?”所以，课堂教学对于他们的健康成长与学习参与的积极性都有极大影响，这时，就需要教师在课堂中时时以多种姿态对待学生，将各种信息引导、转化为学生成长的积极力量。比如，一位语文教师回顾了这样一个感人的事例：

案例6-6：教学互动中的学生关爱

在学习一篇以母爱为主题的课文时，我引导学生展开讨论：“在你们心目中，妈妈像什么?”孩子们的答案很精彩，有的说像山，有的说像海。突然有一个孩子说：“我的妈妈像一根木头。”教室里顿时哄堂大笑。我停顿了一下，追问道：“为什么这样说呢?”结果孩子回答：“妈妈像一根木头，我就像一根藤，绕在妈妈的身上向上爬，可以看到很远的地方。”这个答案让我很惊喜，也让我暗自庆幸：正因为我的追问，才有了这样一份美好。对于我来说，这是我的课堂评价中迈出的关键一步。换作以前，我也许就会说：“哦，把妈妈比作木头，合适

① 黄琳.“新基础教育”研究扎根材料·学会尊重，边走边思［R］. 上海，2012.

吗？坐下去，再想想。”所以，从单纯的表扬，或说巧妙的回避，再到会等待和追问，是一个很大的转变。我很感谢“新基础教育”，让我懂得并实践了对学生的尊重①。

4. 在教学反思与重建中有学生立场。教学反思与重建是目前我国教师发展的重要一环，但许多教师并不知道如何进行反思与重建，他们常常会把教学内容教得多不多，过程顺利不顺利，教学媒体运用得是否精彩，自己的学科素养是否扎实等，作为自己反思的对象，而恰恰忽视了，他的学生在课堂上收获了什么，多少学生有收获，还有多少困难，为什么会产生这些困难，哪些孩子学习动力不足，如何转化等，这不能说不是一大遗憾。但我们发现，“新基础教育”实验学校中的一些教师几年的教学研究之后，他们的关注点首先不是“我做得怎么样”，而是“我的学生学习得怎么样”。

（二）学生工作中的学生立场

一般而言，教师们对学生立场的理解是：它不仅是学校实践改革的核心价值立场，也是基本的思想方法。作为核心价值立场，要求学校实践改革在遭遇与此价值取向相冲突的价值选择时，不能以牺牲学生发展为基本要求，要以学生发展为最高宗旨；作为思想方法，要求教育实践者能够化思想为方法，化思想为行为，想办法让学生参与到自身的发展中来。但学生立场还有一层意义没有被人们充分认识到，那便是学生立场还是教育教学实践的重要依据，因为没有依据的学生立场将是对学生的不尊重，将无法体现学生成长的要求。所以，如何解读学生的成长需求，并根据学生成长需求设计教育教学活动便是做好教育教学工作的重要一环。在此方面，心理学在思维、人格、情感、品德等方向都做了一定的研究，但不同的是，心理学研究的往往是抽象的人，即使他们关注了不同年龄阶段人的心理发展变化特征，也无法回答在具体的地域、时代、年段孩子们的心理成长需求，更不要说他们研究的多是个体人，而不是群体人的心理特征，具体一群班级孩子在具体时段的成长需求问题。所以，读懂学生的成长需求并提供适宜的教育策略促进或帮助学生健康成长，便是学生立场的最好体现。

而这也正是“新基础教育”学生工作改革的重心所在。在此阶段，教师们已经把脉了不同年级的学生成长的需求及其工作重心。比如，一位班主任这样回顾了她是如何感知不同年段的孩子成长特征的：

---

① 黄琳. “新基础教育”研究扎根材料·学会尊重，边走边思［R］. 上海，2012.

孩子一年级时，我通过家访和日常生活，对每个孩子进行了细心观察和研究。每一个学生的性格脾气、家庭环境、表达愿望、交往水平等都在我心中有一本账。为了走近每一个孩子，我还努力强化自己作为“妈妈”老师的形象，一有空就和他们聊感兴趣的事、做他们喜欢的游戏，让他们一入学就减少对学习的戒备心理，觉得学习就像生活一样自然，只是多了一点点挑战和规则。

孩子三年级时，我感受到三年级是小学生活的拐点，孩子的身心发展逐步从依赖走向自主，内心很想脱离老师和家长的指导，但又缺少正确的途径与方法，迫切需要借助于一些成长平台，既满足他们的自主发展心理，又能在他们需要时给予适当引导。因此，我运用离开学校没几步路的七宝古镇资源，设计了“小强强古镇探秘”系列活动。我和学生相约每周至少一次到古镇探访。借这个机会引导他们走向社会、走进生活，从中感悟、理解蕴含在七宝老街中的各色美食和五颜六色手工艺品中特有的地域文化。此时我的身份是多重的，既是该活动的引领者也是支持者，既是指导者更是参与者。每次活动，我都以一名普通的探秘成员的身份参加，协助小干部，组建不同的假日探秘小队，定好活动时间、落实探秘地点、确立采访人物。

孩子进入五年级，我认识到，他们正准备从小学走向中学，生理和心理明显变化，思想也逐步走向成熟，处于半幼稚半成熟的矛盾期。与此同时，自主发展和创造能力已有了一定积累。这一阶段是培养学生综合能力素养的最佳时期。我一直想寻找一件大家都感兴趣，又能让孩子们拥有一技之长、有机会证实他们自己成长实力的事情做。一个偶然的机会，我组建了“强强皮影社团”，于是，每周的固定时间，我们都会邀请皮影老艺人走进课堂，让学生近距离接触七宝皮影的精湛技巧与无限魅力。这时我才知道，现在的孩子不仅喜欢电脑、手机，对民族传统的表演也特别感兴趣，课余时间，他们纷纷投入皮影戏的创作之中。课后、午间总能看见他们三个一群，五个一伙地忙碌着：有的上网查找资料，有的主动去请教老艺人，有的询问家人、长辈了解传统，还有的花一天时间到图书馆一查究竟。

我鼓励孩子们尝试创作以自己生活世界为主题的皮影剧本，并将学生分成若干小组，分工合作，分角色来编写旁白、对话、儿歌等。对于皮影剧本的内容选择，遣词造句等给予指导。各小队“八仙过海，各显神通”：定主题、创作、修改、押韵……渐渐地，一篇篇内容不同，风格各异的皮影剧本“新鲜出炉”了。后来，“强强皮影社团”在七宝老街的正式演出获得了重大成功，受到了皮影老艺人和游客的高度肯定①。

学生立场不仅体现在个体教师身上，也体现在学校学生工作系列化上，体现了年段特征。比如，江苏常州第二实验小学从对队员当前发展问题的准确判断和成长需要的认识入手，把握不同年级少年儿童的年龄特征，遵循少先队教育的科学规律，形成具有年级特色的活动重点和活动序列。

二、 变革者“思维方式”的转型及其对学校发展的突破性意义

我们一直在反复强调，学校转型性变革是一项复杂的系统变革，尤其在系统成型阶段，系统性、复杂性的特点更加凸显。那么，我们如何把握这个复杂系统的变革呢？系统变革对于我们的思维方式形成了什么样的要求呢？是系统变革塑造了人的思维方式，还是人的思维方式推动了系统变革的完成呢？我们发现，这两者犹如鸡与蛋的关系，相互缠绕与生成。比如，教学活动方式与教师的思维方式密切相关，教师的思维方式直接影响着教学的深度与质量，也标志着教师的成长与发展。变革孕育阶段，教师主要是在打破原有的教学理念，树立新的教育教学观念上下功夫，新的思维方式尚未完全形成，从而使他们在把握教学时只是点状地思考状态。随着教学改革的深化，教师们在一次次按类型结构化地读解教材过程中，在一次次面对动态变化的课堂中组织、调控、转换的过程中，在一次次地思考与总结研究经验的过程中，结构化的整体思维、关系思维、动态变化思维等也一点点地形成了。

一位教师这样说：

我从自己的实践变化中体悟到，教师的问题不在于具体寻找某一个方法，具体改变某一个教学环节；制约教师发展的瓶颈是“思维方式”，思维的整体性、结构性是影响教师发展的重要因素。而是否能通过各种有效的学习与实践，不断打破原有的认识结构，形成新的参照框架，形成新的思维方式，这是教师能否整体转型的重要节点。

这一阶段，我在不断地打开、重建，打开、重建中丰富着自己，也时时在每一次研讨中享受着课题组教师自身的丰富带给我的惊异。

① 郭芳.“新基础教育”研究扎根材料·幸福像花儿一样：谈谈我的成长历程［R］.上海，2012.

> 大结构和小结构，长结构和短结构，平面结构和深度结构……一个一个崭新的世界在我心中慢慢立起来了。“新基础教育”已经不仅仅存在于书本中，不仅仅存在于课题组的一言一行中，而是渐渐根植于书面，不仅仅存在于课题组老师的一言一行中，而是渐渐根植于我的内心、我的实践。与此同时，一个崭新的自我也渐渐通过我的思维、我的认识、我的实践长大起来了。

我们发现，此时能够处理复杂变革的教师们，思维方式呈现出以下几个特点。

（一）整体思维的养成

回顾在整个学校变革过程，可以看到教师的思维方式在变革过程中是不断转换与发展的。

变革孕育期，教师们的思维多关注那些局部性、细枝末节的、零碎化的“点”。随着以课型研究为抓手的专题研究的开展，教师开始能把教学目标、内容、策略、过程等要素综合成一个有机关联的整体单位进行思考，学会观察要素之间的关系，最终形成了第一个整体性的“点”：课型，这是教师思维方式从“要素思维”转向“整体思维”的第一次突破点。

接下来，教师们又纵向方式研究了课型分布的年段系列，从而实现了从整体性的“点”，转向整体性的“线”，在这个“线”的理解与把握中，教师第一次意识到年段成长的核心要求、前后年段的转承关系，第一次有了纵向整体的学段意识。随后，在以单元为整体研究单位，探讨不同课型在同一单元的目标与策略定位及其前后关系时，教师们的思维方式又转向“复合整体”，在这个复合整体下，教师清晰了一个单元的多元目标、目标分步实施整体策略，以及前后教学之间的内在整体关系。

就这样，随着变革程度的越来越深入，变革关注点的转换，教师的思维方式也越来越走向整体，关系式思维也越来越明显，思维水平有了很大提升。就这样，他们在纵横交错、纷繁复杂的学校日常生活中把握各类学校活动系统的内在关联意识更加清晰了、能力也更强了：教师能够有意识地把握新授课与练习课的时间互补关系，教学内容与方法之间的匹配关系，学生发展状态与教学目标、方式方法之间的耦合关系，教师队伍不同发展状态教师的相应的学习方式，等等。

这里的分析给我们一个重要启示，即人从研究和探索对象的层次中超越出来，不仅在建构外部对象世界，也同时在建构自我！如果仅仅从对外部世界的建构这个层次看，一只蝴蝶、一只蜜蜂、一只老鼠和人没有本质差别，世界都是由它们的建构。但人与这些动物的区别在于，在建构外部世界的同时，他们也在不断地建构自己的经验、自己的思维方式、自己的观念和行为。人的新观念、新眼光和新思维转而会进一步指导他对世界的认识和把握。如此以往，世界与人便是在互构中相互生成与发展，世界因人而变，人在变世界中变己。所以，“新基础教育”的学校变革一直注重“在成事中成人，通过成人以成事”的理据便清晰可见了！

（二）事件性思维的形成

这种思维能够根据历史和过程来理解教育的事件，把历史和事件参与到理解和把握变革中去。

通常，人们总是喜欢从理论、政策等外在要求单向度地理解和认识变革，用理论、政策等外在要求演绎或解释当下变革的正当性；这样的论证方式最要害的缺陷在于忽视了事件或事物本身的内在发展逻辑，伤害事物或事件发展本身的发展需求。人们之所以会忽略或不愿直视事件或事件本身，大多受经验科学认识论对规律、结构、模式等普遍性、必然性的影响，认为事件或某具体事件是特殊性、偶然性、变动不居的，不值得探究。其实，现代科学已经告诉人们，即使宇宙都不是一个无始无终、遵从某些规律的宇宙，也同样是被创造出来的，具有时间性和历史性的事件，何况社会人事！事件性思维会让我们贴近对象审视其发生发展的变化过程，把人的成长与事的变化都看作是一系列事件的展开与持续。在“新基础教育”的实验学校中，人们越来越具备这种事件性思维。在解读学生发展情况时，教师们会思考学生已有的学习基础（知识、能力、态度、兴趣）是什么，会思考学生可能会遭遇的学习困难以及可能的发展空间；在分析教师队伍发展情况时，会分析已有的优势、劣势和潜势，根据此定位队伍建设的目标，寻求相应的解决策略；在制定学校规划时，校长们会思考学校的历史、已有基础、发展条件、优势与劣势，以及发展的进程，不同的进程的发展目标及其内在关系，凡此等等，说明教师们和校长都有了事件性的眼光。在这样的眼光里，他们会直面事本身，会分析事物或事件发展的基础、起点、可能的发展空间；这样的眼光，使他们能够把握住事件发展的内在脉络，其他相关要求或外在条件都需要结合事件发展的内在需求而展开，否则就是对实践的不尊重，而不是简单地推演；这样的眼光，使他们能够不会轻易因上级领导部门的某项变革而一切都重新再来，而是把上级要求有机地整合进自身的发展轨道中，再做优化性处理。所以，也正是因为这样的眼光，学校具有了生命性和生长节律，这不仅体现在学校课程表的安排中有孩子们在学校每日、每月、每年的活动节奏，还体现在学校的年历中有教师们自身，或和学生们一起成长的安排，这样，整个学校就在有序的生命发展中处于快乐、和谐的状态，如表6－1所示，这是江苏常州市第二实验小学2008年工作年历。从这张年历中，能够看到学校作为一个多主体的交往系统中，三个层面、多类主体的发展性活动的整体安排，学校领导、教师和学生都是一盘棋，形成了自身发展的节律。

表6－1　江苏常州第二实验小学2008年工作年历

月份	常规工作		责任部门	合作部门
一月	领导管理	①期末盘点 •教科研工作研讨会 •质量分析研讨会 •学生发展研讨会 •毕业班工作研讨会 •后勤工作研讨会 •学校管理研讨会 •民主生活会 •项目组研讨会 ②校园十大感人故事（特殊贡献奖）评选 ③多元评教（学校、家长、学生） ④家长理事会会议 ⑤“把爱送出”新年团拜、慰问活动	 课程部 课程部 学生部 校长室 综合部 校长室 党支部 项目组 工　会 支部、工会 校长室 工　会	各部门
二月	领导管理	①长程策划（各部门学期工作交流、研讨） ②开学典礼 ③示范岗交流、新党员发展工作 ④教师招聘（2—7月：考核、审批、进编、签合同）	校长室 学生部 党支部 校长室	各部门
	教师实践	①精品课开放式研讨（数学） ②青年教师素质评优活动（语文） ③异域文化活动（英语）	课程部	数学组 语文组 英语组
	学生活动	①学生校园生活质量调研与月学生发展联席会（一年级） ②新竹娃闹元宵 ③“健美4＋1”校本课程研讨	学生部	各年级组 课程部

续表

<table>
<tr><th>月份</th><th colspan="2">常规工作</th><th>责任部门</th><th>合作部门</th></tr>
<tr><td rowspan="3">三月</td><td>领导管理</td><td>①“团结、廉洁、开拓”好班子申报
②“做个 nice 女人”三八妇女节庆祝活动
③教师职称评审（3—6 月：申报、考核、述职、上报材料）</td><td>党支部
工　会
资源部</td><td>各部门</td></tr>
<tr><td>教师实践</td><td>①精品课开放式研讨（语文）
②青年教师素质评优活动（数学）
③异域文化活动（术科）</td><td>课程部</td><td>语文组
数学组
术科组</td></tr>
<tr><td>学生活动</td><td>①学生校园生活质量调研与月学生发展联席会（二、三年级）
②“阳光小跳蚤，爱心义卖行”红领巾跳蚤市场
③新竹志愿娃在行动
④生命教育系列活动</td><td>学生部</td><td>各年级组
课程部</td></tr>
<tr><td rowspan="3">四月</td><td>领导管理</td><td>①期中质量调研
②“责任与合作”党建品牌创建活动
③校园奥林匹克运动会
④“我和春天有个约会”摄影采风暨母子同乐活动</td><td>课程部
党支部
体育组
工　会</td><td>各部门</td></tr>
<tr><td>教师实践</td><td>①精品课开放式研讨（英语）
②异域文化活动（语文）</td><td>课程部</td><td>英语组
语文组</td></tr>
<tr><td>学生活动</td><td>①学生校园生活质量调研与月学生发展联席会（四、五年级）
②“爱与责任”家长学校活动
③“聆听新竹拔节的声音”家长开放日活动（三年级）</td><td>学生部</td><td>各年级组
课程部</td></tr>
</table>

续表

月份	常规工作		责任部门	合作部门
五月	领导管理	①毕业班工作研讨会、家长会 ②“党建带团建”活动 ③班主任节系列活动	课程部 党支部 学生部	毕业班 团支部 各部门
	教师实践	①精品课开放式研讨（班队） ②异域文化活动（数学）	课程部	学生部 数学组
	学生活动	①学生校园生活质量调研与月学生发展联席会（六年级） ②中国节文化活动	学生部	各年级组 课程部
六月	领导管理	①期末考试、毕业考试、休业式、毕业典礼 ②期末总结、期初计划 ③多元评教（教职工年度考核、评优，新教师考核） ④干部述职、民主评议、好班子考核 ⑤《新竹》、《家校通讯》组稿	课程部、学生部 校长室 各部门 工　会 课程部、学生部	各部门
	教师实践	①精品课开放式研讨（术科） ②异域文化活动（学生综合素质评价研讨）	课程部	术科组
	学生活动	①学生校园生活质量调研与月学生发展联席会（“健美 4 +1”项目组研讨） ②新竹娃庆六一 ③主题节系列活动（智慧节/艺术节）	学生部	各年级组 课程部
七、八月	领导管理	①“党的生日”庆祝会、民主生活会 ②“集聚智慧 共谋发展”教代会 ③“赢在中层”管理者培训 ④学科综合素养培训 ⑤招生工作 ⑥“亲近自然，放飞心情”教职工旅游、休养	党支部 工　会 校长室 课程部 校长室 工　会	各部门

续表

月份	常规工作		责任部门	合作部门
七、八月	教师实践	①教科研工作会议 ②课题研讨	课程部	课题组
	学生活动	①“七彩阳光少年”暑假主题实践活动 ②优秀学生干部夏令营 ③“健美4+1”校本课程研讨 ④新生夏令营 ⑤新生家长学校开学典礼	学生部	各年级组 课程部
九月	领导管理	①长程策划（各部门学期工作交流、研讨） ②开学典礼 ③“扬师德，树师表”教师节活动 ④家长理事会会议 ⑤“夕阳无限好”敬老节活动	校长室 学生部 工　会 校长室 工　会	各部门
	教师实践	①精品课开放式研讨（数学） ②青年教师素质评优活动（术科） ③异域文化活动（英语）	课程部	数学组 术科组 英语组
	学生活动	①学生校园生活质量调研与每月学生发展联席会（一年级） ②新竹服务公司部门负责人竞聘 ③“大手拉小手”系列活动（一）——迎接新同学 ④礼仪教育系列活动	学生部	各年级组 课程部
十月	领导管理	①“党建带队建”活动 ②“聆听新竹拔节的声音”六年级家长开放日活动	党支部 课程部	学生部
	教师实践	①精品课开放式研讨（语文） ②青年教师素质评优活动（英语） ③异域文化活动（术科）	课程部	语文组 英语组 术科组

续表

月份	常规工作		责任部门	合作部门
十月	学生活动	①学生校园生活质量调研与月学生发展联席会（二、三年级） ②一年级新生入队仪式 ③少代会 ④“大手拉小手”系列活动（二）——重温队史 ⑤生命教育系列活动	学生部	各年级组 课程部
十一月	领导管理	①期中质量调研 ②“聆听新竹拔节的声音”一年级家长开放日活动 ③“亲近自然，放飞心情”教职工秋游活动 ④主题节系列活动（科技节/英语节）	课程部 课程部 工　会 学生部	各部门
	教师实践	①精品课开放式研讨（英语） ②异域文化活动（语文）	课程部	英语组 语文组
	学生活动	①学生校园生活质量调研与月学生发展联席会（四、五年级） ②“爱与责任”家长学校活动 ③“大手拉小手”系列活动（三）——逛人才市场	学生部	各年级组 课程部
十二月	领导管理	①“感谢有你——”迎新活动 ②党员示范岗小结 ③“我运动、我健康、我快乐”教工运动会 ④梳理年度十件大事 ⑤《新竹》、《家校通讯》组稿	工　会 党支部 工　会 资源部 课程部、学生部	各部门

续表

月份	常规工作		责任部门	合作部门
十二月	教师实践	①精品课开放式研讨（术科） ②异域文化活动（数学）	课程部	术科组 数学组
	学生活动	①学生校园生活质量调研与月学生发展联席会（六年级） ②手拉手系列活动（四）——走进体育节 ③主题节系列活动（体育节）	学生部	各年级组 课程部

思想家莫兰说，事件性思想的意义重大，它让人们关注偶然事件在事物发展中的突变作用或重大意义，或许因某些偶然事故的出现，就会促进系统的优化或衰退，从而使系统产生新的性能。这引导我们进一步认识到，学校不仅是一个组织系统，也是一个事件系统，在这个事件系统中，它充满着多处偶然性事件，而正是偶然性事件构成了学校发展的内在要素。所以，学校变革需要的正是一次次偶然事件的质量，以促进学校变革往优化方向发展。

（三）综合建构性思维的养成

按照经验科学认识论，复杂性只是现实的表面现象，简单性才是构成它的本质，所以，我们对现象世界复杂性的把握能够和应该从简单原理和普遍规律出发。基于这种认识基型，人们便用还原论的方式把握复杂现象中的普遍性规律作为基本的思维方式，而把特殊性、局部性作为偶然因素或无意义噪声排除出去。但思想大师莫兰认为，这样的思想范式实质是：

- “消除时间上的不可逆性；更广义地说，就是消除所有事件性和历史性的东西”；
- “把对总体或系统的认识还原为对组成它们的简单部分或基本单元的认识”；
- 追求“处于对象之上和之外的线性因素性原则”；
- “使对象孤立/脱离于它的环境”；
- “对象与知觉/认识它的主体之间的绝对分离的原则”[①]。

“新基础教育”教育变革者们并不满足于对学校变革要素的无限分析式研究，而是在分析问题的同时更追求综合建构，将分析与建构合而为一，以建构

① 埃德加·莫兰. 复杂思想：自觉的科学［M］. 陈一壮，译. 北京：北京大学出版社，2001：267.

优先于解构，在教育价值的引领下，探索新型学校形态，实现以新型取代或化解旧型，使学校在更新中实现发展。

（四）思维方式转型对学校发展的突破性意义

我们一直强调，学校变革的真正力量在学校自身的内生力，而校长和教师则是学校发展力量的源泉和负载者，所以，教育教学应着眼于学生的发展，学校变革则应着眼于校长和教师的发展。在整个学校变革的过程中，我们已经知道，教师率先改变的是观念，紧接着是行为，但从观念层到行为层并不是简单的线性关系，并不是说有了观念就一定能够产生相应的行为，因为两者之间或背后还有一个深层结构即思想方法结构，又被不同的学者冠以不同的名称，如托马斯·库恩（Thomas Kuhn）称为“范式”，福柯（Micheal Foucault）则称为“知识型”（episteme），莫兰称为“精神景观”。在库恩看来，相对于观念和行为，范式是“方法论的指导、思维的基本图式、预设或起关键作用的信仰，因此它本身带有一种理论统治权”①。而莫兰则更强调其根本性作用是“一个大范式（知识观、精神景观）不仅监督着理论和推理，而且监督着产生理论和推理的认识领域、知识领域和文化领域。此外，它还监督着对理论起监督作用的认识论，并监督着来自理论的实践”，“范式的变化会蔓延到我们的整个世界。一场范式革命会改变我们的世界”②。

由此可见，学校变革者思想方法结构的转变对于学校发展的意义将是最深层、最艰难，也是最有意义、最彻底的转变，它意味着一个新世界将从此得以持续而较为稳定地开启！观念、思想方法和行为三者之间的关系如图 6－8 所示。

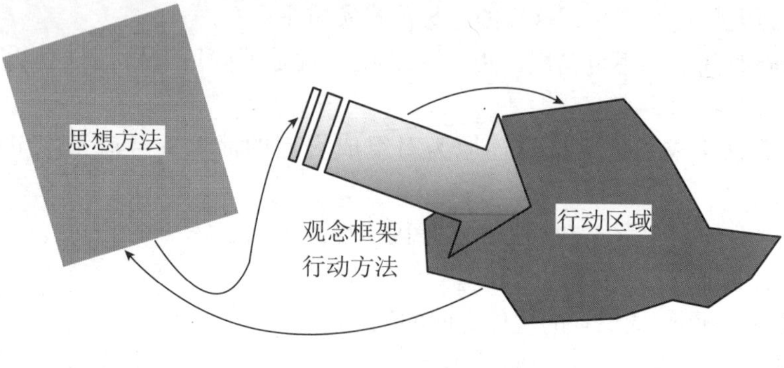

图 6－8　变革者的行动逻辑

① 埃德加·莫兰. 方法：思想观念［M］. 陈一壮，译. 北京：北京大学出版社，2002：234.

② 同①，235，242.

三、学校成为一个结构灵活开放、动力内化的自我更新系统

（一）非层级性组织、自发性组织大量生成，增进了学校系统的灵活性

显然，随着学校变革的深入，学校内各级组织和个体的活力被激活，学校组织的层次变得越来越复杂，关系也变得越来越复杂。这就存在着一个致命的威胁：如果每个组织或个体都过度自主，强调自身的重要性，那么，就可能会出现信息冗余与阻滞，不利于学校整体一盘棋，最终有可能使学校发展走向碎片化。因此，能否处理好局部自主与整体协调问题便成为学校作为复杂系统是否可以持续发展的重要标志之一。所幸，在此阶段，"新基础教育"许多实验学校都创造性地解决了这一问题。它们打破了传统学校组织结构中的主导结构：从领导层、中层到基层，自上而下，层层垂直领导，最基础层的是学科教研组或备课组，构成了典型的"层级性组织"，这样的组织结构使学校系统规范有余，灵活不足。现在，经过几个阶段的变革研究，"新基础教育"实验学校大部分都在这些常规的具有等级性的团队之外，还形成了大大小小规模不等、各种类型的、以提升教育教学质量为目标的"非层级性组织"或"自发性组织"，每一组织选择一名领导人，对团队成员负责。这样，学校组织系统中以纵横交织构成的主体网络结构就出现了许多新的不规则的网络结构，使学校组织系统内的人员相互交流的可能性大大增加，对学校发展也注入了更多的责任者，传播了参与精神，组织的动态灵活性因打破等级性而得以大大扩展，能够对时刻变化的环境做出及时反应，而同时又没有破坏原有的稳定性，从而实现了封闭与开放、稳定与灵活的内在平衡。

例如，明强小学是一所规模庞大的学校，截至2008学年，一校两区学生数已发展至3000以上，有70余个教学班。一个年级的学生数相当于一所小型学校的学生数规模。面对这一现状，学校通过组建"年级管理委员会"（简称为"年管会"），把管理重心逐渐下移到年级，并赋予"年管会"这一非行政性组织以更大的自主管理权。每一"年管会"的成员纵向由校级领导、中层各部门主任、各年级组长组合而成，以保证在实践中正确理解学校整体办学思想；横向由所在年级的学科教研组长、信息管理、学术委员会成员、工会组长和班主任代表等各领域责任人组成新的合作团队，有利于年级组内各学科之间、学科教学与班级管理之间的沟通、协作研究，既使领导与管理触角可以直接

延伸到每一年级、班级的每个学生，又创造了全新的分工明确、合作高效的教师团队自主化、互助式、网络状管理运行机制，如图6－9所示。

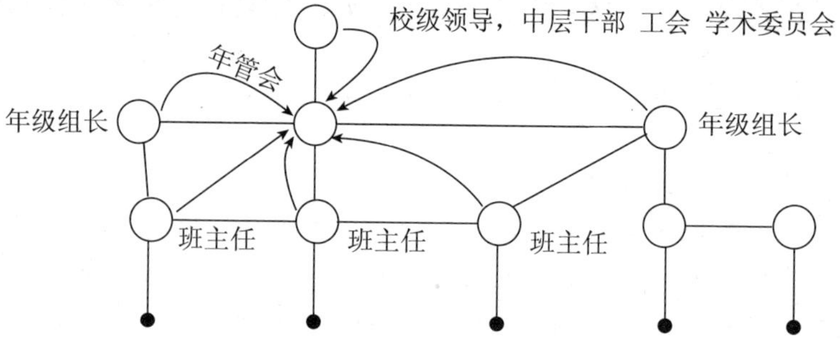

图6－9 以“年管会”为核心的环状组织（一个级别上的一个层会）

“新基础教育”实验学校中类似于“年管会”的层级性组织较多。这些层级性组织之所以能够自主发展，是因为他们要承担6项责任：

- 负责规划本组织的发展方向与路径；
- 制定本组织的发展制度；
- 负责协调所在组织与其他组织间的关系；
- 整合本组织、下一级组织和上一级组织的规划与政策；
- 促进本组织成员的工作质量；
- 评估本组织管理者的工作表现。

对于自发性组织，我们不可小视它的作用。想象一下，当学校不再需要因协调教师们的时间、地点、利益等成本而可以实现教师之间大规模的、灵活的交往合作关系时，教师们的工作也不再受学校领导的要求而主动联合时，这样的学校发展效果是传统管理模式下的学校不可想象的。总之，学校发展已进入新型生活方式的日常化状态。

（二）跨越边界，结构开放，进一步增强了学校的自我更新能力

一路变革，学校变革的目标内容、重心、主体和对象是内在统一的，也是在不断变化的：由最初是少数骨干教师担任先行者，率先寻求变革突破口，做杠杆以为撬动整个变革学校奠基；接着是以学科教研组、年级组、备课组等组织为基本单位，形成凝聚人心，营造变革文化，聚焦本领域弄清本领域的变革任务与路径；最后是全面改革的展开，实现了教师队伍、变革内容的滚动式推动。到此为止，学校变革主脉络基本清晰并形成了，然而，学校变革与发展的任务到此并不能停止，也没有完成，这是因为以下的原因。

其一，学校创新能力尚需提升，学校发展还需要不断生发新的研究点、深

化点和提升点，并能及时将它转化为新的研究常规，由此实现常规保证与研究创新的良性互动，以促使研究之根扎得更深、更稳。所以，基于这一认识，“新基础教育”的一些实验学校开始重构变革思路，打破组织边界，增进组织之间的互动频度、幅度和宽度。

其二，学校发展只有真正扎根在每个个体的日常行为之中，才能够真正实现全员自觉，所以有必要转换学校发展的焦点，即从团队走向个体，从集中走向日常，在个体与团队的互动中，在日常与集中的交汇中，确立个体与团队共同发展的杠杆，促使研究向着深度、广度和高度提升新品质。

其三，尚需在走向更大的整体中超越自我，催生更大的精神力量。前期的专题深化研究，使我们关注的更多是领域内的深化与细节研究，难免容易让我们只看到树木而不见森林，这样就存在一个危险，即我们容易淹没于大量的细节之中，对于细节的整体面反而没有一个清晰的认识，会忽视一些重大问题背后的症结所在，更不易找到真正巧妙、正确而持续有效的策略。系统变革对我们最大的挑战是要求我们能够在复杂的情况下，于各种可行的方法之中，寻找有效的支点和大杠杆，以撬动整个系统的良性转变。这时，就要求变革者能够透视复杂表象后引发变化的结构；这时，复杂的综合思考不是要求变革者忽视复杂性，而是要把一个个乱象的片段结合起来，整合成一个前后一贯、上下一体的“故事”，明白问题所在和发展的方向，并找到可持续发展的有效对策。为此，就需要变革者（校长和教师）走出自己的组织边界，超越自我，走向对方，展开对话，连接你、我、他，共绘学校发展的系统图。这时，人会形成对学校整体发展的使命感。彼得·圣吉说：

> 自我超越层次高的人，经由与外在整体连成的一体感，会自然而然地形成一个更宽阔的“愿景”。没有这样的愿景，人类的潜意识所认知的世界，常常是以自我为中心的——只顾追求自己想要的[①]。

圣吉的话让我们意识到，一个人把自己放到越大的视野中，放在更大的责任中，其生命中焕发的内在力量越强烈，这种内在力量才是其自觉发展的真正动力！圣吉说：“任何一个曾经对社会有贡献的人，都一定体会过一股驱策其向前的精神力量，那是一种来自追求更远大的目标、而唤醒内心深处真正的愿望

① 彼得·圣吉．第五项修炼：学习型组织的艺术与实务［M］．郭进隆，译．上海：上海三联书店，2005：199.

所产生的力量。”①

当然，由于任何自觉发展的人一定是自我选择、自我负责的人，而被迫发展自我超越的人，效果一定不是自我超越。所以，学校变革领导人不能采取强迫措施，而是注意搭建各类对话的平台，营造支持那些愿意进一步成长的环境，以促进成员们之间的多次往复性对话。如江苏常州市第二实验小学的“走进异域”变革策略，有效地促进了学校管理人员之间 、教师之间、学科之间的交融与对话。

案例 6 –7：江苏常州市第二实验小学“跨越边界，促进交融”

为深化和落实每一个人都是“学校大脑不可或缺的一分子”这一理念，学校借鉴“走进异域”的方式，将分享、碰撞和创生引入管理层面，为学校各类人员提供了自我超越的舞台。

对管理者，我们跨越主题边界，让管理者在开放中聚集。我们在中层团队自主申报、轮流承担主题式例会的基础上，加入“开放”的因素，针对不同主题，吸收不同层面的基层管理者和骨干教师，以“异域”的视角展开更为深入和扎实的研讨，形成阶段问题的集中策划和突破。在上周工作回顾、下周工作策划之间加入“我的反思重建”这一环节，引导各领域管理者对每一项节点工作进行及时的反思和经验分享，用这种日常化的“异域”互动，提升每个管理者的现场学习力和表达力。

跨越等级边界，让管理者在开放中走向突破。我校开展的一年一度的管理者研训活动，随着主题的不断深化和范围的不断变化，已成为一个越来越开放的学习平台和策划中心。2009 年以“扎根”的“异域”认识，集中智慧，形成了扎根的清晰取向和目标策略。2010 年的以“文化”的“异域”建设，让教研组长、年级组长自觉了解文化建设的使命和路径。2011 年以“项目”的“异域”策划，打开了集团背景下合作研究的全新探索。

对教师，我们跨越梯队边界，促进教师在开放中走向多元。不同教师的班级管理经验、课堂管理经验背后都闪现着独特的理念和智慧创造，学校开设“名师讲坛”，让不同领域有不同创造的教师走上讲台，鲜活的讲述中打开教师的思路。三年来，善于将常规转化为班级

① 彼得·圣吉．第五项修炼：学习型组织的艺术与实务［M］．郭进隆，译．上海：上海三联书店，2005：119.

文化的班主任、善与家长沟通的老师、善于转化学生需求的老师等“异域”经验，激活着更多教师的创造，提升着教师研究中行进的节律和幸福感。

跨越学科边界，整合班级发展的各类资源。要让研究真正扎根和服务于每一天的教学，仅有专题点上的清晰是不够的，如何把这些不同的点进行横向的铺展、沟通、衔接、转换，我们需要以整体方式研究日常教学。基于这一认识，我们各学科共同开启了“单元整体设计教学”的研究，语文以导读、推进、总结、拓展的方式构建单元的育人价值，数学将概念、规律、练习、拓展融合渗透到一个单元的不同课时，英语将词汇、句型、阅读、听力、语音、写作等策略有效融入不同环节，在单元的结构设计下，不同学科探索着不同的整合路径。

跨越班级边界，扩大师师、生生间的纵横交往范围。在学校变革推进的过程中，一方面，我们发现不同教龄、不同风格、长期稳定在不同年段的班主任对学生的认识、理解和班级建设水平存在较大差异；另一方面，学生们的活动大多只局限本班同学，同年级的平行交往不多，更不用说不同年级之间的交往了。于是，为了增进班主任之间、学生之间的互学机会，学校强化“年级组长负责制”，横向让本年级的班主任和任课教师设计具有年级特点的学生活动，通过“年级联席会议”、“项目组会议”纵向打通班主任之间和学生之间的纵向交往几率，较好地促进了年级学生发展研究氛围的形成，并培养了学生的多向交往能力和社会性品质的健康发展。

跨越学段边界，增进学段衔接。为建立更为科学、有效的育人参照系，我们积极构建与中学的对接，在这两个不同学段的“异域”中捕捉和放大学生独特的精神气质和学习能力。为此，我们与当地一所中学建立了稳定的合作研究关系，如中小学教师相互听课，小学生过一日中学生活，或中小学共同设立学段衔接的研究课题，通过调查问卷、座谈研讨、总结反馈等方式，增进中小学之间在教学、学生生活、学生成长特征等方面的相互了解。

跨越学校边界，增进学校之间的多向交流。我们开放心态，放大和传播自身的变革经验，与常州一些学校建立了携手发展的关系，与这些联系学校形成了“初建—重建—反思总结”的“三段式”互动方式。我们毫无保留地捧出最新研究成果的同时，更不忘及时总结研究过程和推进策略，供联系学校借鉴。开放活动传播的过程中，我们也不忘记教师们的发展，一方面均衡安排学习机会，通过学习归来汇报制，提升他们的学习力和转化力；另一方面提高指导要求，在听课指导中特别关注联系学校骨干力量的培育和激励。

总之，通过跨越边界，开放结构，学校各领域的研究、教师的成长、整体发展都取得了显著的成效，自主研究之根已牢牢地扎在师生们的心中①。

由此可见，我们不难判断目前，这所学校已具备了三个特点。

其一，小型教师群体内联系紧密。他们最佳的沟通方式，即每个人都与其他人的直接关联关系已经形成，这会让教师产生专业归属感，也益于增进友谊和感情。

其二，网络之间稀松联动的关系，具有积极的意义。可以想象，如果20个人都要做到人与人都能够随时直接沟通，都存在于一个组内，则大家的联系过于稠密就会增加相互的交往压力。但现在，把20个人分成4个组，大家以组织与组织间交往的方式进行，每个小组里的2个人认识其他小组的2个人，就可以取得小规模上紧密联系与大规模上松散联系之间的平衡。稀疏关系让他们之间保持了彼此的自由自主空间，不必因过度捆绑在一起而使大家缺乏自主时间，产生高成本的合作；小组内的紧密合作又让他们保持了归属感、团体感、共同创作的氛围。所以，“紧密小组织”构成的学校发展“大网络”，既可异步自主，也可协同合作，实现了传统学校行政性组织所无法发挥的创造性、发展性和可持续性效果。我们也可以说，现在整个学校系统变成一个个内部联结紧密而外部松散地联结在一起的灵活的次级网络。如图6－10所示。只是这个多节点网络系统有一个缺点，即节点越多，中心越不突出，普通人物往往很难在这样的网络中显亮自己。

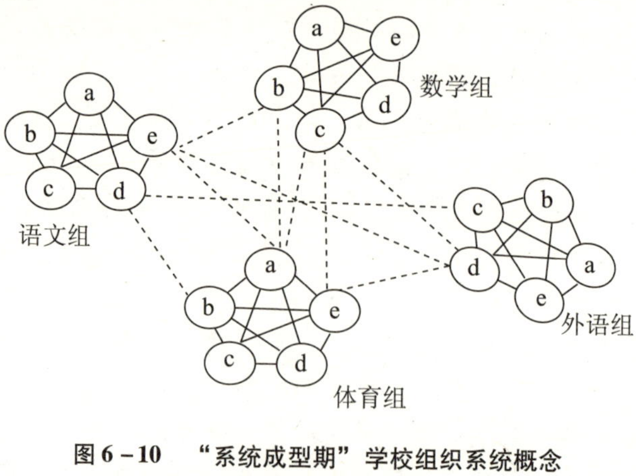

图6－10 “系统成型期”学校组织系统概念

① 孙敏. 在“异域”的滋养下枝繁叶茂［R］. 常州，2012.

其三，学校具有极强的协调能力，这种协调能力其实并没有创造新的集体行动，而只是促进或消除了集体行动的障碍，但整个学校的生活世界也因此而改变了。正如当代一位研究互联网络中群体聚集效应的学者所指出的："革命并不在社会采用新的技术时发生，而是当社会采取新的行为时，它就发生了。"①

四、学校生活如熔炉，催生发展自觉

对于这个问题，用再多的语言解释都很抽象和苍白，我们这里不妨以事例的方式说明，以达到窥斑见豹的效果。

"新基础教育"实验学校和所有学校一样，每年都会有教师队伍的流动现象，老教师的退休与新教师的加入是学校生活的常态。在系统成型阶段，一位在外地工作7年，并已成为学校英语学科教研组长（下文称Y组长）的教师来到了我们的一所实验学校J小学，不久之后，她担任了英语学科教研组长的角色。我们很想了解这位教师如何看待这所处于系统成型的学校，如何从变革的局外人转化为局内人，所以就做了研究。下面是我们研究的一部分内容②。

第一，Y组长认为，这是一所能够调动每个人积极性的学校。Y组长初到J小学，就感受到了学校把"教育是一种生命关怀"作为办学理念。参加了几次学校会议后，她又为J小学上至校领导，下至普通教师认真踏实的工作态度所深深折服。在她看来，这种精神面貌和她以前执教的学校是完全不一样的，有它自己的独特之处。

她说，这是一所能够促进相互学习，调动教师积极性的学校。学校中大大小小的会议，不管和自己有没有关系，但每位老师都愿意参加。

> 我觉得参与每次活动都是很有必要的，可以从中多少学到一些东西。这里有很强的良性文化在里面，和我以前的学校在管理上有很大的不同。这就是"新基础教育"重心下移的效果，每个层面的主动性都被调动起来了。

Y组长最初到这所学校时，学校正在出台新制度，校领导先分析是否符合自己学校发展，然后组织教师发表意见，修订补充以使其贴近本校情况。她觉

① 克莱·舍基. 人人时代：无组织的组织力量［M］. 胡泳，沈满琳，译. 北京：中国人民大学出版社，2012：129.

② 蒲早美. 学校变革中教研组长成长路径的个案研究［D］. 上海：华东师范大学硕士论文，2013.

得这是学校民主化的表现。

> 学校的任何事情都在良性自转，不管校长在不在场都是一样的。

正是这种文化，学校每个层面的主动性都很高。

> 以前那所学校大家分工非常明确，彼此互不干涉、不参与，别人做什么，好与坏，你都不知道。

她谈到自己曾参加的一次体育学科经验交流会。体育学科组在市级比赛活动中获奖了，学校于是组织了经验交流会，各学科教师都参与了会议。会上，体育组老师把他们参赛的整个运转状况，从运动员的选拔、分配，教练员的合理分配、合作方式，小组之间如何交流，如何互相帮助等都做了很详细的分析。我们问她，作为英语教师，有没有觉得参加这类活动是浪费时间？Y 组长这样说：

> 在别人侃侃而谈的时候，你会发现连体育老师都可以说得这么好，作为一名外语老师，想要进步，想在 J 小学生存得精彩，你就要善于向不同的人学习，锻炼自己。

她说，该校教师的自主并不一定体现在轰轰烈烈的大事上，而是体现在日常工作中的平常小事。J 小学老师的工作态度认真而精细，即使是很普通的小事，他们也会很精心地对待，因为作为学校第一责任人的，校长能够准确把脉学校的发展方向，给全校教师一个总的引领和自由发展的空间，这种认真踏实的精神潜移默化为一种无形的力量带动着整个学校。

> 就是这种精神带动下面的老师，如果轮到你展示，你就不好意思草率地应付，肯定不行的，事先一定要做好准备。如老师们在一起交流暑期生活的时候，无论是一个社会访谈，还是一件喜闻趣事，都需要认真准备，如做成精美的 PPT，以便清晰地和大家分享。

总之，Y 组长认为无论是学校发展规划的拟定，还是一次教研活动的开展，校领导和中层干部都能很好地把握前瞻性的方向，能够敏锐地捕捉存在的问题，然后使得教师们在价值引导下，各抒己见，自主创新。Y 组长逐渐意识到，作为英语学科负责人，自己也应该像校领导那样，着重调动组内每个成员的参与积极性。

第二，Y 组长认为，这是一所要求开放心态，促进人主动发展的学校。她说，这所学校提倡开放心态，要求每位教师能够直面自己存在的问题，善于倾听和接受别人的建议。在她看来，这是非常值得肯定的，因为通常情况下，老师在发展到一定高度，取得一些成绩后，就不愿接受他人的建议了，这不利于自身的持续发展，更不利于整个学校的持续发展。但她发现J小学教师的最大特点就是心态开放而主动。

> 在以前的学校，当我发展到一定平台的时候，我就会回避一些问题，比如懒得再上研讨课了。但现在，如果校内外的教师说要来听我的课，肯定没有问题。当有新的研究任务时，我还会自己冲在前面，心态有了很大的不同。

Y组长提到了暑假的一次教学基本功比赛活动。当时，英语组教师认为自己说课能力比较弱，希望向说课能力强的语文组教师学习。于是，他们就借来语文组的说课稿参考学习，还参加了语文组的教研活动。

> 可以看出，教师们不但能清晰地认识到自己的弱势所在，最可贵的是不回避问题，能直面问题，有向他人学习的主动发展精神。

第三，Y组长认为，这是一所注重成就事，更注重发展人的学校。Y组长说到，在以前学校工作的时候，多是领导派任务自己去执行。但是现在，即使领导没有要求，她也会主动策划和组织组里老师开展教研活动，这样做的动力是为了自己的发展，不是为博取领导赞扬，更不用说在帮助其他老师的时候，无论是他们明显的成长，抑或是一个“谢”字，都会让Y组长觉得自己的付出是值得的。因为这会让她感受到人与人之间的互生互长，体会到其中的快乐，并化为自己前进的动力。

> 我以前做教研组长时，感觉没有现在心态好。那时，在发展机会面前，我更多地会考虑自己，但现在不一样了，在J小学我真的没有这种概念。因为我觉得和大家是一体的，他们不进步，我也不会觉得有进步。看见别人的进步我会觉得很高兴，也感觉有自己的一份功劳在里面。而且通过我的改变，能让你对“组长”这个角色理解有所提升，我觉得特有价值，很有成就感，感觉自己其实就是教师成长的促进者。

足见，在Y组长心目中教研组发展所占比重相当大，做“教师成长的促进者”是她给自己的定位。繁杂的日常工作中，她最倾心倾力于“人的成长”，这不正是教育者最应有的本色吗?

余论：未竟的变革

一、我们离儿童还有一段距离

陈述到这里，估计你和我一样都在想："成型"是不是等于学校变革的任务已经完成了呢？接下来的发展方向在哪里呢？我们不妨看看当年杜威是怎样思考和发现他眼中的理想学校的。在《明日之学校》的阐述中，杜威与我们的实验学校有很大的相似性，都在批判成人取向、知识取向的教育教学"为了成年生活上的成就而不顾儿童时期的能力和需要"，提倡人们应当"去研究儿童在生长中所需要的究竟是什么"，不能"只是拿成人所积累的知识，也就是和生长的迫切需要毫不相关的东西强加给儿童"①。那么，杜威所满意的学校是什么样呢？在该书中，他提到了哥伦比亚的密苏里大学附属小学，并描述了这所学校一天里的四个阶段：

> 进行下列基本活动：游戏、讲故事、观察和手工。对于较为年幼的儿童，其活动几乎全部取材于他们的生活环境；他们花时间从已熟悉的事物中发现更多的东西。随着他们的兴趣自然转到更为间接的事物上，并去探索事物的过程及种种原因；他们开始学习历史、地理和科学。
>
> 前三个年级的时间是这样的划分的：9：00—10：30，观察；10：30—11：00，体操；11：00—12：00，游戏；下午1：30—3：00，讲故事；3：00—4：00，手工。
>
> 四年级学生由于兴趣日益扩大，因此作业安排也有显著的变化。一天被分成三段，分别从事于产业、讲故事和手工。
>
> 在五、六年级，继续学习各种产业，不过范围扩大了，把世界上的主要产业都包括进来 。当然，这时学生学习越来越多的书面材料，以取代他们原来的各种游戏②。

从杜威对学校的描述中，我们可以看出，"做中学"理念使杜威对学校生活

---

① 约翰·杜威. 学校与社会·明日之学校［M］. 赵祥麟，任钟印，吴志宏，译. 北京：人民教育出版社，1994：217，216.

② 同①，236，240－241.

的改造是关注如何设置更多符合儿童成长特征的课程，激发学生学习的直接体验，然后进入抽象的符号化学习。显然，杜威更关注儿童学习什么，怎样学习的问题，前者涉及课程的重组，后者涉及学生学习环境的营造。在他那里，学校是一个开放性场所，只要儿童学习所需要的，都应当由学校提供，包括课程表安排也很灵活，可长可短，取决于课程学习的需要，当然原因之一是一天所有课程都由一位教师执教，他可以自主决定时间与内容。

与杜威学校相比，我们学校的生活框架完全不同，受学科课程框架传统的影响，我国学校生活的框架以学科课程为主体，教师集体负责制，一天学校生活的时间被隔为不同的内容由不同学科教师承担，不太可能随时调整上课的时间与内容，再说，中国教师也尚不具备承担全方位教育的能力。所以，同样是学校改造，同样是反对成人世界对儿童的过度侵占，杜威学校的改造运动是使儿童的学校生活结构更加灵活开放，犹如一间屋子里的课桌椅摆放方式，可因儿童需要而随时调整，空间可大可小，可紧可密、可方可圆，伸缩自由；我们的学校改革关注的首先不是屋子里课桌椅的摆放方式，而是屋子里师与生、生与生的交往方式，是精神与心灵空间的丰富、开放、对话、转化、提升及再创造。因为要完成精神生命的成长任务，我们需要做的不仅是改变屋子里课桌椅的摆放方式，还有屋子的整个环境（光线、人员能力、气氛等），而这些都是精神生命成长的必要条件。所以，我们的阐述逻辑和话题主要在学校管理、组织、制度、教师等方面，似乎弱化了学生成长的宗旨。

的确，杜威由学生成长需求出发探索学校变革，与我们由学校变革抵达学生成长的思想路径确有不同：前者是“从目的到手段”式的思路，我们是“由条件到目的”式的思路；分别代表东、西方两种不同的思维方式。杜威的学校变革思路似乎更为简单，只要课程内容和安排方式变革似乎一切问题便迎刃而解，但事实上，这是一种简化倾向；儿童成长的条件是相互交织的复杂关系，这种复杂的人、事、组织、制度关系能否转化为有利于儿童成长的条件，需要的是系统论和复杂理论的眼光，在复杂性变革中梳理出学校变革之序。更何况，我们不是条件决定论者，对学校变革中的条件与目的关系的认识，并非简单线性地把握的，相反，我们认为人的成长条件与成长之间是相互引导与生成的关系。

然而，无论如何，我们的变革方式存在着一个风险，即从目的出发之后，在路上走得太久了，往往会忘掉目的。也就是说，现在学校变革系统成型了并不等于目的真正实现了，有许多关于学生成长问题，我们还没有找到答案，或答案不令人满意。比如，学生的学习倦怠问题，学生公共德性的养成问题，学生的创造力问题，学习困难学生的有效转化问题。

所以，我们现在需要从变革条件，转向变革目的——变学生，需要更加集中精力地研究学生的成长需求，并汲取现当代脑科学、信息科学的研究成果，真正弄清在我国学校特殊环境下，儿童成长的特征及其成长条件。

二、 外部生境的新挑战

尽管我们坚持以“学校”为基本改革单位，要求学校在变革中坚持直面自身发展中的问题，寻求解决问题的策略，找到属于自身小生境的发展路径。但“小学校”毕竟连着“大中国”，每所学校的改革都会连着整个中国的基础教育改革，都难免与整个中国基础教育改革的步伐一起共振，这个共振有时可能是干扰，有时是需要，有时是助力，但不管怎样，这都是学校发展的真实生境。于是，犹如地球自转与太阳系的公转一样，如何有机协调的问题，便成为学校变革进程中的新目标。

从国家教育改革的大生态来讲，这十多年出现了很多没有预料的、不确定的、来势很猛的变化。

（一）“教育均衡发展”政策

教育均衡发展问题确实是出于基础教育发展的合理诉求，但却因政府采用学校合并、人员平调等方式给基层学校的持续发展带来了许多困难。

1. 规模的调整。如上海闵行实验小学在2009年经过了全面变革期之后，因学校办学质量上升，社会声誉度扩大，老百姓入本校的诉求增大，政府便要求该校扩建三个校区，从而把“一校变三校”。再如江苏省淮安市淮阴师范学院第一附属小学已是一所拥有500名教师、5000多名学生的大型学校，但政府为满足老百姓的诉求，又扩建了一个新校区，学校规模也在进一步扩大。规模扩大对学校发展的影响是极大的。比如，三校区形成后，闵行实验小学直接面对的挑战是：

> 其一，随着办学规模的急剧拓展，近5年内学校新引进的教师数达到了160多名，占现有教师总数的2/3。这些教师虽然在引进的过程中学校经过高标准的严格挑选，但来源极其多元，他们原来的工作年限以及工作背景等差异都较大，因此，个体在思维方式、工作态度、教育行为以及实践经验等方面都带有不同的“文化印迹”。要把这样一个数量较大的教师团队在不长的时间内，实现教育理念的共同更新、教育行为的同步转变以及对“实小”文化的认同与融入，任务是非常艰巨的，虽然在这几年中我校已做了大量卓有成效的工作，但从队伍整体发展而言，个体的差异度还是非常大的。

其二，管理层级增加，信息传递复杂。随着校区办学规模的拓展，其内部的管理组织架构也尚待完备，因此，三校区间横向与纵向的管理层级就比原有两个校区时要复杂得多，随之带来的可能便是各类矛盾的增加与各类信息传递的分层消减或是阻碍①。

2. 学校合并。如我们在江苏常州市的几所“新基础教育”实验学校都出现了合并现象：常州市第二实验小学合并了附近一所翠竹小学；常州市局前街小学合并了附近中山路小学；西新桥小学合并了附近的冠英小学；以流动儿童为主的蓝天实验学校被附近的虹景小学合并。

3. 师资的“非常态”流动。比如，我们实验学校在变革中所培养出的新型骨干教师、中层干部或学科负责人在教师流动的政策要求下，很多都永久或一段时间内流到了其他学校；同时也流入了一些并没有任何此方面变革经验的新教师。这便对实验学校按照其变革的内在逻辑形成了极大的冲击，使得一些实验学校几乎要重新再走一遍从孕育、突破再到全面变革的变革路径，学校整体发展处于动荡状态。

不是说规模调整和师资流动不需要，关键在于“度”，要看确定的依据和实践效果。我们的基层校长，无法言说，只能直面这样的现实。有的学校骨干教师出现了伤筋动骨式的流动，校长的变换也变得频繁。这些都是宏观教育均衡政策被运动式地执行带来的问题。

（二）城镇化进程中的生源变化

当代中国城镇化进程对学校的影响主要是生源的变化。比如，上海市是中国城镇化进程中的人口流入地之一。这一状况在“新基础教育”的实验学校所在地闵行区特别突出。闵行区地处上海市西南城郊接合区，近年来，受城市化快速发展、老城区的规模改造，闵行区成了上海市的主要人口导入区之一，城内外的人口纷纷涌入，给闵行区教育带来了巨大的挑战与机遇。全区现有基础教育各级各类学校320余所、教师1.5万多名、学生20多万名，占全市基础教育总量的1/9。每年新增教师400人左右，新增学生人数近万人②。此外，闵行区还面临着“小学流进”、“初中流出”的双流动现象，到了初三的时候，一些外地的、成绩好的学生流失了，回到出生地考试。这种流动带来的不稳定性和差异性增大，带来了学生群体结构与特性上的大变化，这些都对“新基础教育”

① 上海闵行区实验小学. 在坚守与创生中实现成长.“新基础教育”扎根性研究总结报告［R］. 内部资料. 上海，2012.

② 2013年6月，上海市闵行区教育局网络数字统计。

实验学校的持续变革造成了意想不到的挑战。

此外，实验学校场所的改造也是挑战之一。2008 年汶川大地震之后，我国许多学校都做了“学校加固”工程。在此过程中，我们的校长和教师表现出一种非常坚韧的力量。好几个学校都是借“学校”开展日常工作。“加固工程”和“校园改造工程”在带来困难的同时也带来了校园硬件和环境的改善。

教育宏观政策的变化，远远不止这些。除此之外，还有社会及其他方面的冲击。所有这些都在说明一个问题：学校如何在变动不居的时代，坚持自我，走出自身的可持续发展之路。这个问题的探索还需要花大力气！

（三）学校尚未充分成为社会的文化辐射中心

此外，我国学校的当代变革还有一篇大文章需要做，即如何与社会、家庭联手共同建设教育型社会，使我们的孩子成长在一个和谐共育的环境中！从当前教育与社会的关系上而言，学校与当地社区的共建关系与趋势正向良好方向发展，但仍然许多空间有待拓宽、丰富化和深化。尤其是与发达国家相比，学校在社会文化的建设方面的贡献还比较薄弱，处于相对封闭的状态，因此，如何发挥学校作为社会文化建设的辐射中心，将是未来一段时间，需要我们共同探索的另一大课题。

第七章
总论：学校变革力的生成路径与内在逻辑

一、 变革力生成路径的总体表达

一路行文，我们按学校变革的内部路径，虽分述了各阶段的变革任务、策略和成效等，但尚未从整体上勾勒学校变革力生成的整体路径与逻辑。鉴于文字性阐述已经在前面各章一一详述，为避免重复，在此仅以表格和图示的方式进行梳理和汇总，同时也增加理解的直观性。

（一） 准备与孕育期

表格：

核心任务	基本关系	主要策略
培育改革种子 建立新参照系 重点突破 整体策划	外驱力与内生力的结合关系 旧与新的转换关系 当下与未来的关系	组建先行小组，培育第一粒种子 学习新理念，重塑参照系 整体规划，重点突破 初建新组织与新制度，提供改革支持力量

图示：

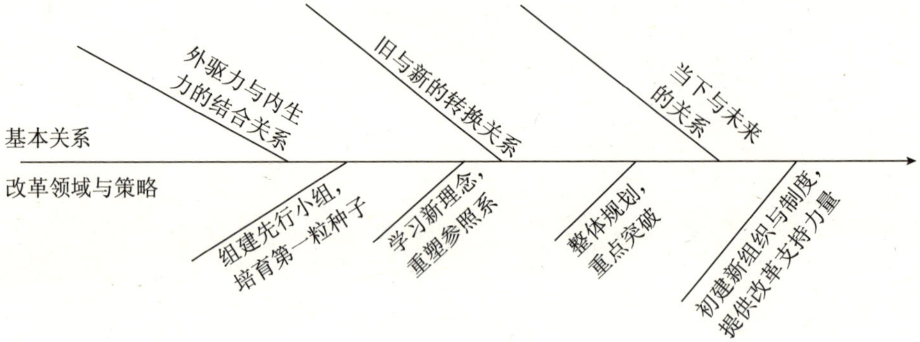

（二） 突破期

表格：

核心任务	基本关系	主要策略
走出困局 培育第一粒改革种子 形成进一步发展的内部指导力量	理想与现实 专业力量与行政力量 内因与外因的责任归因 旧观念与新要求之间 教师个人的改革目标、情绪反应与外部压力之间 教师合作中理性认识与人际情感之间	大学人员的专业支持 校长领导力提升 学校管理方式的变革 教师的自我突破

图示：

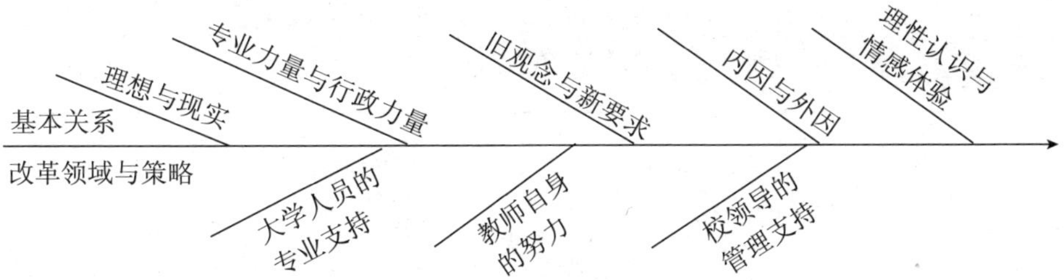

（三）发展期

表格：

核心任务	基本关系	主要策略
全员化 日常化 系列化 专题化	上与下的权力分配关系 个体与群体的共生关系 专题深化与日常扎根的生成关系	①领导与管理领域 组织重构与职能重建 制度重建 领导队伍建设 着眼中层 ②教师与教学 全面提升基层负责人策划力、组织力与评价反馈力 着眼基层组织，多元促进教师队伍发展 ③教学系列专题研究 节点事件：中期评估 ④学生工作 班级岗位系列化建设 学生年段成长特征系列化探索 班级主题活动系列化开展 校园学生系列活动建设 学生活动与学科活动融通 班主任专业化建设

图示：

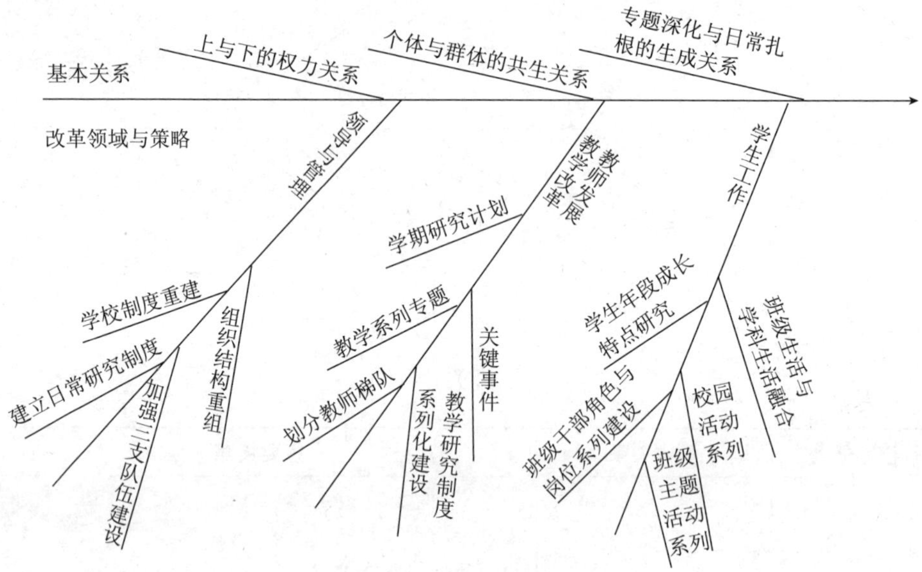

（四）成型期

表格：

核心任务	基本关系	主要策略
文化育人 机制融通 魂体相附	魂与体的关系 宏观与微观的关系 内与外的关系 显与隐的关系 中心与边缘的关系	①文化育人 个性彰显与团队共赢 主动辐射与自觉生根 日常研究与质量监控 领导负责与多元参与 ②机制融通 校长负责与民主参与的治校机制 分工负责与协作推进的实施机制 评价反馈与激励完善的动力机制 常规保障与研究创新的发展机制

图示：

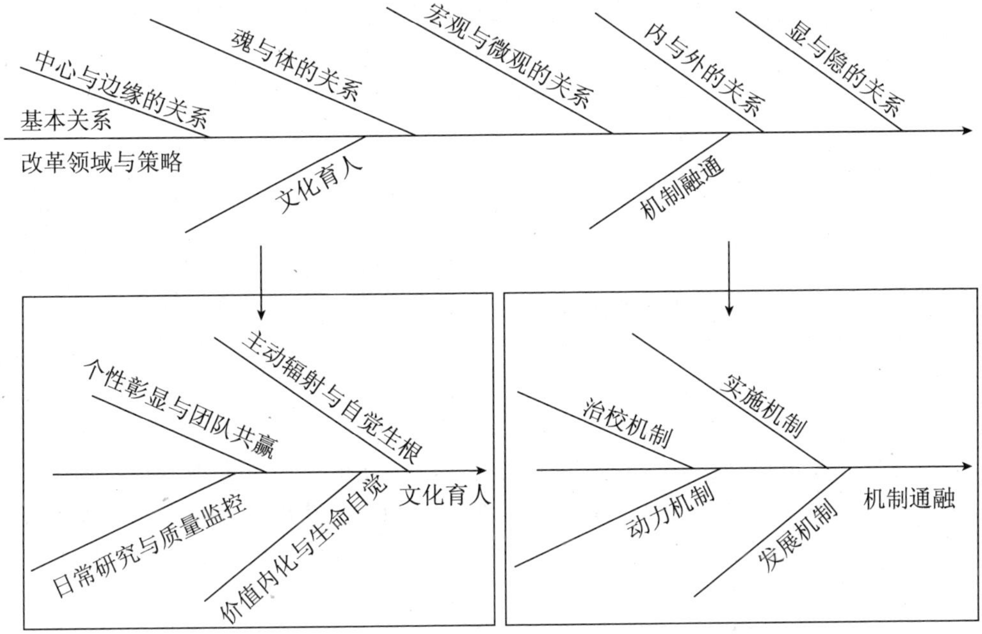

如上几个阶段总结性的直观描述，着重突出的是学校各变革阶段的核心任务、变革中的基本关系或矛盾以及相应的解决策略，但决不意味着前一阶段的学校变革线索不再继续。阶段之间不是替代性关系，而是不断转换与生成的关系。这种不断转换与生成的过程，犹如一张改革蓝图不断被深化、丰富化、精致化、成熟化的过程。

二、 学校系统变革的内生逻辑

生长不仅意味着组织系统量的变化，更重要的是内部子系统增多，关系日益复杂和组织规模的扩大，其各种功能的日益复杂完善。为什么有的组织系统会生长？为什么生长总是意味着从简单到复杂？这是一个十分迷人的问题[①]。

进化论已经建立一百多年了，但是学校组织的内部生长机制至今还未被人们充分揭示。现代复杂科学理论所发现，一个复杂系统演化的内在动力是系统各要素间的涨落关系。这种涨落关系导致了系统走向偏差，打破了旧秩序，再修建新秩序，多次交替展开与演进的过程成为推动复杂系统演化的革命性力量。也可说，系统演化是在常规与革新之间的动态平衡过程。如果人们不理解每个

① 金观涛. 系统的哲学［M］. 北京：新星出版社，2005：246.

挑战背后的平衡系统和限制，他们就不会明白系统努力要保持什么。

同理，学校也是一个复杂系统，什么样的要素及其关系在推动着学校发展呢？在研究过程中，我们发现，常规制度给予学校发展以稳定性与持续性，而研究可促使学校不断有新思路、新策略和新的发展空间，使学校在稳定中有变，变中有新，新点放大，形成发展。所以，我们的一些实验学校就是这样在常规保障与研究创新之间动态推动着学校往前发展。

这里以学校教研活动、教师发展与教学质量变化为例说明这种发展机制的原理。在孕育期，变革气氛尚没有形成，变革制度、规章要求都没有建立起来，大部分教师不愿参与变革，感觉没有安全感或觉得麻烦，只有少部分骨干在从事变革。因此，整个学校变革处于不稳定状态。如果换一位新校长、接到一份新的政策，都有可能终止正在进行的变革。

但一些学校坚持了下来，第一批实验教师的变革成效明显，学校为放大变革成效，就会立章建制，督促更多的人参与变革，并根据变革进展状态，促进变革气氛的进一步形成。这样，如图 7－1 所示的简单变革的功能耦合关系便初步建立了起来。只有形成了 A 这样的一个简单生态后，在三者充分的功能耦合中，三个子系统的一些变革（如骨干教师的变革能力、变革需求，新制度的更新保障以及实践的积极状态）都呈现内稳定状态后，第二批实验教师才会真正参与进来。第二批实验教师的参与肯定会给原有的变革状态构成某种干扰，但只要不造成对原有内稳态的破坏性干扰，则新的发展就出现。

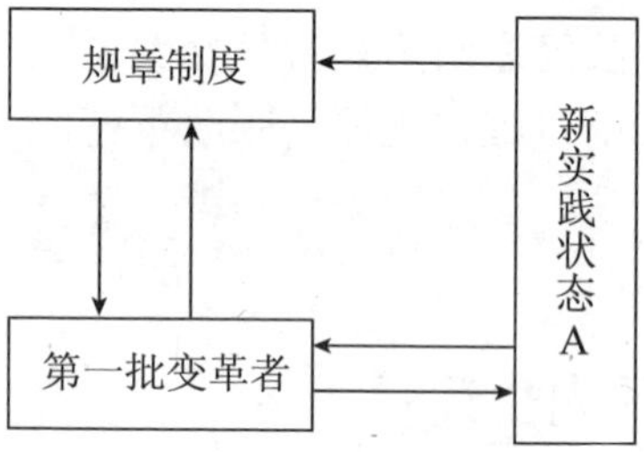

图 7－1　简单变革稳态

由于变革系统 A 是稳定的，它仍持续提供各种变革的条件。这时，全体教师的加入促使学校对变革单位做出调整，把对个体教师的关注转向变革小组（如学科组、备课组）；而组织建设的需要，又促使学校思考如何重建学校组织，如何划分实验教师梯队以使不同发展状态的教师能够有序地参与变革，如何建立新的研究方式以使变革更加有效，如何重建制度为变革新需要、新经验提供必要的保障。由此不难发现，在 A 的内稳态基础上又需要建立起新的功能耦合系统，它们是由变革小组、队伍、研究方式等子系统组成的，新的子系统形成了新的功能耦合关系。这时，整个变革系统已由 A 变为 B，如图 7－2 所示。B 比 A 大大复杂化了，不仅子系统增多，而且由于新的功能耦合关系中新的变革者与变革组织之间形成互相调节的关系，使第一批、第二批变革者与整个学校发展之间形成新的内稳态。这些新的内稳态是原变革组织 A 所没有的。这些新的内稳态的出现，为其他未参与教师的参与提供动力，而 A 没有发展出 B 之前，这是不可能的，否则只会降低学校变革的成效，甚至因低效而终止变革。

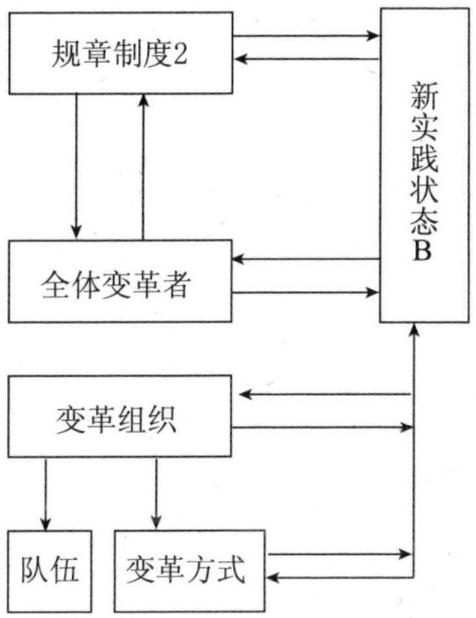

图 7-2　复杂变革稳态

然而，学校变革并未停止。当变革不断深入时，变革焦点就会不断从点（个别教师、组织、实践领域）、线（一群体教师、一群体学科、不同年级）、面（组织面、制度面、文化面）向体（每个细胞的激活）发展，研究创新的新局面就不断地被打开了。

比如，进入成型期，学校变革的变革视点就能不再仅仅止于前期围绕知识结构、目标解读、教学设计、上课和反思重建等内容，否则就可能使变革停于原有的状态而无法深化和丰富化，对于先期发展的教师就会因研究内容的单调、重复而失去变革的兴趣。事实上，学校变革的重心是逐步由主干脉络研究向多条细脉研究转向，具体可如图 7-3 所示。

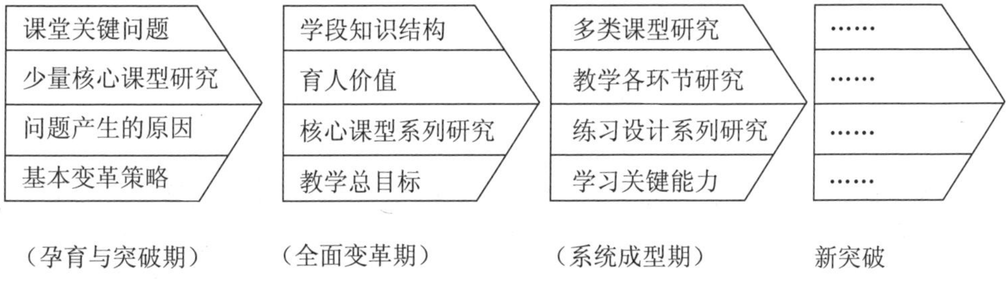

图 7-3　学校变革过程趋势

“新基础教育”实验学校在系统转型阶段向多脉络复合、精致化方向的探索实践，可以江苏常州市第二实验小学数学组的研究创新为例说明。

案例7－1：江苏常州市第二实验小学数学组的多脉络复合式变革

发展阶段，学科组在课题组老师引领下以数学专题为抓手的研究基本覆盖了教材中各知识领域的内容，同一课型有了纵向上的拉升，但是由于缺乏对数学教学改革系统重建的上位认识，缺乏教材整合后的整体设计，致使学生的思维培养形成断层，研究难以实现日常化。因此我们提出双维展开策略。一是从知识的纵向结构维度展开研究，二是从知识的横向结构维度展开研究。从知识的纵向和横向两个维度实现所有课型的转型，实现数学教学改革的系统重建。

首先由课型组长领衔，在原有课型研究的基础上，系统梳理已有的研究成果，进行“类课型”过程结构化的研究，提升了教师连续性把握阶段的递进式目标、针对性确定具体的弹性类目标的能力，以及对底线与高标、具体与渗透、写实与写意的度的把握能力，从而形成了七大领域：数概念、数运算、规律探究、形概念、形计算、解决问题策略、复习整理的校本化数学教学指导纲要①。

针对这段内容，我们可以用图式直观地把教师们对课型的细化、深化研究表示出来，如图7－4所示。这就犹如人们在认识一片叶子时，先看到的是整片树叶的形态和颜色，然后又仔细地看到了树叶上的各条脉络，这样，对树叶的认识便丰满而清晰了。

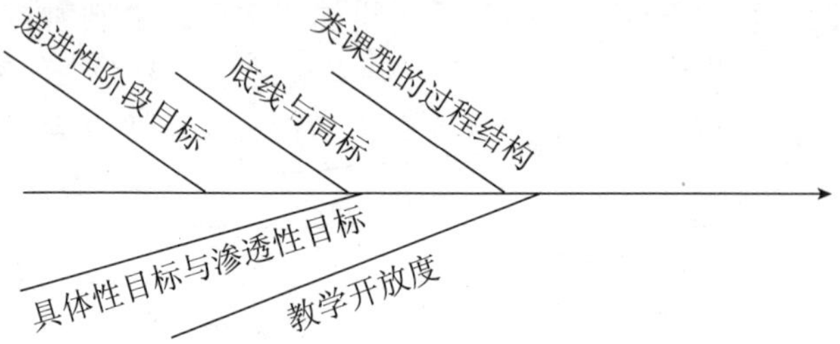

图7－4　系统成型期课型研究内涵的细化与深化

从教师的角度而言，教师的数学教学认识变得越来越细密和丰富了，如图7－5所示。

① 马美南．江苏常州市第二实验小学．“新基础教育”扎根研究数学学科工作总结［R］．内部资料．常州，2012．

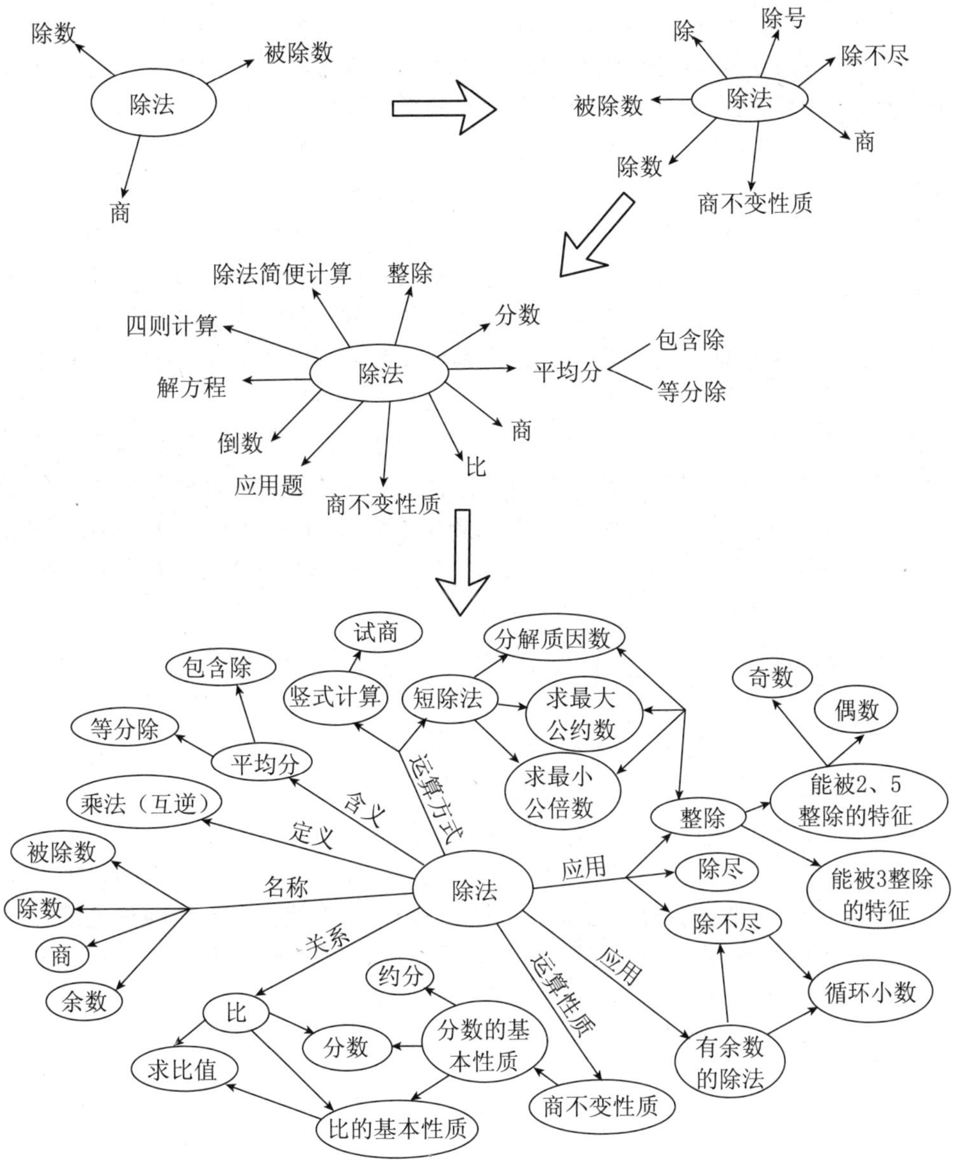

图7－5　教师数学专业素养发展趋势：以除法教学为例

这里，我们看到的是教育实践的生长和教师自主创生能力的统一，这是学校发展的新质从宏观到微观，新方向、新目标、新策略、新经验不断向细节、向深处、向无形处延伸和发展。这样的发展，犹如生命个体的成长，先是大脑（变革价值取向与目标），然后是躯干（变革规划），再是四肢和神经系统（教学、班队、教师、组织、制度），逐步走向共生分化式发展。当然这种生长式发展不是自发产生的过程，而是一个有目标、有价值引导的创生过程。这种创生式发展显然需要学校宏观稳定，以便使其创生过程变为一个确定性的建设过程。

下面，我们还可以进一步对学校变革的“常规保障与多元创生”的发展机制做进一步的说明。例如，一个建设良好的教学研究小组能够成功地开展一次合作研究活动，其运行机制通常是：教研组长提出研究要求→某备课组长选定某执教教师→执教教师上研究课→备课组内其他教师参与研究。但有时，教研活动开展不起来，原因是每一位参与主体或其中一位主体拒绝参与。也就是说，这个活动中的四个人都处于不稳定状态，就很可能使一次合作性的教研活动无法得以展开。为了便于对这个问题做深入分析，我们做一个简化的假定：四位角色都处于两种可能状态：要么愿意或能为（A+，B+，C+，D+），要么不愿意或不能为（A-，B-，C-，D-），如图7-6所示。显然，只有当四人的状态都处于愿意或能为（A+，B+，C+，D+）状态时，四人才能实现功能耦合。显然，如果保证四人都能够顺利进行合作研究的活动，这时就需要对四人进行某种规范或引导，严格使他们处于能为（A+，B+，C+，D+）的状态，即使有某种干扰使他们偏离（A-，B-，C-，D-），也有常规机制使他们自动恢复（A+，B+，C+，D+）到正常状态。

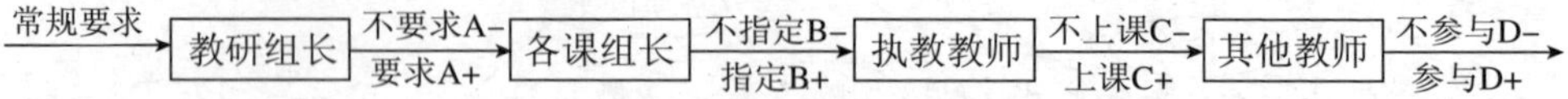

图7-6　合作研究活动中四类主体的功能耦合状况

这样，我们可能已较为清晰地看到常规保障下这个学科教研组的生长机制了：教研组长、备课组长、执教教师和其他教师处于角色合作状态时，形成了起始组织。他们在对话中产生新认识、新经验，开拓了新的发展空间，把许多原先无关的要素也纳入新组织的生长过程中来，这样就会产生新的角色耦合关系；这种新角色的耦合关系再推进新的发展空间。不妨再以图7-7示意这种生长机制：具有内稳态的起始组织→合作产生新知识、新经验→新组织生长→新的角色耦合关系→新的内稳态→进一步建立角色耦合关系→……

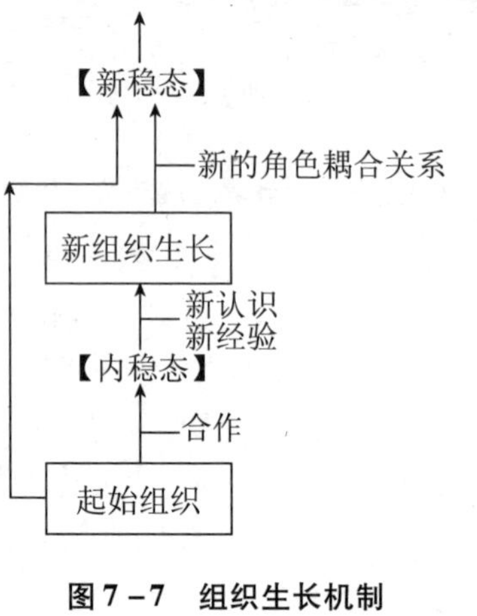

图7-7　组织生长机制

这些分析足以表明，我们对学校复杂系统变革生成机理的把握已不再停于传统因果关系的思路了，因为学校这个复杂组织变革过程会逐渐生成自主性，这种自主性会促成它具有不断自我繁殖的能力，而这种自我繁殖式的因果关系，即是复杂理论研究家莫兰所称的“生成性因果”。而这或许就是本书核心问题——学校内生力何以能生成并持续发展下去的答案！

主要参考文献

一、著作

（一）中文著作

1. 卜玉华．“新基础教育”外语教学改革指导纲要［M］．桂林：广西师范大学出版社，2009.

2. 教育部．面向21世纪教育振兴行动计划［M］．北京：北京师范大学出版社，1999.

3. 金观涛．系统的哲学［M］．北京：新星出版社，2005.

4. 李杰．老子［M］．哈尔滨：哈尔滨出版社，2006.

5. 李政涛，吴玉如．“新基础教育”语文教学改革指导纲要［M］．桂林：广西师范大学出版社，2009.

6. 素质教育调研组．共同的关注——素质教育系统调研（续）［M］．北京：教育科学出版社，2006.

7. 王冬娟，邵兰芳．创：生转型之美［M］．南京：江苏教育出版社，2007.

8. 吴黛舒．“新基础教育”教师发展指导纲要［M］．桂林：广西师范大学出版社，2009.

9. 杨国荣．成己与成物——意义世界的生成［M］．北京：北京大学出版社，2011.

10. 杨小微，李伟胜，徐冬青．“新基础教育”学校领导与管理改革指导纲要［M］．桂林：广西师范大学出版社，2009.

11. 杨小微，李家成．“新基础教育”发展性研究专题论文·案例集［M］．北京：中国轻工业出版社，2004.

12. 叶澜，李政涛，等．“新基础教育”研究史［M］．北京：教育科学出版社，2010.

13. 叶澜．“新基础教育”成型性研究报告集［M］．桂林：广西师范大学出版社，2009.

14. 叶澜．“新基础教育”探索性研究报告集［M］．上海：上海三联书店，1999.

15. 叶澜. “新基础教育”论——关于当代中国学校变革的探究与认识［M］. 北京：教育科学出版社，2006.

16. 叶澜. 教育概论［M］. 北京：人民教育出版社，1991.

17. 中国社会科学院语言研究所词典编辑室. 现代汉语词典［M］. 第五版. 北京：商务印书馆，2005.

（二）外文译著

1. 埃德加·莫兰. 方法：思想观念［M］. 秦海鹰，译. 北京：北京大学出版社，2002.

2. 埃德加·莫兰. 复杂性理论与教育［M］. 陈一壮，译. 北京：北京大学出版社，2004.

3. 彼得·圣吉，等. 变革之舞——学习型组织持续发展面临的挑战［M］. 王秋海，等，译. 北京：东方出版社，2001.

4. 彼得·圣吉. 第五项修炼：学习型组织的艺术与实务［M］. 郭进隆，译. 上海：上海三联书店，2005.

5. 大卫·里斯曼. 孤独的人群［M］. 王崑，朱虹，译. 南京：南京大学出版社，2002.

6. 底特利希·本纳. 普通教育学［M］. 彭正梅，译. 上海：华东师范大学出版社，2001.

7. 吉纳·E. 霍尔，雪莱·M. 霍德. 实施变革：模式、原则与困境［M］. 吴晓玲，译. 杭州：浙江教育出版社，2004.

8. 卡罗琳·J. 斯奈德，米歇尔·阿克-霍切瓦尔，克丽丝滕·M. 斯奈德. 生活在混沌边缘：引领学校步入全球化时代［M］. 2版. 郑旭东，丁煜，李曙华，译. 北京：教育科学出版社，2011.

9. 康德. 实用人类学［M］. 邓晓芒，译. 重庆：重庆出版社，1987.

10. 联合国教科文组织国际教育发展委员会. 学会生存——教育世界的今天和明天［M］. 华东师范大学比较教育研究所，译. 北京：教育科学出版社，1996.

11. 罗伯特·G. 欧文斯. 教育组织行为学［M］. 窦卫霖，温建平，王越，译. 上海：华东师范大学出版社，2001.

12. 罗伯特·路易斯·弗勒德. 反思第五项修炼［M］. 赵恒，译. 北京：中信出版社，2004.

13. 马克思. 1844年经济学——哲学手稿［M］. 斯大林著作编译局，译. 北京：人民出版社，1981.

14. 马克思. 资本论：第1卷［M］. 中共中央马恩列斯著作编译室，译.

北京：人民出版社，1975.

15. 迈克尔·富兰. 变革的力量：深度变革［M］. 中央教育科学研究所，加拿大多伦多国际学院组织翻译. 北京：教育科学出版社，2004.

16. 舒尔茨. 教育的经济价值［M］. 曹延亭，译. 长春：吉林人民出版社，1996.

17. 托马斯·J. 萨乔万尼. 道德领导：抵及学校改善的核心［M］. 冯大鸣，译. 上海：上海教育出版社，2002.

18. W. 坎农. 躯体的智慧［M］. 范岳年，魏有仁，译. 北京：商务印书馆，1982.

（三）外文著作

1. Blumer, H. Symbolic interactionism［M］. Englewood Cliffs, NJ: Prentice – Hall, 1969.

2. Bennett, N. Managing professional teachers［M］. London: Paul Chapman, 1995.

3. Clawson, J. C. Level 3 leadership: Getting below the surface［M］. 2nd. Upper Saddle River, NJ: Prentice Hall, 2003.

4. Early, P., Flecther Campbell, F.. The time to manage? Department and faculty heads at work［M］. Windsor: NFER—NELSON, 1989.

5. Earley, P. Middle management: The key to organisational success?［G］// Middlewood, D., Lumby, J. Strategic management in schools and colleges. London: Paul Chapman, 1998.

6. Fullan, M. Change forces［M］. London: Falmer Press, 1993.

7. Greene, M. Releasing the imagination［M］. San Francisco: Jossey – Bass, 1995.

8. Lortie, D. School teacher: A sociological study［M］. Chicago: University of Chicago Press, 1975.

9. Lussier, R. N., Achua, C. F. Leadership: Theory, application, and skill building［M］. Cincinnati, OH: South – Western College, 2001.

10. Maturana, H. R., Varela, F. J. The tree of knowledge: The biological roots of human understanding［M］. Boston: New Science Library, 1987.

11. Oatley, K. Best laid schemes: The psychology of emotions［M］. Cambridge: Cambridge University Press, 1992.

12. Oatley, K., Jenkins, J. Understanding emotions［M］. Cambridge, MA: Blackwell, 1996.

二、论文

（一）中文

1. 卜玉华. 学校变革三十年：进步与转型［J］. 教育科学研究，2008（7）.

2. 操太圣. 在实践场域中发现学校变革能力［J］. 教育发展研究，2007（3）.

3. 苗东升. 有生于微：系统生成论的基本原理［J］. 系统科学学报，2007（1）.

4. 金吾伦，蔡仑. 对整体论的新认识［J］. 中国人民大学学报，2007（3）.

5. 刘庆华. 机械构成论的局限及其方法论启示［J］. 经营管理者，2010（5）.

6. 曲正伟. 论校长的制度生存逻辑［J］. 教育发展研究，2008（9）.

7. 文怀. 明确培养目标，确定质量要求——全国中师培养目标研讨会综述［J］. 师范教育，1986（10）.

8. 杨小微. 当代学校变革中运行机制的探讨［J］. 教育研究与实验，2008（2）.

9. 叶澜. 论影响人发展的诸因素及其与发展主体的动态关系［J］. 中国社会科学，1986（3）.

10. 叶澜. 时代精神与新教育理想的构建［J］. 教育研究，1994（10）.

11. 叶澜. 让课堂焕发生命活力［J］. 教育研究，1997（9）.

12. 叶澜. 面向 21 世纪的新基础教育［J］. 新华文摘，1999（10）.

13. 叶澜. 实现转型：新世纪初中国学校变革的走向［J］. 探索与争鸣，2002（7）.

14. 叶澜. 改善发展"生境"，提升教师自觉［N］. 中国教育报，2007-09-15.

15. 叶澜. 中国哲学传统中的教育精神与智慧［R］未发表. 波特兰：美国第 69 届教育哲学年会，2013.

（二）外文

1. Acker, S. Carry on caring: The work of women teachers [J]. British Journal of Sociology of Education, 1995, 16.

2. Blackmore, J. Doing emotional labor in the educational market place: Stories from the field of women in management [J]. Discourse, 1996, 17.

3. Briggs, A. R. J. Academic middle managers in further education: Reflections on leadership [J]. Research in Post Compulsory Education, 2001, 6, (2).

4. Flicity Fletcher-Campell. Promotion to middle management: Some practitioners' perceptions [J]. Educational Research, 2003, 45, (1).

5. Hargreaves, A. The emotional politics of teaching and teacher development: With implications for educational leadership [J]. International Journal of Leadership

in Education, 1998a, 1, (4).

6. Hargreaves, A. The emotional practice of teaching [J]. Teaching and Teacher Education, 1998b, 14, (8).

7. Hammerness, K. Seeing through teachers' eyes: Exploring the content, role and character of teachers' vision [D]. Unpublished doctoral dissertation. Stanford University, Stanford, CA. 1999.

8. Hargreaves, A. Classrooms, colleagues, communities and change: The sociology of the century [J]. Asia-Pacific Journal of Teacher Education and Development, 2001, 4, (1).

三、内部资料

1. 丁永真. 2009—2010 学年第二学期学校领导与管理专题工作总结·在探索中发展，在发展中求真 [R]. 淮安，2010.

2. 上海闵行区华坪小学. “新基础教育”研究的中期评估材料 [R]. 上海，2006.

3. 江苏常州市第二实验小学. 确立儿童立场，促进学生主动健康发展 [R] 内部材料. 常州，2006.

4. 江苏常州市局前街小学. 姜明红执教教学片段实录 [R]. 常州，2008.

5. 江苏常州市局前街小学. 许嫣娜在叶澜教授主持的“新基础教育”研究的一次学校中层管理人员培训班上的发言 [R]. 常州，2008.

6. 江苏常州市第二实验小学. 王冬娟在叶澜教授主持的“新基础教育”研究的一次学校中层管理人员培训班上的发言 [R]. 常州，2008.

7. 江苏常州市新北区薛家小学：“新基础教育”中期评估报告·幸福成长 [R]. 常州，2010.

8. 江苏淮阴师范学院第一附属小学. 笪尚花所作的“新基础教育”研究学期工作总结·学习实践中推进与思考 [R]. 淮安，2010.

9. 江苏常州市新北区新桥中心小学. 在传承与改革中谋发展，融诗意于研究中育新人：2009—2012 学年度“新基础教育”三年发展规划 [R]. 内部资料. 常州，2009.

10. 江苏淮阴师范学院第一附属小学. “新基础教育”中期评估报告 [R]. 淮安，2011.

11. 郦少春. 江苏常州第二实验小学“新基础教育”扎根性研究专题总结材料·整体架构，创造校园内外新生活——“七彩童年”系列活动的设计与实践 [R]. 常州，2012.

12. 上海闵行区汽轮小学. “新基础教育”扎根研究总结报告 [R]. 内部

资料. 上海，2012.

13. 上海闵行区七宝明强小学. “新基础教育”扎根性研究教学工作总结报告［R］. 内部资料. 上海，2012.

14. 上海闵行区实验小学. 在坚守与创生中实现成长. “新基础教育”扎根性研究总结报告［R］. 上海，2012.

15. 上海普陀区洵阳路小学. “新基础教育”扎根研究总结材料［R］. 上海，2012.

16. 孙敏. 在“异域”的滋养下枝繁叶茂［R］. 常州，2012.

17. 王冬娟. “新基础教育”扎根性研究结题报告·系统成型在机制，改革深处是文化［R］. 内部资料. 常州，2012.

18. 卫智琴. 教学研究体会总结资料·从我的课堂教学谈起［R］. 上海，2012.

19. 郭芳. “新基础教育”研究扎根材料·幸福像花儿一样：谈谈我的成长历程［R］. 上海，2012.

20. 谢成. “新基础教育”英语教学改革年度总结交流会上的交流材料［R］. 内部资料，常州，2013.

索 引

T

W

X

Y

Z

后　记

“新基础教育”研究开始于20世纪90年代，至今20年，是一项长时段的研究，仍然在路上。可以想见，20年的研究历程中，我们经历了多少曲折迂回的探索，有着多少迷茫与苦恼，又有着多少柳暗花明后的欣喜与幸福。所以，无论这本著作的质量如何，但有一点敢于自信，即本书所陈述的内容不是空穴来风的构想，也不是逻辑推演的结果，而是带着我们体温的经验认识与理性分析的成果。本土性与原创性是它的最大特质。

我在中小学学校进行合作研究与变革时，常常感到从理论向实践的转化并非易事。同样，在写作时我又深深地体会到：从实践经验上升为理论表述又何尝容易！这不由让我想到，中国教育学的国际化问题与此同理，它必须走过两关：第一关，我们必须立足在中国自身的教育实践大地上，形成中国的本土经验，否则，没有独特的自我，用什么丰富他方，又如何与他方平等对话呢？但只完成这一关尚不充分，因为这时的经验尚未从实践场域中充分分离或抽象出来，还需要从具体走向一般，把自己经验表达出来，且能够用彼此都理解的语言表达出来，这是第二关。所以，对于我们理论工作者而言，这样的挑战是艰巨的，也是必须面对的。这部著作虽努力做了尝试，却难免是青涩的！

撰写此书时，正值2013年上海历史上最炎热的夏季。对于我而言恰是一件美事，因为炎热而没了外出旅游的兴致，因为炎热让我多了个推却其他事情的理由，这样，就能够安心在家中写作。感谢这个夏天，让我有了收获！

如果说感谢，首先是十多年来我们共同合作的实验学校的校长和教师们，我们一起经历了新型学校创业的艰辛与欢乐，离开你们的合作，我的研究根基一定无法接到地气！感谢我的恩师叶澜教授和华东师范大学“新基础教育研究中心”的全体团队成员！当然，还要感谢我的先生和儿子，是他们的理解与支持，让我有充足的时间思考与写作，你们是我生活中最温暖的一隅！

最后，要感谢教育科学出版社的罗永华女士，与她相遇相识虽然只有几面，但她的热情、友善和信任，让我多了份完成这本书的勇气！成书过程中，她的细致与耐心，也让此书获得了多次完善的机会。

2013年10月
于上海寓所

出 版 人 所广一
策划编辑 罗永华
责任编辑 罗永华
版式设计 刘 莹
责任校对 贾静芳
责任印制 曲凤玲

图书在版编目（CIP）数据

变革力的生成：学校转型性变革的内生路径研究 / 卜玉华著. —北京：教育科学出版社，2014. 3
ISBN 978 - 7 - 5041 - 8241 - 8

Ⅰ. ①变… Ⅱ. ①卜… Ⅲ. ①中小学—学校管理—研究—中国 Ⅳ. ①G637

中国版本图书馆 CIP 数据核字（2014）第 012313 号

变革力的生成——学校转型性变革的内生路径研究
BIANGELI DE SHENGCHENG——XUEXIAO ZHUANXINGXING BIANGE DE NEISHENG LUJING YANJIU

出版发行	教育科学出版社		
社　址	北京·朝阳区安慧北里安园甲 9 号	**市场部电话**	010 - 64989009
邮　编	100101	**编辑部电话**	010 - 64981252
传　真	010 - 64891796	**网　址**	http://www.esph.com.cn
经　销	各地新华书店		
制　作	北京博祥图文设计中心		
印　刷	保定市中画美凯印刷有限公司		
开　本	169 毫米×239 毫米　16 开	**版　次**	2014 年 3 月第 1 版
印　张	19	**印　次**	2014 年 3 月第 1 次印刷
字　数	357 千	**定　价**	49.00 元

如有印装质量问题，请到所购图书销售部门联系调换。